Bernd Jung · Daniel Anker

Gruyère – Diablerets

Freiburger und Waadtländer Alpen

60 ausgewählte Touren

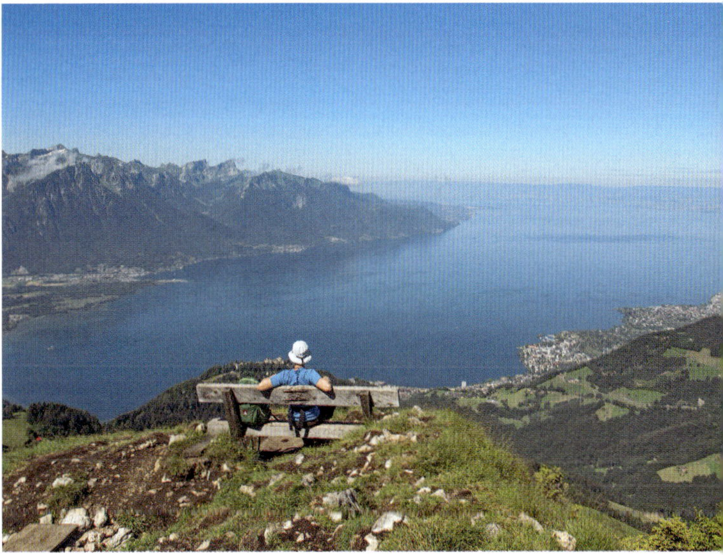

ROTHER
BERGVERLAG

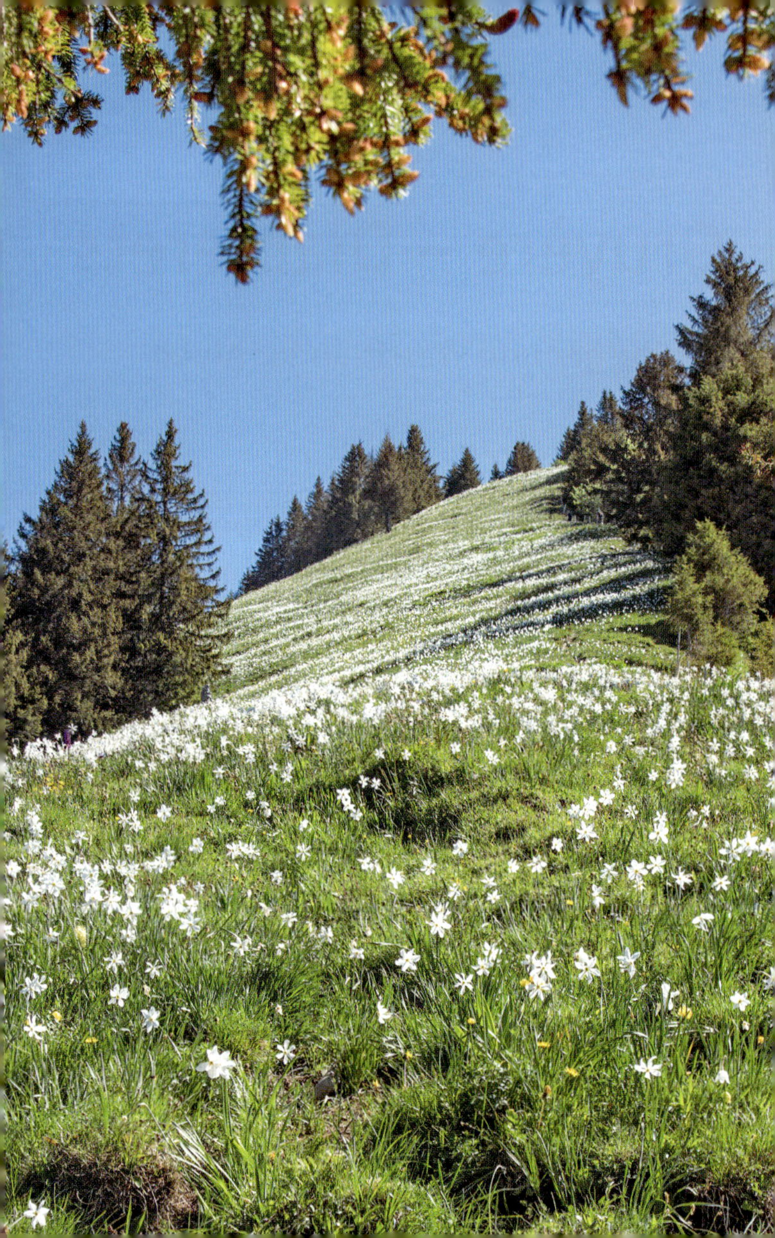

VORWORT

»Für mich war und blieb die Gegend von Gruyère, oder von Greyerz, besonders wenn man von Bulle her (dem gewerbigsten Städtchen des Kantons) in dieselbe eintritt, eine der anmuthigsten und lachendsten der Schweiz, und die anziehendste des Kantons Freiburg.« So schreibt der 1771 in Magdeburg geborene und 1804 im Kanton Aargau eingebürgerte Politiker und Schriftsteller Heinrich Zschokke in seinem in den Jahren 1836/1838 erschienenen Werk »Die klassischen Stellen der Schweiz und deren Hauptorte in Originalansichten«.

Gruyère – oder »Greyerz« im Schweizerdeutschen: eine anziehende Gegend also. Dazu ein freundliches Städtchen (das schreibt sich dann »Gruyères«). Und ein berühmter Käse, zusammen mit dem Emmentaler der bekannteste der Schweiz. Wandern, wo »le Gruyère« herkommt: eine runde Sache. Über saftige Matten gehen, auf denen die Kühe grasen – schwarzweiß wie das Wappen des Kantons Freiburg. Über grüne Matten unter weißen Kalkzinnen – grün-weiß wie das Wappen des Kantons Waadt. Wer von Gruyères an der Saane, pardon, an der Sarine entlang flussaufwärts spaziert, gelangt von einem Kanton in den andern, später noch in den Kanton Bern und zuletzt in den Kanton Wallis. Die Freiburger und Waadtländer Alpen sind ja die Fortsetzung der Berner Alpen gegen den Genfersee hin, begrenzt im Süden vom Rhonetal, wo Fendant und Dôle aufs Feinste gedeihen. Höchster Gipfel der ganzen Region ist der Sommet des Diablerets mit 3210 Metern.

Wenn man beim Durchstreifen der Höhen und Täler zwischen Freiburg und Martigny, Montreux und Gstaad eine Pause einlegt, sollte man auch etwas essen. Was darf es denn sein? Wolfram Siebeck, der bekannteste Kochjournalist und Gastrokritiker deutscher Zunge, gab auf die Frage, was er unterwegs am liebsten esse, im Sommer 2005 folgende Antwort: »Ein Brot mit schöner, salziger bretonischer Butter und darauf vielleicht einen Schweizer Käse, etwa einen Greyerzer.« Es darf natürlich auch »Beurre d'alpage« sein, eine Butter von der Alm.

Nun wünschen wir den Benützern dieses Führers nur noch guten Appetit. Und anmutige Wanderungen – bien sûr.

Bern, Februar 2022 — Bernd Jung und Daniel Anker

Weiße Himmelsleiter: Entlang der mit unzähligen Narzissen bedeckten Wiese geht es hoch (Tour 14).

INHALTSVERZEICHNIS

Les Diablerets – Grand Muveran

Grande Randonnée

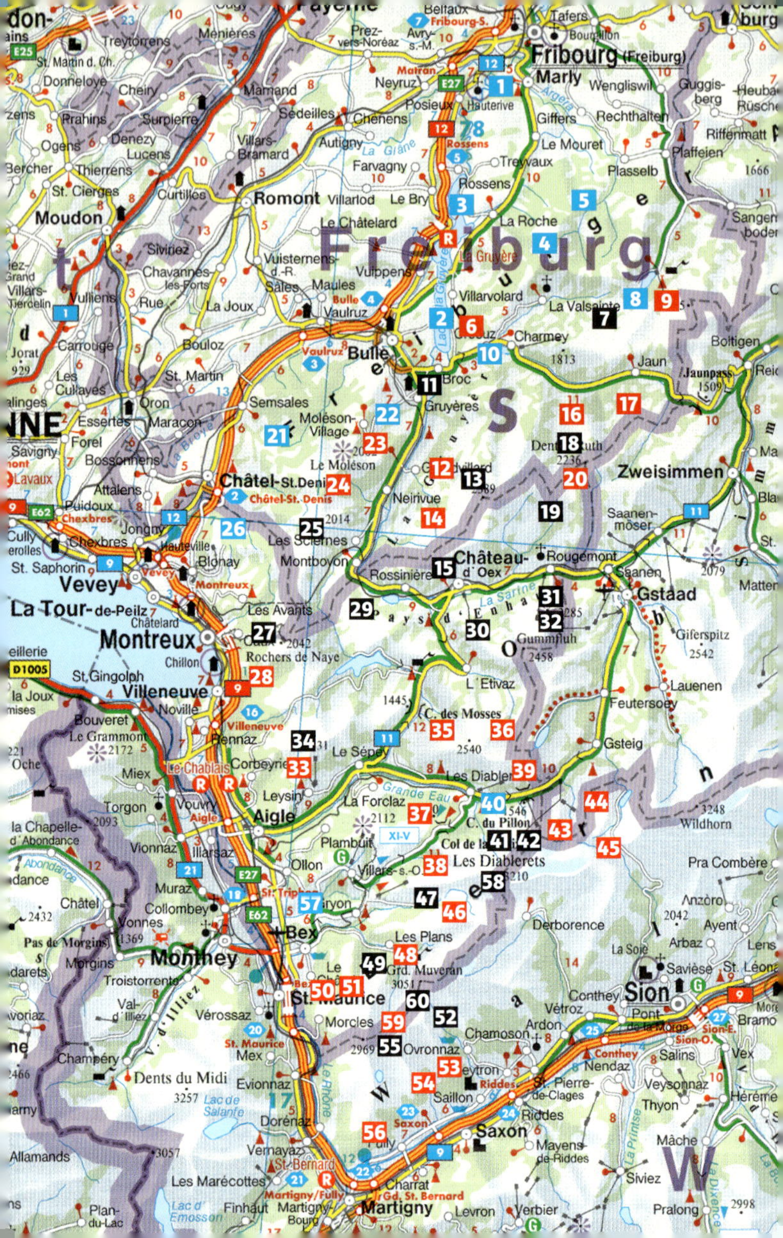

Fribourg (Freiburg)
Marly
Payerne
Fribourg-S.
Matran
Hauterive
Posieux
Rossens
Treyvaux
Le Mouret
Giffers
Rechthalten
Wengliswil
Plaffeien
Plasselb
Riffenmatt
Guggisberg
Sangernboden
Freiburg
La Gruyère
La Roche
La Valsainte
Charmey
Jaun
Jaunpass
Boltigen
Romont
Villarlod
Le Bry
Le Châtelard
Vuisternens-d.-R.
Vuippens
Villarvolard
Sales
Maules
Vaulruz
Bulle
Broc
Gruyères
Moléson-Village
Le Moléson
Neirivue
Semsales
Châtel-St.Denis
Les Sciernes
Montbovon
Rossinière
Château-d'Oex
Rougemont
Saanen
Saanenmöser
Zweisimmen
Gstaad
Gummfluh
Giferspitz
Lauenen
Feutersoey
Gsteig
L'Etivaz
C. des Mosses
Les Diablerets
Col du Pillon
Wildhorn
Moudon
Thierrens
St. Cierges
Lucens
Curtilles
Siviriez
Chavannes-les-Forts
Rue
La Joux
Bouloz
St. Martin
Oron
Essertes
Maracon
Forel
Savigny
Puidoux
Chexbres
Jongny
Blonay
St. Saphorin
Vevey
La Tour-de-Peilz
Montreux
Chillon
Les Avants
Rochers de Naye
Villeneuve
St.Gingolph
Noville
Bouveret
Le Grammont
Rennaz
Corbeyrier
Leysin
Le Sépey
La Forclaz
Aigle
Yvorne
Ollon
Villars-s.-O.
Plambuit
Gryon
Les Plans
Grd. Muveran
Bex
Monthey
Collombey
Vionnaz
Torgon
Muraz
Vouvry
Miex
Châtel
Morgins
Pas de Morgins
Troistorrents
Val-d'Illiez
Champéry
Dents du Midi
Vérossaz
St. Maurice
Mex
Evionnaz
Morcles
Ovronnaz
Saillon
Leytron
Riddes
Saxon
Chamoson
Ardon
Vétroz
Conthey
Sion
Savièse
Ayent
Arbaz
Derborence
Nendaz
Salins
Veysonnaz
Thyon
Hérémence
Mâche
Siviez
Pralong
Verbier
Levron
Charrat
Martigny
Vernayaz
Dorénaz
Finhaut
Les Marécottes
Lac de Salanfe
Lac d'Emosson
Abondance
La Chapelle-d'Abondance
Allamands
Plan-du-Lac
Pra Combère
Anzère
Mayens-de-Riddes
St. Pierre-de-Clages
Pont de la Morge
Rhône
Lac de la Gruyère
La Sarine
Pays d'Enhaut

ALLGEMEINE HINWEISE

Tourenauswahl: schöne Aussichten, n'est-ce pas?

Die Wandervorschläge wurden häufig so ausgewählt, dass sich Start- und Endpunkte der Routen verbinden lassen, wodurch ein Wegenetz durch die Freiburger und Waadtländer Alpen entstand. Zwar könnte man alle Touren als Tageswanderungen absolvieren (abgesehen von den Trekkingtouren 58 bis 60), dennoch lohnt es sich, einige der längeren Wanderungen mit einer Hüttenübernachtung auf zwei Tage auszudehnen, was dann bei den jeweiligen Touren erwähnt wird (z.B. Touren 20, 47, 52, 55). Darüber hinaus lassen sich mit ein wenig Stöbern in diesem Führer und etwas Kreativität noch viele weitere schöne Mehrtagestouren kreieren.

Anforderungen: Talspaziergang bis Gipfeltour

Die Mehrzahl der hier vorgestellten Wanderungen in den Freiburger und Waadtländer Alpen verläuft auf markierten Wegen und Pfaden. Ausgesetztheit, Länge und Höhenunterschiede vieler Wanderungen setzen Trittsicherheit, Schwindelfreiheit und Kondition voraus. Orientierungssinn kann zuweilen selbst auf markierten Routen nötig sein, je nach Witterungsbedingungen mehr oder weniger. Um die jeweiligen

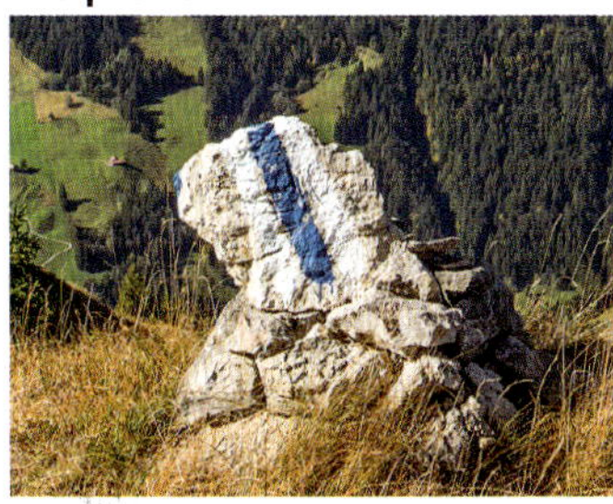

Gut markiert ist halb gefunden (Tour 30).

SYMBOLE

Symbole im Tourenkopf

- Mit Bahn/Bus erreichbar
- Einkehrmöglichkeit unterwegs
- für Kinder geeignet

Symbole im Höhenprofil

- Ort mit Einkehrmöglichkeit
- bewirtschaftete Hütte, Gasthaus
- eingerichteter Parkplatz
- Bahnhof
- Bushaltestelle
- Zahnradbahn
- Seilbahn
- Sessellift
- Gipfel
- Pass, Sattel, Joch
- Brücke
- Kirche, Kapelle, Kloster
- Aussichtsplatz
- Aussichtsturm
- Picknickplatz
- Höhle, Mine
- Wasserfall
- Klettersteig

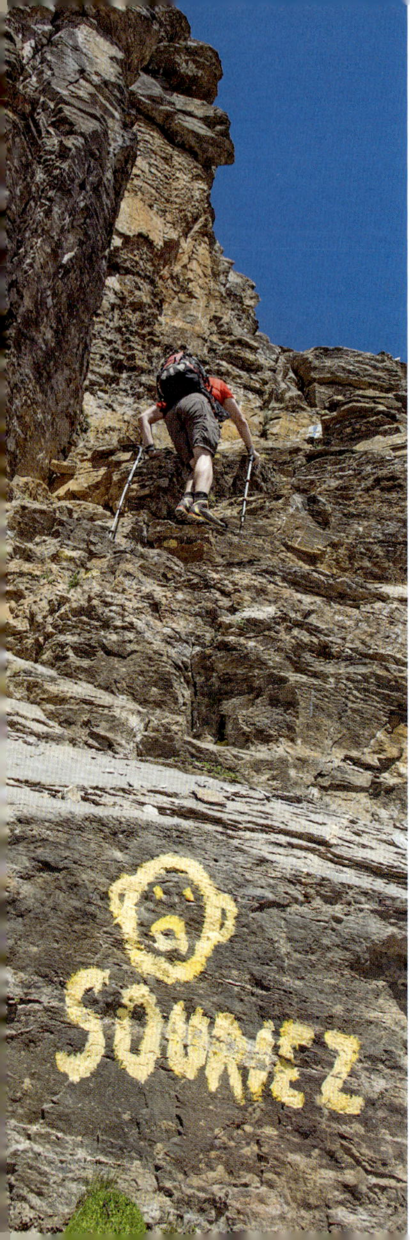

Anforderungen auf den ersten Blick besser einschätzen zu können, werden die Wandervorschläge mit verschiedenen Farben bezeichnet.
Zudem findet sich bei den »Anforderungen« jeder Tour auch die Schwierigkeitseinstufung nach der Wanderskala des Schweizer Alpen-Club SAC, welche von T1 bis T6 klassifiziert wird (siehe Infokasten auf Seite 10); weitere Infos unter www.sac-cas.ch/de/ausbildung-und-wissen/tourenplanung/schwierigkeitsskalen).
Einige wenige Touren beinhalten auch Klettersteige, die die entsprechende Ausrüstung und Erfahrung verlangen. Für Klettersteige gibt es verschiedene Schwierigkeitsskalen; im vorliegenden Wanderführer wird die Hüsler-Skala mit der Einstufung K1 bis K6 verwendet. Details dazu findet man z.B. auf der Internetseite des Schweizer Alpenvereins (www.sac-cas.ch → Suchbegriff »Klettersteigskala«).

Dauer: auf eine Viertelstunde genau

Die Gehzeiten beziehen sich auf ein durchschnittliches Marschtempo von etwa 4 km pro Stunde im flachen bzw. etwa 300 Höhenmeter (Aufstieg) im geneigten Gelände bei normalen Verhältnissen. Pausen sind nicht einberechnet, die Gehzeiten sind auf 15 Minuten gerundet. Bei den Höhenunterschieden sind sowohl der Aufstieg als auch der Abstieg angegeben.
Die Höhenangaben stammen aus den Landeskarten der Schweiz.

Bitte lächeln: Einstieg in die Schlüsselstelle des Grande Dent de Morcles (Tour 55).

SCHWIERIGKEITSKATEGORIEN

■ = Leicht

Diese Wanderwege sind gut markiert, meistens ausreichend breit, kaum ausgesetzt und im Normalfall nur mäßig steil. Sie erfordern wenig bis keine Bergerfahrung und können oft auch bei Schlechtwetter verhältnismäßig gefahrlos begangen werden. 16 Wanderungen dieses Führers sind blau. Für diese Touren gilt: »Allez-y!«, auf Deutsch: »Nur zu, nur los!« Sie entsprechen T1 bis ein wenig T2 auf der sechsstufigen Schwierigkeitsskala des Schweizer Alpen-Clubs (siehe nächste Seite).

■ = Mittel

Diese Bergwanderwege sind ausreichend markiert, teilweise schmal und ausgesetzt; einzelne Stellen können versichert sein. Eine Portion Trittsicherheit, Schwindelfreiheit und Kondition sowie eine passende Ausrüstung (z.B. festes Schuhwerk) sind nötig. 23 Touren in diesem Führer gehören zu dieser Kategorie und entsprechen T2 bis T3 auf der SAC-Wanderskala.

■ = Schwierig

Diese Wege und Steige – manchmal markiert (teilweise sogar als offizielle Bergwanderwege), manchmal aber auch weglose Routen – sind trittsicheren, schwindelfreien, konditionsstarken und orientierungserfahrenen Bergwanderern und Berggängern vorbehalten. Der Gebrauch der Hände zur Fortbewegung im steilen, felsigen Gelände kann manchmal nötig sein. Wirkliche Gletschertouren wurden keine aufgenommen; am Oldenhorn, dem mit 3123 m zweithöchsten Gipfel der Alpes vaudoises, muss man allerdings einen harmlosen und zumeist präparierten Gletscher queren, genauso wie am benachbarten Sex Rouge – Gletscherausrüstung braucht es hierfür aber nicht. Diese bräuchte es dann erst zur (in diesem Führer nicht beschriebenen) Besteigung des höchsten Gipfels, den Sommet des Diablerets. Zumindest für die Touren 34 und 42 benötigen auch geübte Bergwanderer ein Klettersteigset, ebenso für einige optionale Klettersteige. 21 Touren in diesem Führer wurden schwarz klassiert und entsprechen T4 bis T6 auf der SAC-Wanderskala.

Wege: Gelb und Weiß-rot-weiß dominiert

Die Markierung der Wander- und Bergwanderwege in der Schweiz ist (einigermaßen) einheitlich und geschieht nach den von den »Schweizer Wanderwegen« aufgestellten Richtlinien. Die Markierung besteht

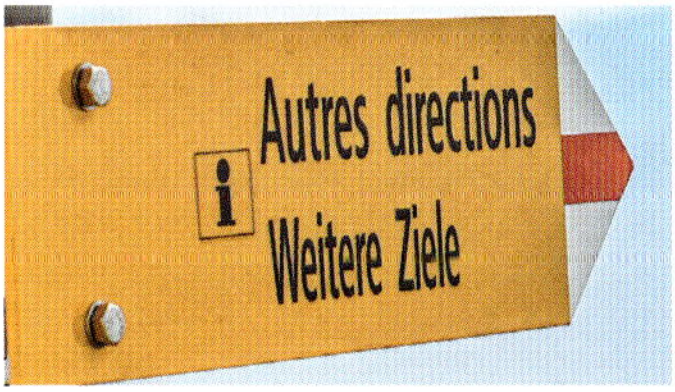

SCHWIERIGKEITSSKALA NACH MUSTER DES SAC		
Grad	**Weg, Gelände**	**Anforderungen**
T1 **Wandern**	Weg gut gebahnt, Gelände flach oder leicht geneigt, keine Absturzgefahr.	Keine Anforderungen, auch mit Turnschuhen geeignet, Orientierung problemlos.
T2 **Bergwandern**	Weg mit durchgehender Trasse, Gelände teilweise steil, Absturzgefahr nicht ausgeschlossen.	Etwas Trittsicherheit, Trekkingschuhe empfehlenswert, elementares Orientierungsvermögen.
T3 **Anspruchsvolles Bergwandern**	Weg nicht unbedingt durchgehend, ausgesetzte Stellen evtl. gesichert, gegebenenfalls etwas Händeunterstützung, Geröllflächen, einfache Schrofen.	Gute Trittsicherheit, Trekkingschuhe, elementare alpine Erfahrung, durchschnittliches Orientierungsvermögen.
T4 **Alpinwandern**	Weg nicht zwingend vorhanden, stellenweise leichte Kletterei, Gelände recht exponiert, heikle Grashalden, Schrofen, Firnfelder.	Vertrautheit mit exponiertem Gelände, solide alpine Erfahrung, gutes Orientierungsvermögen.
T5 **Anspruchsvolles Alpinwandern**	Teils weglos mit Kletterpassagen im I. Grad, evtl. nicht markiert. Häufig exponiertes bzw. heikles Gelände.	Gute alpine Erfahrung und sicheres Beurteilungsvermögen auch im hochalpinen Gelände.
T6 **Schwieriges Alpinwandern**	Meist weglos und in der Regel nicht markiert. Kletterpassagen bis II bei diffizilen Rahmenbedingungen.	Umfassende alpine Erfahrung inklusive grundlegender Kletterkenntnisse.

aus Wegweisern mit oder ohne Zeitangaben, Richtungszeigern, Rhomben und Farbmarkierungen. Wanderrouten sind gelb, die anspruchsvolleren Bergwanderrouten weiß-rot-weiß signalisiert. Noch schwieriger sind die alpinen Routen, die weiß-blau-weiß markiert sind. Und das sind die Farben der Kantonswappen: grün-weiß von Waadt, schwarz-weiß von Freiburg, rot-weiß von Wallis.

Einkehr und Unterkunft: von der Buvette zum Grand-Hôtel

Wenn möglich, werden die Einkehr- und Unterkunftsmöglichkeiten mit Telefonnummern und Öffnungszeiten einzeln angegeben. In den meisten Unterkünften kann auch eingekehrt werden; das Umgekehrte gilt jedoch nicht. Weitere Informationen unter:

- Remo Kundert, Marco Volken: Hütten der Schweizer Alpen. SAC-Verlag 2015.

- Chambres d'hôtes et petits hôtels de charme en Suisse, Creative Publishing, 2016.
- Guide des hôtels de renom – 30 hôtels historiques à découvrir en Suisse romande, Creative Publishing, 2014.
- Richi Spillmann: Berg-Beizli-Führer / Guide des petites auberges de montagne, Spillmann Verlag 2020.
- Buvettes d'alpage de Suisse romande, Creative Publishing, 2019.
- www.buvettes-alpage.ch.

Jahreszeit und Wetter: toujours!

Zwischen Freiburg und Martigny kann man immer wandern. Wenn im Winter der Nordwind zu stark und kalt bläst, so spaziert man durch die Rebberge im Rhonetal, am schönsten nach Schneefall bis ins Tiefland. Wenn es im Herbst an der Lémanküste oder rund um den Lac de la Gruyère neblig sein sollte, fährt man auf die Rochers de Naye, 2042 m, bzw. auf den Moléson, 2002 m. Die günstige Zeit für Bergtouren ist Juli bis September; schwimmen kann man in den beiden großen Seen schon gut im Juni, Höhenwandern noch gut im Oktober. In den Freiburger Alpen dauert die Bergsaison

Die gut gelaunte Hüttenwirtin Laurianne Vaudan eröffnet den 1.-August-Apéro (Touren 50, 51, 55).

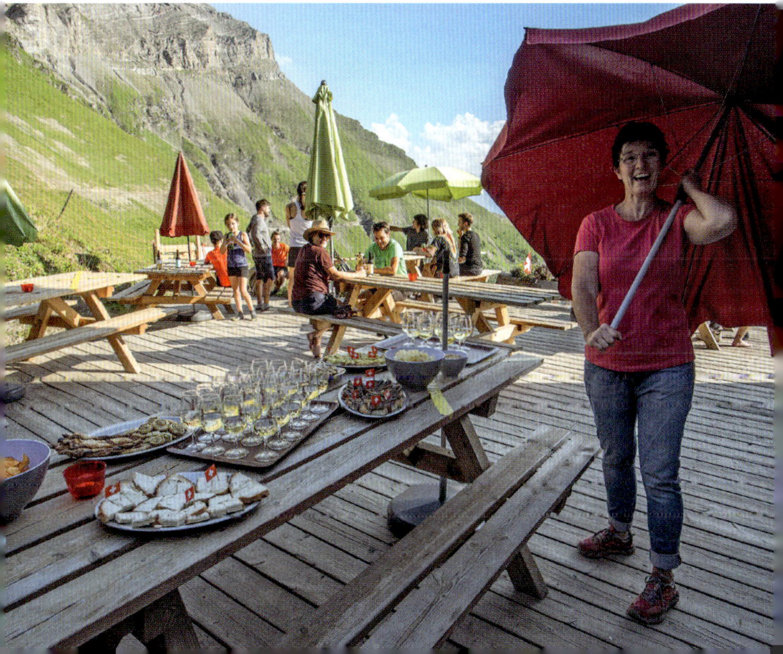

Der Umwelt zuliebe ...

Auch beim Wandern hinterlassen wir einen ökologischen Fußabdruck, aber im Einklang mit der Natur unterwegs zu sein, ist gar nicht so schwer!

VORBEREITUNG UND ANFAHRT

- Sich vorab informieren, worauf in Bezug auf Natur und Umwelt in der jeweiligen Wanderregion besonders zu achten ist.
- Soweit möglich mit Bahn und Bus anreisen, Wander- und Rufbusse nutzen.
- Ist eine Anfahrt mit dem Auto nötig, Fahrgemeinschaften bilden.
- Bei weiten Anfahrten Mehrtagestouren planen oder von einem Quartier vor Ort aus mehrere Touren absolvieren.
- Flugreisen möglichst reduzieren und durch Beiträge zu Klimaschutzprojekten kompensieren.

KLEIDUNG UND AUSRÜSTUNG

- Beim Kauf von Outdoor-Kleidung auf umweltfreundliche und faire Herstellung achten und Kleidungsstücke möglichst viele Jahre nutzen.
- Ausrüstung kann man eventuell auch gebraucht kaufen oder ausleihen.
- Reparieren statt neu kaufen.

VERPFLEGUNG

- Beim Einkauf Bio-Ware, regionale und saisonale Erzeugnisse bevorzugen.
- Hütten und Gasthäuser auswählen, die regionale Produkte verwenden.
- Auf Einwegflaschen und Plastikverpackungen verzichten, stattdessen wiederverwendbare Trinkflaschen und Brotzeitboxen benutzen.

ÜBERNACHTUNG

- Bei lokalen Anbietern buchen, damit Menschen vor Ort profitieren.
- Auf Hütten und in anderen Unterkünften Strom und Wasser sparen.

UNTERWEGS

- Wege benutzen und Abkürzer vermeiden.
- Sperrungen von Wegen und Schutzgebieten respektieren.
- Keine Blumen pflücken und keine Pflanzen entnehmen.
- Waldbrandgefahr beachten.
- Müll wieder mit nach Hause nehmen und dort entsorgen.
- Toilettengänge in freier Natur möglichst vermeiden.
- Lärm vermeiden.
- Hunde an die Leine nehmen.

ROTHER
BERGVERLAG

gar noch ein bisschen länger; zum Beispiel die Traversierung der Berra lässt sich schon Ende Mai oder noch Anfang November machen.

- Wetterbericht für die Schweiz: www.meteoschweiz.ch; sehr nützlich: unter »Services« Stichwort »Outdoor«, dann »Alpin« eingeben. Telefonische Auskunft: allgemeine Wettervorhersage 0900 162 (0.50 CHF/Min.), neues Bulletin jeweils ab 6.15, 9.15, 12.45, 18.45 und 22.15 Uhr; Alpenwetterbericht 0900 162 138 (CHF 1.20/Min.), neues Bulletin täglich ab 15 Uhr; persönliche Wetterberatung 0900 162 333 (2.90 CHF/Min.); jeweils 24 Std. am Tag erreichbar. Wetterprognosen und -meldungen lassen sich auch per SMS-Kurzmitteilung aufs Handy holen (Details dazu auf www.meteoschweiz.ch).
- Wetterbericht in Radio und Fernsehen: Radio DRS1 – ausführlicher Wetterbericht täglich um ca. 6.50, 7.50, 12.20 und 16.50 Uhr; auf SF1 ausführlicher Wetterbericht im Anschluss an die Tagesschau um 19.55 Uhr.
- Livekameras auf diversen Websites (z.B. www.swisswebcams.ch) sowie auf den Internetseiten der meisten Tourismusorte. Ein guter Überblick findet sich auf www.myswitzerland.com/de/swisscams.
- www.meteoblue.com

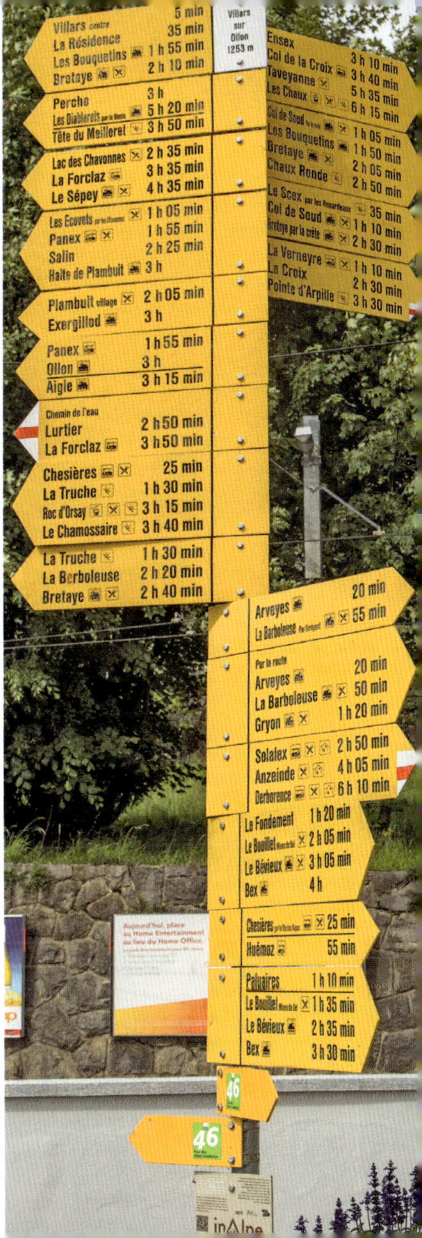

Quo vadis? Schilderwald in Villars-sur-Ollon (Tour 37).

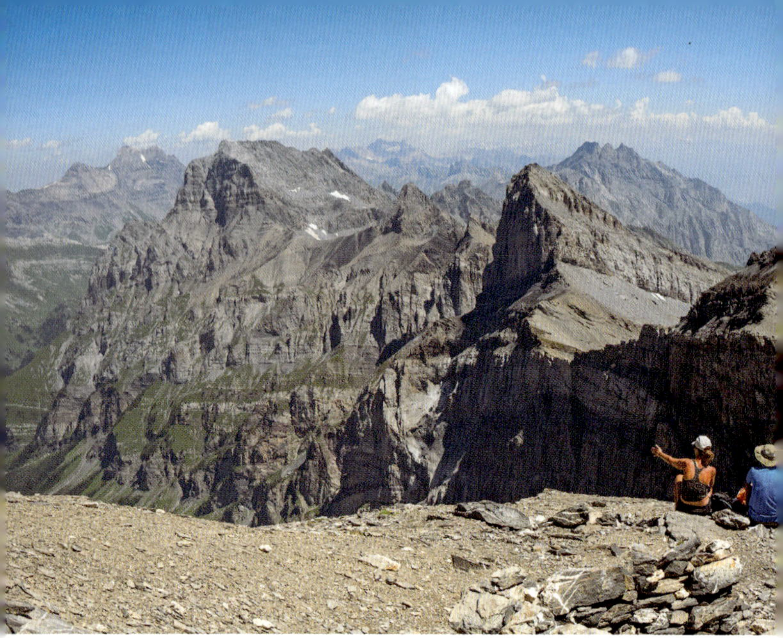

Vom Grand Muveran zum Grand Combin: Gipfelpanorama auf dem Grande Dent de Morcles (Tour 55).

Karten

Die angegebenen Nummern beziehen sich auf die Landeskarte der Schweiz: 4 Ziffern = Maßstab 1:25.000; 3 Ziffern = Maßstab 1:50.000 (ist noch ein »T« dabei, so ist das Blatt auch als offizielle Wanderkarte der »Schweizer Wanderwege« erhältlich).

Sehr gut sind die Zusammensetzungen 1:33.333, Blatt 3302T »Château d'Oex« und 3317T »Diablerets«.

Im Internet hat man die Landeskarte der Schweiz auf http://map.geo.admin.ch (die offizielle Site von www.swisstopo.ch, mit zahlreichen Zusatzfunktionen wie etwa Wanderwege) sowie auf http://map.schweizmobil.ch (mit öV-Haltestellen etc.); der jeweilige Ausschnitt der Karte (oder des Luftbildes) kann ausgedruckt werden. Die Karten können ohne Netzverbindung mobil genützt werden, indem man die Kartenausschnitte vorab auf die Endgeräte speichert. Im Gelände funktioniert die Lokalisation mit GPS-Technologie.

Das größte amtliche Kartenwerk der Schweiz – die Landeskarte 1:25.000 mit 247 Blättern – wird seit Mitte 2014 technisch und grafisch überarbeitet. Die neue Landeskarte zeichnet sich auf den ersten Blick durch eine neue

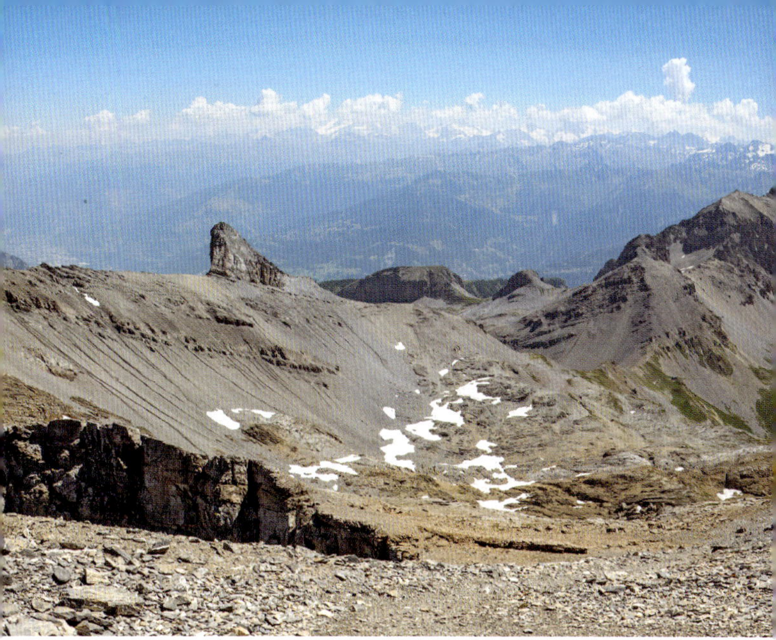

Schrift und mehr Farbe aus (z.B. bei den Eisenbahnlinien, Hauptstraßen, Kantons- und Gemeindegrenzen). Pfade sind neuerdings gepunktet statt gestrichelt eingezeichnet. Ebenfalls geändert wurden viele Höhenkoten und die Schreibweise der Namen.

GPS-TRACKS UND KOORDINATEN DER AUSGANGSPUNKTE

Zu diesem Wanderführer stehen auf www.rother.de GPS-Tracks und Koordinaten der Ausgangspunkte zum kostenlosen Download bereit.
2. Auflage, Passwort: **431002ePs**
Sämtliche GPS-Daten wurden mithilfe der Landeskarte der Schweiz im Maßstab 1:50.000 erfasst. Die Tracks und Wegpunkte wurden dabei nach bestem Wissen und Gewissen überprüft. Dennoch können wir Fehler oder Abweichungen nicht ausschließen, außerdem können sich die Gegebenheiten vor Ort zwischenzeitlich verändert haben. GPS-Daten sind zwar eine hervorragende Planungs- und Navigationshilfe, erfordern aber nach wie vor sorgfältige Vorbereitung, eigene Orientierungsfähigkeit sowie Sachverstand in der Beurteilung der jeweiligen (Gelände-)Situation. Man sollte sich für die Orientierung auch niemals ausschließlich auf GPS-Gerät und -Daten verlassen.

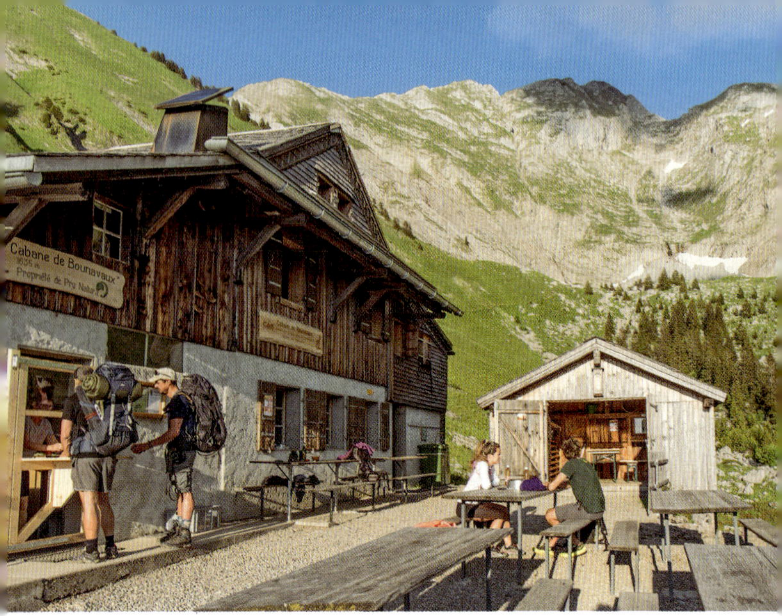

Foto oben: Am Abend auf der Cabane de Bounavaux (Touren 12, 13).
Unten: Beeindruckendes Ambiente beim Col des Chamois (Tour 47).
Rechts: Begegnungen auf dem Vanil Noir (Tour 13).

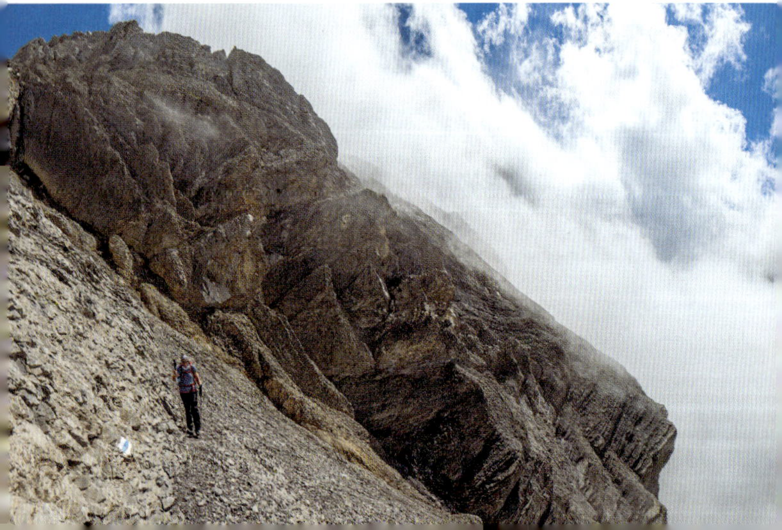

Führer: Wandern und Genießen in der Region und herum

- Daniel Anker: Berner Oberland West sowie Genfersee. Beides Rother Wanderführer 2019 bzw. 2013.
- Michael Waeber, Hans Steinbichler: Unterwallis, Rother Wanderführer 2021.
- Bernd Jung, Martin Kriz, Peter Fröhlich: Gratwandern Schweiz. Rother Selection 2019.
- Daniel Anker, Manuel Haas: Gipfelziele Freiburg / Objectif le sommet Fribourg. Schweizer Alpen-Club SAC 2014.
- Claude Remy, Yves Remy: Alpes et Préalpes vaudoises. Schweizer Alpen-Club SAC 2011.
- Ursula Bauer, Jürg Frischknecht: Bäderfahrten. Wandern und baden, ruhen und sich laben. Rotpunktverlag 2004.
- Luc Hagmann: Wanderungen im Weinland Schweiz. Wallis, Werd & Weber Verlag 2010.
- Bernhard Zurbriggen: Schauen und Wandern im freiburgischen Senseland. Deutschfreiburger Heimatkundeverein 2009.
- Elsbeth Hobmeier, Beat Koelliker: Weinwanderwege in der Schweiz. Dreiseenland, Genfersee, Wallis. AT Verlag 2005.
- François Labande: Randonnee pedestre dans les Montagnes de Suisse romande. Olizane 2017.
- Les plus beaux sentiers thématiques de Suisse romande. Creative Publishing 2018.
- Balades gourmandes en Suisse romande. Creative Publishing 2019.
- Découvrir la Suisse romande – dans les pas d'artistes et écrivains célèbres. Creative Publishing 2015.

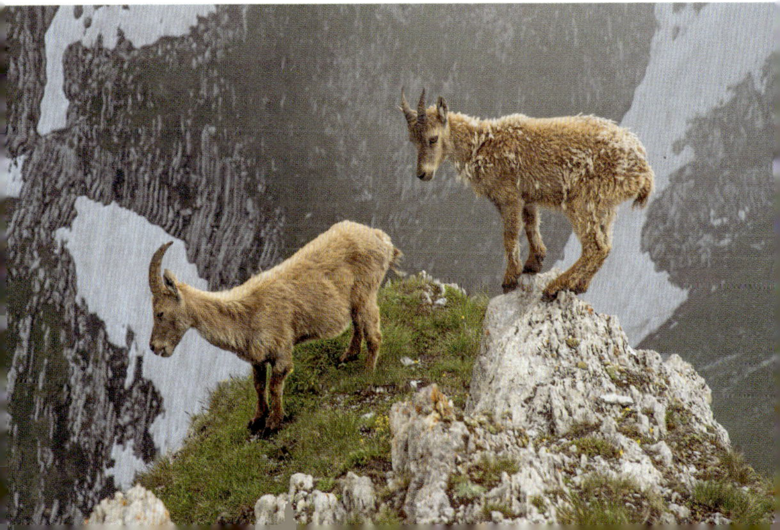

TOP-TOUREN

Eine Auswahl von Top-Touren ist schwierig anzugeben und selbstverständlich sehr subjektiv. Zwar hätten unserer Ansicht nach noch viel mehr Wanderungen das Prädikat »Top-Tour« verdient, doch so haben wir uns für eine ausgewogene Mischung aus verschiedenen Regionen und Tourentypen entschieden.

La Berra
Die Wanderung für den perfekten Ausblick auf das Gebiet des Wanderführers – am besten mit einer Einkehr auf einer der Hütten und einem Teller Freiburger Köstlichkeiten *(Tour 4, 4.45 Std.).*

Rund um die Gastlosen
Unterwegs am Röstigraben – die Rundtour um die Gebirgskette zeigt die eindrücklichen Felstürme von allen Seiten *(Tour 17, 4.15 Std.).*

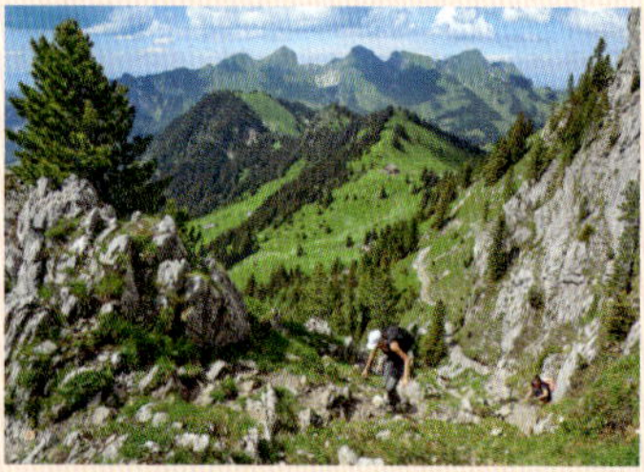

Le Moléson
Ein prächtiger Klotz mit wunderbarer Aussicht – auf den Hausberg des weltberühmten Käsedorfs Gruyères *(Tour 23, 4.30 Std.).*

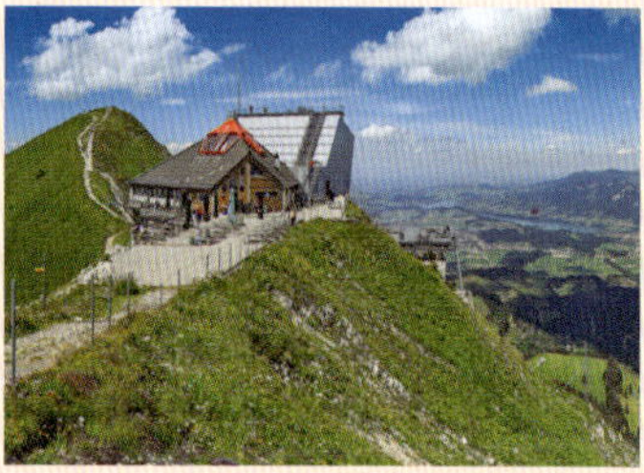

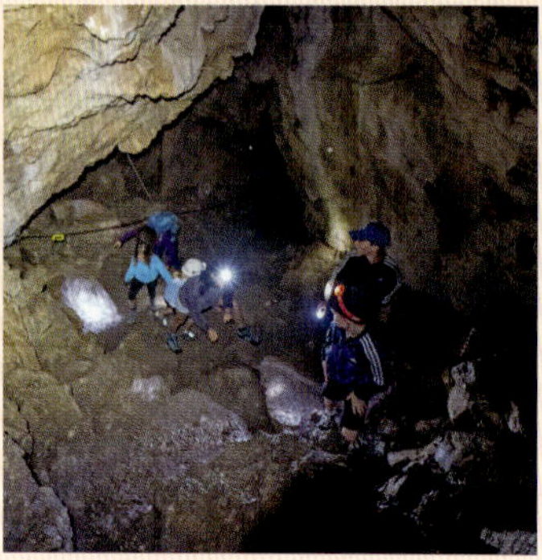

Dent de Jaman – Rochers de Naye
Auf zwei überragende Aussichtsgipfel über dem Genfersee – dazwischen geht es noch durch den Berg *(Tour 27, 4.15 Std.).* Wer am höchsten Punkt starten möchte, steigt am besten über den Malatraix ab *(Tour 28, 6.15 Std.).*

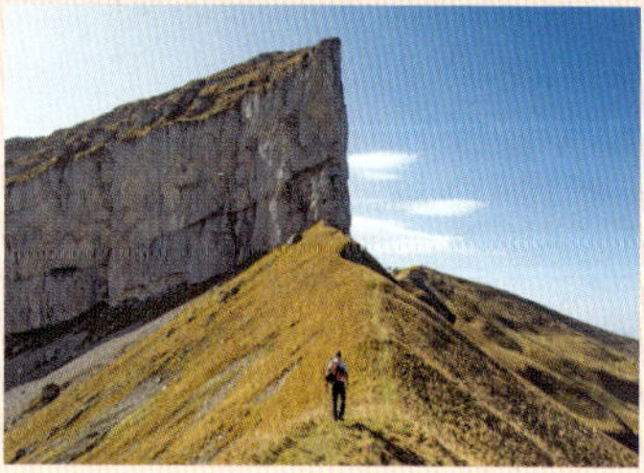

Tour-Trilogie
Zwei elegante Felstürme und ein Berg mit einer faszinierenden Karstlandschaft – verbindet man die drei Gipfel, wird daraus eine große und unvergessliche Bergtour *(Tour 34, 6.30 Std.).*

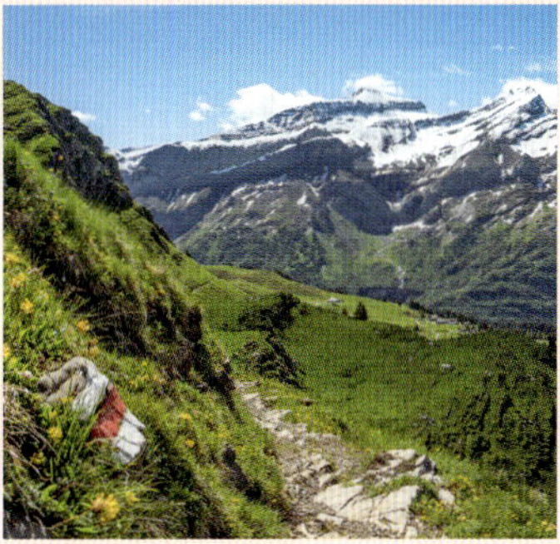

L'Etivaz – Col de Seron – Col du Pillon

Über einen unbekannten Pass vom Pays-d'Enhaut ins Diablerets. Die Aussicht auf die gewaltigen Wände des Diablerets-Massivs genießt man am besten bei einer Pause am Lac Retaud *(Tour 36, 5.00 Std.).*

Via Ferrata des Dames Anglaises

Englische Damen sind weit gefehlt – aber die landschaftlichen Eindrücke auf der Tour über das Refuge de Pierredar und den Klettersteig auf den Gipfel des Sex Rouge wirken lange nach *(Tour 42, 6.30 Std.).*

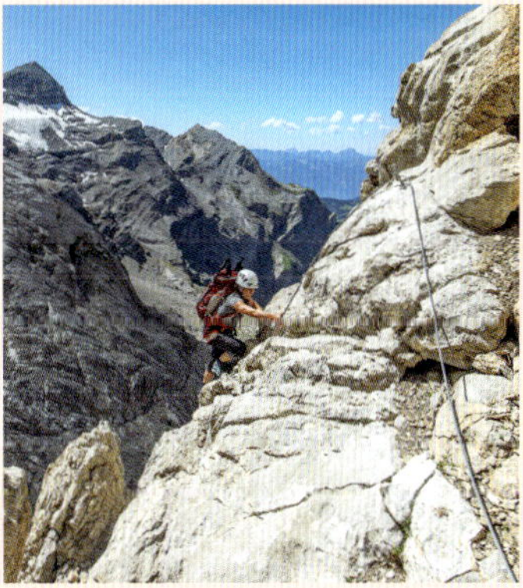

Sex Rouge – Cabane de Prarochet – Derborence

Eine Tour über Eis, Fels und Gras – abwechslungsreicher kann eine Wanderung kaum sein als jene über den Tsanfleuron-Gletscher hinab zum schönen Lac de Derborence *(Tour 44, 5.30 Std.).* Ausdauernde Wanderer machen sogar noch einen Abstecher auf das Oldenhorn *(Tour 43).*

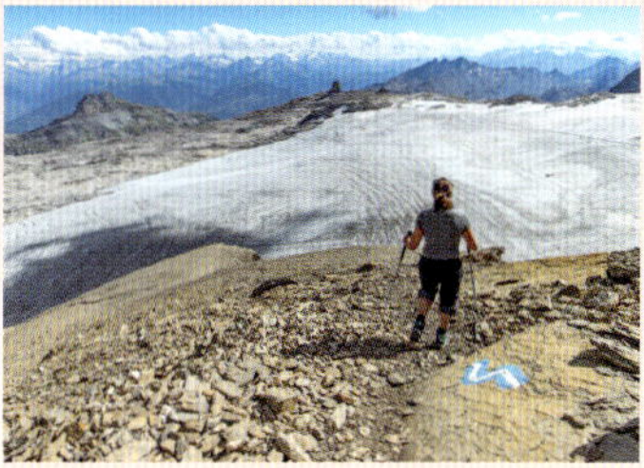

Frête de Saille – Cabane Rambert

Eine Passüberschreitung der Extraklasse: das alpine Ambiente in den steilen Flanken des Grand Muveran ist großartig, nach dem Anstieg schnaufen wir auf der Cabane Rambert durch *(Tour 52, 8.00 Std.).*

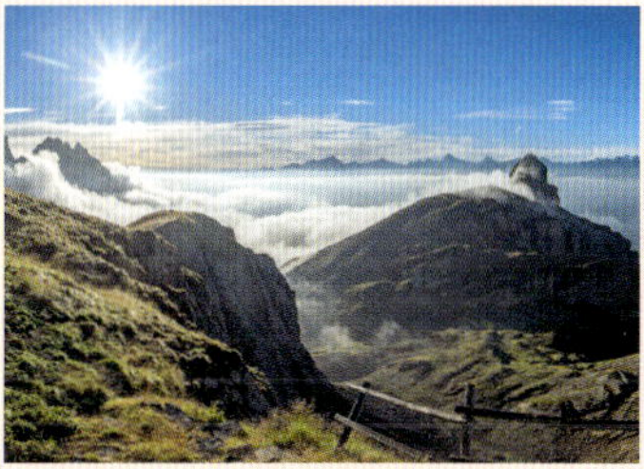

Grande Dent de Morcles

Die Überschreitung des »Fastdreitausenders« ist eine Unternehmung für erfahrene Alpinwanderer. Eindrückliche Aussichten und Ausgesetztheit sind garantiert, zwei wunderbare Hütten auch *(Tour 55, 8.30 Std.).*

TOURISTISCHE HINWEISE

Cointrin, Kloten oder Château-d'Oex: im Flug zum Zug

Genf-Cointrin ist einer der drei großen Flugplätze der Schweiz. Von da fährt der Zug direkt nach Lausanne und entlang der Freiburger Alpen nach Freiburg oder entlang der Waadtländer Alpen ins Wallis. Von Zürich-Kloten über Bern nach Freiburg dauert die Fahrt nur 1.15 Stunden, von Basel etwa gleich wenig. Die Anreise erfolgt also simpel und rasch. Wer ganz exklusiv ankommen will, fährt im Heißluftballon nach Château-d'Oex; der rustikale Hauptort im Pays-d'Enhaut, dem Waadtländer Oberland, gilt als »Hauptbahnhof« für diese Fluggeräte. Und liegt zudem noch an der MOB, der am 20. Dezember 1904 eingeweihten Montreux-Oberland-Bahn vom Lac Léman über den Nobelkurort Gstaad nach Zweisimmen im Berner Oberland.

Bahn, Bus, Boot: öffentliche Verkehrsmittel

Die allermeisten Ausgangs- und Endpunkte der vorgestellten Wanderungen sind mit öffentlichen Verkehrsmitteln erreichbar – bis auf wenige Ausnahmen, deren Startpunkte in Tälern keine Anbindung an den öffentlichen Verkehr haben. Das Netz von Bahnen, Bussen und Booten ist dicht geknüpft. Die Züge in die Schweiz lassen sich unter www.sbb.ch, www.bahn.de und www.oebb.at oder unter dem Stichwort »Planung – Anreise« bei www.myswitzerland.com abfragen. Hilfreich sind auch die folgenden Websites:

Endstation Rochers de Naye; im Hintergrund die Berner Hochalpen (Touren 27, 28).

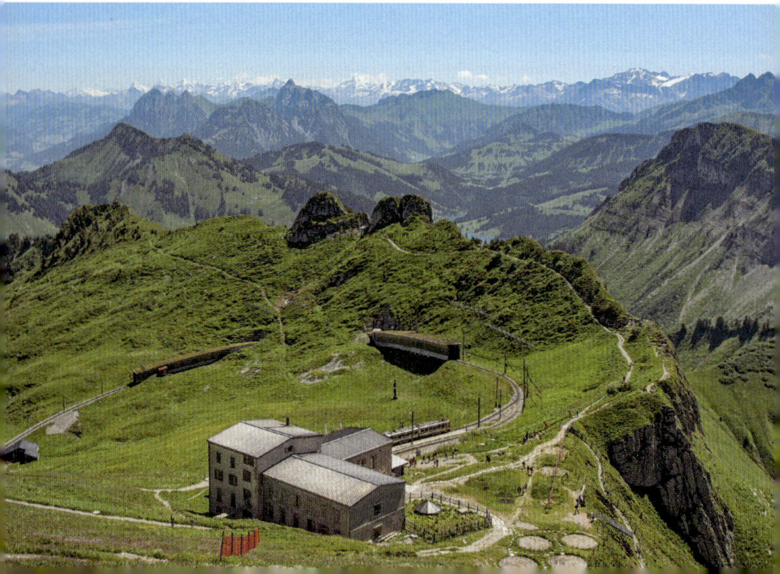

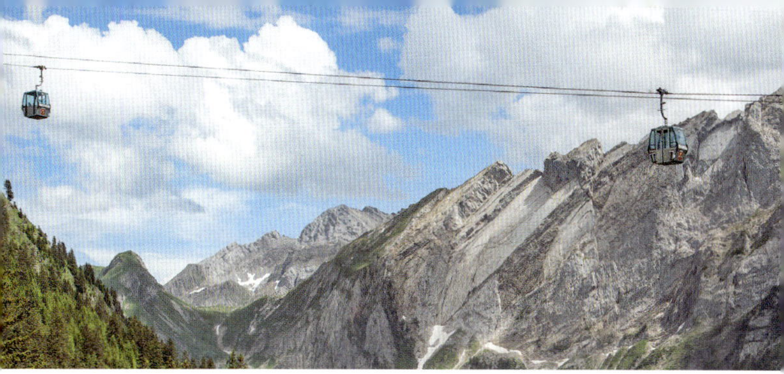

Die riesige Platte Miroir d'Argentine (Tour 46) hinter den Gondeln nach Les Chaux (Tour 38).

- www.fahrplan-online.de (sehr gut, inklusive lokaler Betriebe), www.fahrplanfelder.ch (Kursbuchseiten im Netz!)
- www.alternatives-wandern.ch/bergbahnen/bern.htm (sehr praktisch für die Bergbahnen)

Die Verwendung von Bergbahnen ist selbstverständlich Geschmackssache, zumal diese in der Schweiz nicht immer ganz günstig sind. Hier sei darauf hingewiesen, dass das Halbtaxabo der Schweizer Bundesbahn SBB (z.B. im Gegensatz zur Bahncard 50 in Deutschland) auch für Busverbindungen und für zahlreiche Bergbahnen gilt. Somit kann sich eine Anschaffung des Halbtax recht schnell amortisieren. Für Erwachsene kostet der Halbtax im ersten Jahr 185 CHF, für Kinder von 6 bis einschließlich 15 Jahre gibt es die Juniorkarte für 30 CHF – für ein Jahr können Kinder dann kostenlos mitgenommen werden, was ebenfalls für zahlreiche Bergbahnen gilt.

Weitere nützliche Adressen

- SMS-Fahrplanauskunft: Mittels »@2« und Eingabe von Abfahrts- und Zielort an die Kurznummer 4411 können die nächsten ÖV-Verbindungen per SMS abgerufen werden (z.B. »@2 Bern Fribourg«). Leerzeichen in den Namen der Haltestellen müssen durch einen Punkt ersetzt werden. Der Dienst kostet CHF 0.60 pro Abfrage. Zum Beispiel »bern fribourg 0700« an die Nummer 222 senden; gibt man keine Zeit an (in diesem Beispiel 7.00 Uhr), erhält man die drei nächsten Verbindungen.
- www.alpentaxi.ch

Information: Wichtige Adressen

Schweiz Tourismus im Ausland

- Schweiz Tourismus, www.myswitzerland.com, info@myswitzerland.com, 00800 100 200 30 (gratis); CH-8027 Zürich, Tödistraße 7.
- D-60311 Frankfurt a. M., Rossmarkt 23; A-1040 Wien, Schwindgasse 20; Zwitserland Toerisme, NL-1001 JK Amsterdam, Postbus 17400.

Allgemein

- La Gruyère Tourisme, Places des Alpes 26, CH-1630 Bulle, Tel. +41 848 424 424, www.la-gruyere.ch
- Information Fribourg Region, Rte de la Glâne 107, CH-1701 Fribourg, Tel. +41 26 407 70 20, www.fribourgregion.ch
- Office de tourisme du Canton de Vaud, Avenue d'Ouchy 60, CH-1006 Lausanne, Tel. +41 21 613 26 26, www.region-du-leman.ch
- Wallis Tourismus, Rue Pré-Fleurie 6, CH-1950 Sion, Tel. +41 27 327 35 90, www.valais.ch

Tourismusbüros in wichtigen Orten/Offices de tourisme

- CH-1860 Aigle, Tel. +41 24 466 30 00, www.alp3000.ch
- CH-1880 Bex, Tel. +41 24 463 30 80, www.bex.ch
- CH-1637 Charmey, Tel. +41 26 927 55 80, www.charmey.ch
- CH-1660 Château-d'Oex, Tel. +41 26 924 25 25, www.chateau-doex.ch
- CH-1872 Col des Mosses, Tel. +41 24 491 14 66, www.lesmosses.ch
- CH-1865 Les Diablerets, Tel. +41 24 492 33 58, www.diablerets.ch
- CH-1701 Fribourg, Tel. +41 26 350 11 11, www.fribourgtourisme.ch
- CH-1663 Gruyères, Tel. +41 26 921 10 30, www.gruyeres.ch
- CH-3780 Gstaad, Tel. +41 33 748 81 81, www.gstaad.ch
- CH-1656 Jaun, Tel. +41 26 929 81 81, www.jaun.ch
- CH-1854 Leysin, Tel. +41 24 494 22 44, www.leysin.ch
- CH-1663 Moléson-sur-Gruyères, Tel. +41 26 921 24 34, www.moleson.ch
- CH-1820 Montreux, Tel. +41 21 962 84 84, www.montreux.com
- CH-1911 Ovronnaz, Tel. +41 27 306 42 93, www.ovronnaz.ch
- CH-1619 Les Paccots, Tel. +41 21 948 84 56, www.les-paccots.ch
- CH-1838 Rougemont, Tel. +41 26 925 11 66, www.rougemont.ch
- CH-1711 Schwarzsee, Tel. +41 26 412 13 13, www.schwarzsee.ch
- CH-1913 Saillon-les-Bains, Tel. +41 27 743 11 88, www.saillon.ch
- CH-1884 Villars-sur-Ollon, Tel. +41 24 495 32 32, www.villars.ch

Wandern

- L'association Vaud Rando, Place Grand-St-Jean 2, CH-1003 Lausanne, Tel. +41 21 323 10 84, www.vaud-rando.ch
- Valrando/Walliser Wanderwege, Rue Pré-Fleurie 6, CH-1951 Sion, Tel. +41 27 327 35 80, ww.valrando.ch

Notrufnummern

- Schweizerische Rettungsflugwacht REGA: 1414
- Polizeinotruf: 117
- Notarzt: 144
- Internationaler Notruf: 112

Grund für eine Übernachtung in Villars-sur-Ollon: Sonnenuntergang am Grand Muveran.

WEITERES WISSENSWERTES

Freiburger und Waadtländer Alpen

Der höchste Gipfel der Freiburger Alpen ist der Vanil Noir mit 2388,9 Metern, der höchste der Waadtländer der Sommet des Diablerets mit 3209,7 Metern. Die Höhe sagt auch etwas über die Beschaffenheit der Berge: grasig-felsig der eine, felsig-eisig der andere. Schroff sind beide, den Wanderern zugänglich nur der eine. Zwei weitere Waadtländer 3000er sind jedoch ohne Seil und Pickel machbar: der Grand Muveran sowie das Oldenhorn, im Französischen Becca d'Audon genannt, Vereinigungspunkt der Kantone Bern, Waadt und Wallis.
Mittelpunkt der Freiburger Alpen ist die Region Gruyère, die dem Käse den Namen gegeben hat. In den Waadtländer Alpen ist die Herrschaft verteilt: im Norden das Waadtländer Oberland, das Pays-d'Enhaut mit dem Hauptort Château-d'Oex und dem Käse L'Etivaz, in der Mitte das Ormont mit dem Dorf Les Diablerets, im Südwesten die Waadtländer Riviera mit Vevey und Montreux und das Chablais vaudois mit den Weindörfern Yvorne, Aigle und Ollon, dem Salzstädtchen Bex und dem Chaletdorf Villars, im Südosten das Wallis, wo der Weinanbau die besten Weine oder erlesensten

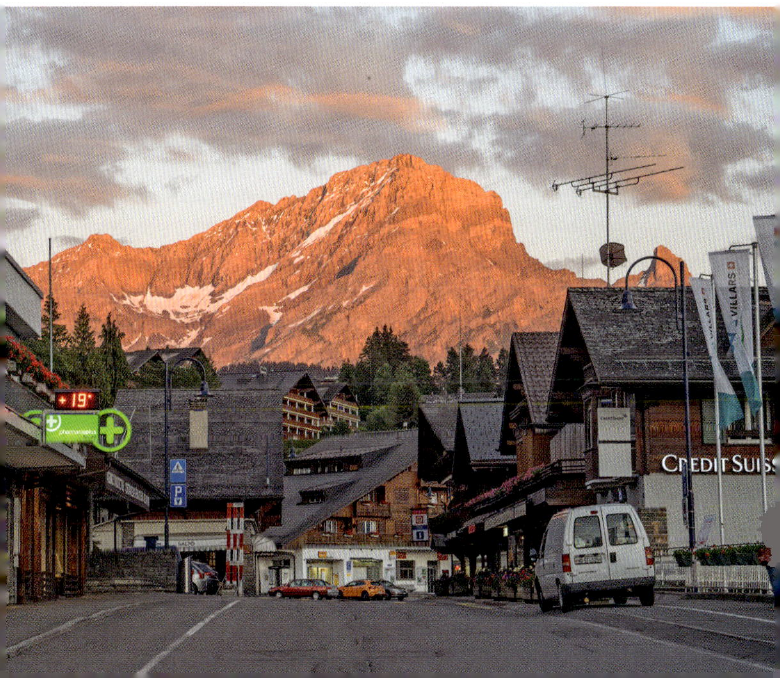

Tropfen hervorbringt. Anders gesagt: Freiburger und Waadtländer Alpen heißt Käse und Wein. Wenn das nicht zusammengehört! Damit sind wir schon beim nächsten Thema:

Essen & Trinken: fast alles Käse

Der erste Gang ist Schafvorässe, der zweite Chabissuppa, der dritte eine Fryburger Platta mit Hama, Späck, Uter, Zunge, Sossissong, Puurewürscht, Chabis und Salzhäppere. Noch Hunger? Oder noch Fragen, was denn da genau aufgetischt wird an einem originalen Deutschfreiburger »Chilbimönü«? Nun, Häppere sind Kartoffeln, und Häpperestock steht beim vierten Gang auf dem Tisch, zusammen mit Püschelibirre und Schafbraate. Der fünfte Gang umfasst Meringues und Nidle (und sicher den berühmten Greyerzer Doppelrahm), der letzte Chüechleni, Bräzzele und Anisbröötleni. Ein Verdauungsschnäpschen am Schluss kann sicher nicht schaden, ein Spaziergang auch nicht.

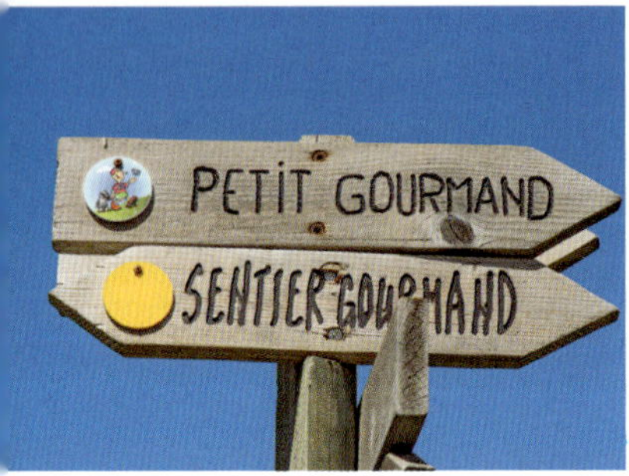

Typisch Gruyère: Wandern für Feinschmecker, am besten mit Käse, für den die Bergkühe sorgen (Tour 26).

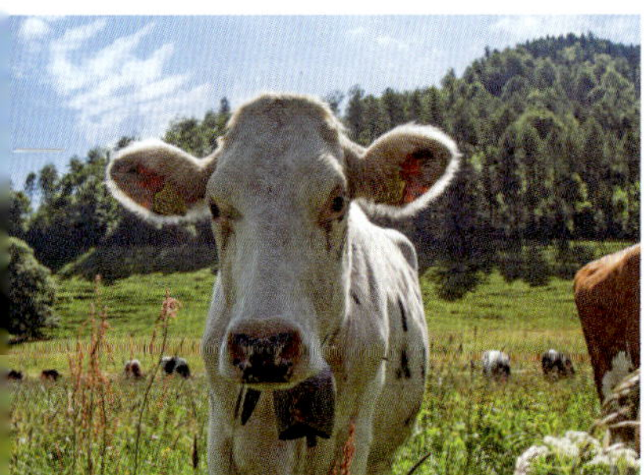

Etwas weniger deftig ist das berühmte Freiburger Fondue moitié-moitié. Für vier Personen braucht's 400 g Gruyère, 400 g Vacherin, 1 Knoblauchzehe, 3 dl Weißwein, 15 g Kartoffelstärke sowie Kirsch und Pfeffer – wer sich die Produktion nicht zutraut, genießt das Fondue vor Ort, zum Beispiel im Fondue-Zug von Bulle nach Montbovon. Wer dann noch Hunger hat, besucht die Schokoladefabrik Cailler in Broc. Von Broc ist es ein Katzensprung nach Botterens in die Boulangerie Angélo Rime Sàrl – schon anhand des Homepage-Namens www.meringue.ch erahnt man die dortige Spezialität. Am besten mit Double Crème de la Gruyère gegessen – einfach göttlich.

Kurz: Wandern im Freiburger- und im Waadtland ist Wandern im Schlaraffenland. Am Südfuß der Alpes vaudoises, unten im Rhonetal, gedeihen auf Walliser und Waadtländer Boden großartige Weine, wie zum Beispiel diejenigen von Marie-Thérèse Chappaz in Fully. Im Genfersee schließlich sind

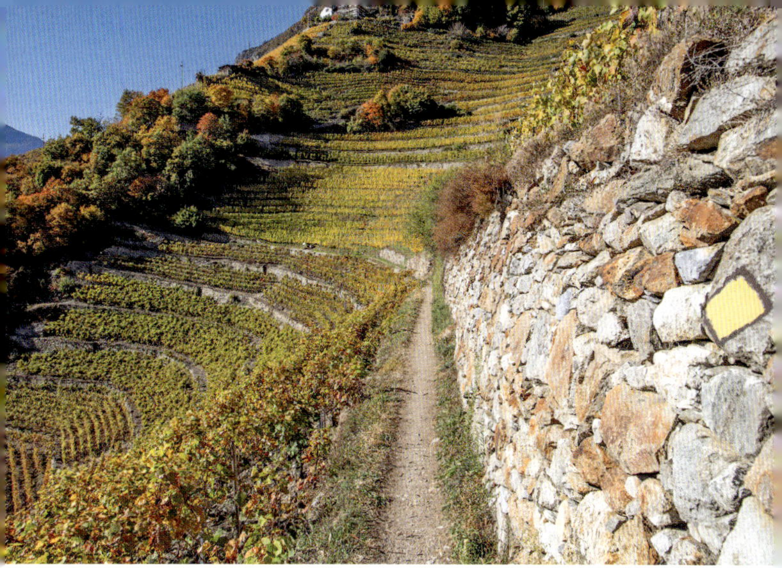

Farbenfroh: im Herbst entlang von Weinbergen durch das Rhonetal (Tour 56).

Hecht, Weißfelchen, Saibling, Eglifisch und viele andere Fische heimisch; als Spezialitäten gelten Omble chevalier und Soupe de Poisson au Lac. Anders gesagt: Verhungern und verdursten tut man kaum zwischen dem Lac de la Gruyère und dem Lac Léman.
Aber wo gibt's nun den berühmten Gruyère und den fast so berühmten Etivaz? Im Städtchen Gruyères selbst. Im Maison du Gruyère unterhalb davon, bei der Bahnstation Gruyères-Pringy (www.lamaisondugruyere.ch). Im Maison de L'Etivaz an der Straße von Château-d'Oex auf den Col des Mosses (www.etivaz-aoc.ch). In der Autobahnraststätte La Gruyère zwischen den Ausfahrten Bulle und Rossens; hier sind auch Meringues erhältlich.
Ein weiterer kulinarischer Tipp für zu Hause: Accords gourmands de Suisse romande – recettes et vins de nos terroirs romands, Creative Publishing, 2011.
In diesem Sinne: Bon appétit et à votre santé!

Veranstaltungen: von der Kilbi zum Filmfestival

- **Januar:** Antiquitätenmesse von La Gruyère in Bulle; Internationale Heißluftballonwoche in Château-d'Oex; Music & Snow Festival in Les Diablerets.
- **Februar:** Fasnacht in Broc und Bulle.
- **März:** Internationales Schlittenhunderennen in Les Mosses; Milchkuhausstellung EXPO Bulle; Afterseason Electronic Festival in Villars-sur-Ollon.
- **April:** Frühjahrsmarkt in Jaun, Im Fang.

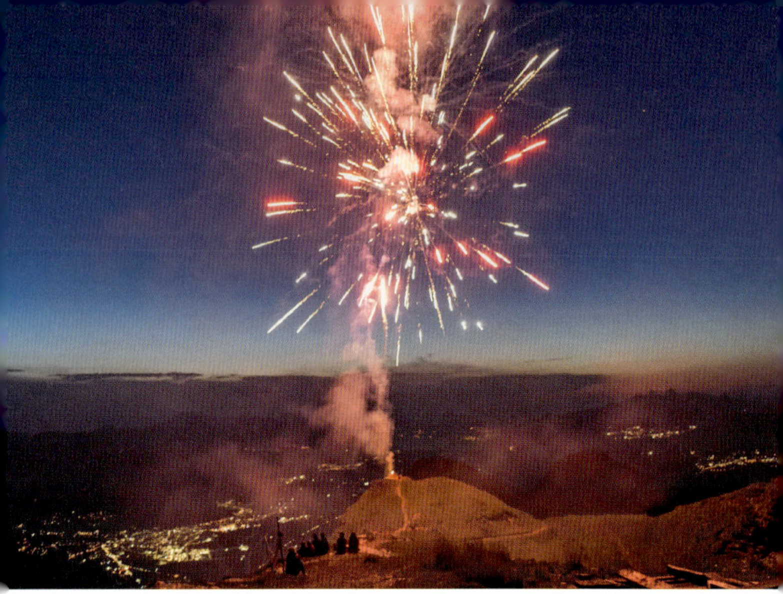

Feuerwerk auf der Cabane de la Tourche: 1. August ist Schweizer Nationalfeiertag.

- **Mai:** Käsefest und Parade Vénitienne in Gruyères.
- **Juni:** Wanderung »Diplom der Alphirten« (Brevet des Armaillis) zwischen Moléson und Les Paccots; Johannisfest in Gruyères; Festival Celtique in Corbeyrier.
- **Juli:** Berglauf Montreux – Les Rochers de Naye (1. Sonntag im Monat); Folkloremarkt in Bulle (jeden Donnerstagvormittag im Juli und August); Jazz Festival in Montreux; Folklore-Festival Music Panorama in Leysin.
- **August:** 1. August: Nationalfeiertag der Schweiz; Mittsommerfeste auf Isenau ob Les Diablerets, in Taveyanne ob Gryon, am Lac Lioson ob Les Mosses. Internationales Festival des Bergfilms in Les Diablerets (www.fifad.ch). Winzerfest / Fête des Vignerons von Vevey (nur alle rund 20 Jahre!); Fest »Nuit des Fées« in Leysin.
- **September:** Winzerfest / Fête des Vendanges in Lutry; Schweizer Buchfestival in Les Arsenaux in Sitten; Highline Extreme am Moléson Gipfel; Keramik-, Glas- und Metallmarkt in Gruyères.
- **Oktober:** Alpabzug in Albeuve, Charmey und Jaun; Kilbi-Feste (traditionelles Freiburger Fest) in verschiedenen Freiburger Dörfern (Infos jeweils unter www.la-gruyere.ch → Veranstaltungen).
- **November:** St. Martinsmarkt in Vevey (2. Dienstag im Monat).
- **Dezember:** Weihnachtsmärkte in Bulle, Gruyères und Rougemont. Mountainbike Silvester Schneerennen / GP de la St Sylvestre in Villars-sur-Ollon.

Literatur

- Ulrich Ackermann: La Gruyère, Vues aériennes. Edition Sarine/Paulusverlag Fribourg 2004; Ackermanns Flugaufnahmen sind eine Hymne an die Schönheit des Greyerzerlandes.
- Jean-Pierre Anderegg: Freiburger Kulturlandschaften. Materialien zur Geschichte der ländlichen Siedlung. Kulturgüterdienst Fribourg 2002.
- Christophe Büchi: Röstigraben. Das Verhältnis zwischen deutscher und französischer Schweiz. NZZ Verlag 2003; guter Überblick.
- Laurent Flutsch: Rideau de rösti – Röstigraben. Infolio éditions, Gollion 2005. Guten Appetit!
- Gilbert Künzi, Charles Kraege: Montagnes romandes. A l'assaut de leur nom. Editions Cabédita 2001; warum Sex nicht Sex bedeutet, Righi aber Rigi.
- Michel Roggo, Anton Schwartz: Urlandschaften. Paulusverlag 2001; so unberührt und poetisch sind Breccaschlund, Gastlosen, Sensegraben und andere Deutschfreiburger Landstriche.
- Charles Ferdinand Ramuz: Derborence, Farinet oder das falsche Geld. Limmat Verlag 2015; am Westschweizer Nationaldichter kommt man (zu Recht) nicht vorbei.
- Didier Schmutz, Hugues de Wurstemberger, Christian Lutz: AOC, Zurück zu den Ursprüngen. Die Schweizer Käse mit geschützter Ursprungsbezeichnung. Infolio éditions, Gollion 2005. Würzig und unvergleichlich.

Zickzack: Sprechen Sie französisch?

Zickzack heißt Zigzag, zigzaguer bedeutet: hin und her taumeln. Das wünschen wir den Benützern dieses Führers nicht, weder auf dem Sentier du vignoble zwischen Ollon und Aigle noch auf dem sentier des fromageries zwischen Gruyères und Moléson-Village. Wer im Französischen mehr versteht als Retour à la nature, hat es zwischen dem Vallée du Rhône (die Waadtländer Alpen reichen nämlich bis ins Wallis hinab) und der im Lac de la Gruyère gestauten Sarine eine Spur leichter; allerdings heißt der Fluss nach der Staumauer schon bald Saane – Kanton und Stadt Freiburg sind zweisprachig. In diesem Sinne: une belle balade!

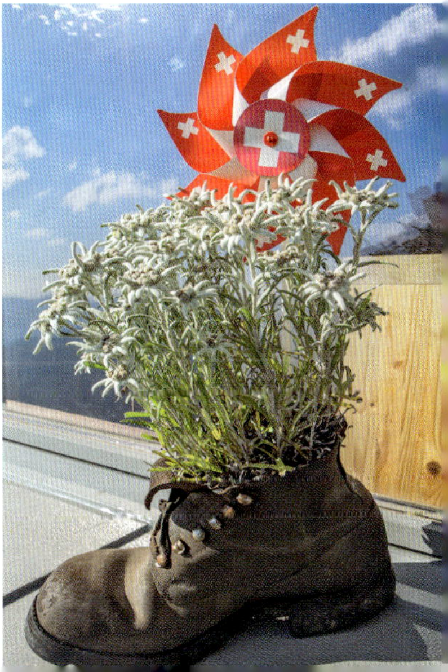

Nationalfeiertag auf der Cabane de la Tourche (Touren 50, 51, 55).

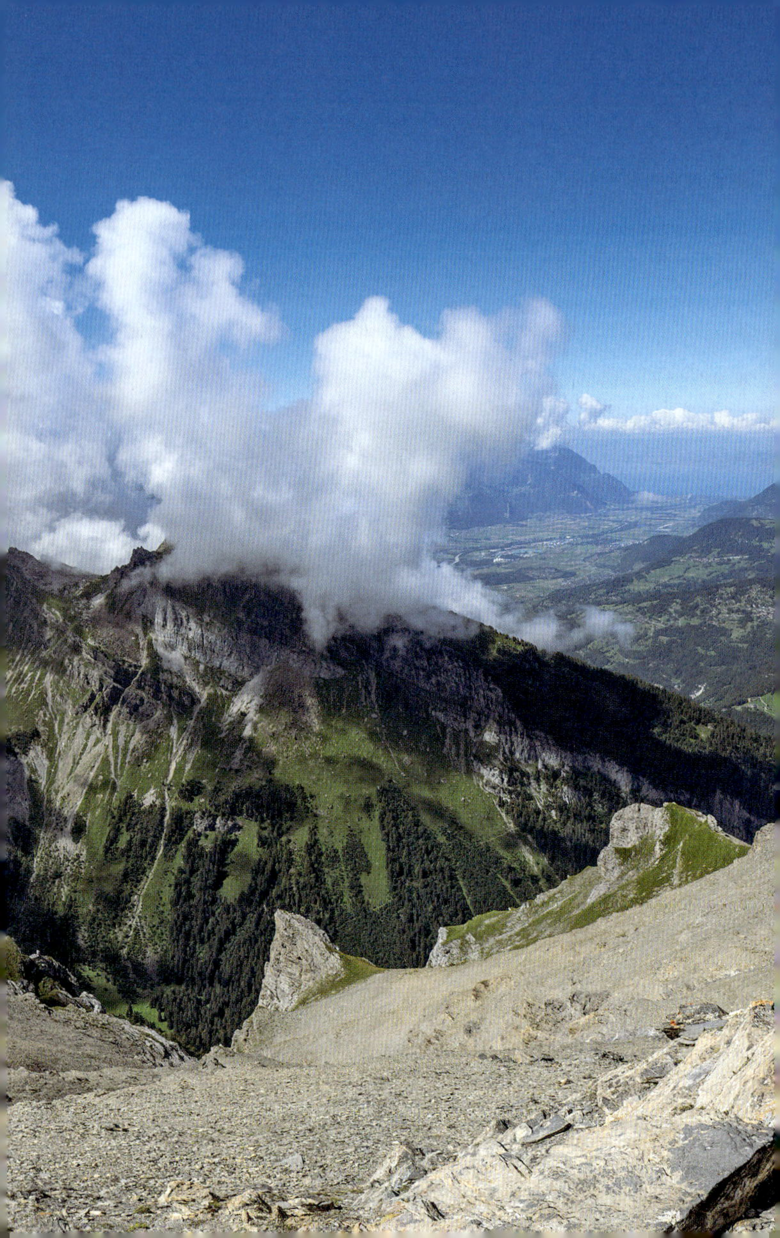

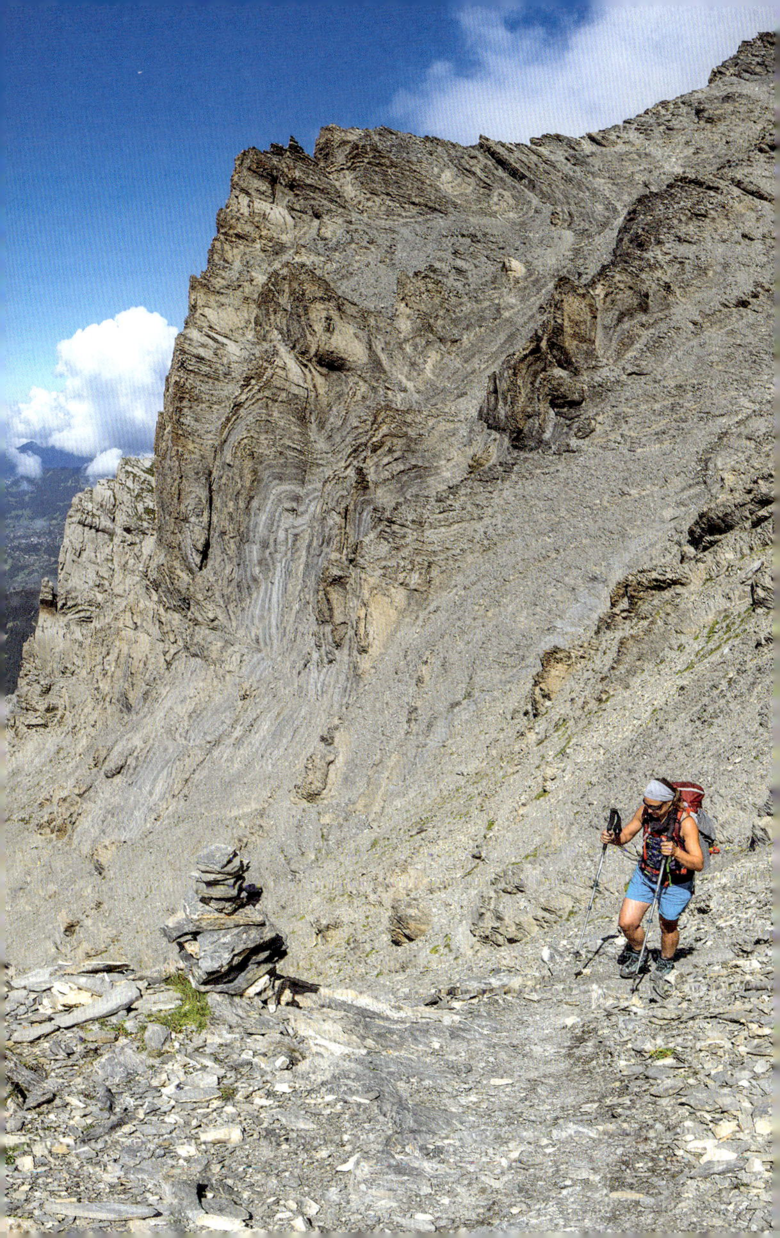

↗ 450 m | ↘ 500 m | 17.9 km

1 Entlang der Sarine

5.00 h

Auen-, Kirchen- und Kraftwerklandschaften

Die Kraft des Wassers erleben auf oft schmalem Uferweg. Die Sarine – auf Deutsch Saane –, die sich ihr Bett mäandernd in den Untergrund aus Sandstein und Nagelfluh gefressen hat. Der Mensch, der sich die Flussschlaufen zunutze gemacht hat: Mönche und Nonnen unten in der Schlucht, weltliche Herren oben, wie zum Beispiel in Freiburg. Wasser zur Stromerzeugung, Wasser zum Baden, Wasser zum Fahren: Das Funiculaire in Freiburg ist die letzte Standseilbahn der Schweiz, die noch mit Abwasser funktioniert.

Ausgangspunkt: Ecuvillens, Haltestelle La Tuffière, 674 m; Busse von den Bahnhöfen Fribourg/Freiburg oder Bulle.
Endpunkt: Bahnhof Fribourg, 629 m.
Anforderungen: Ein klein wenig Trittsicherheit auf den Wegabschnitten bei La Tuffière und der Chemin Schoch in Fribourg erforderlich. T1.
Einkehr/Unterkunft: Mehrere in Marly. In Fribourg: z.B. Auberge aux 4 Vents, Tel. +41 26 347 22 88; Logis Mont-Sonnenberg, Tel. +41 26 322 03 50.
Variante: Die Wanderung kann auch bei der Haltestelle Grangeneuve, Institut Agricole, gestartet werden, von wo man in gut 10 Min. bei der Abbaye de Hauterive **2** ist (Gehzeit etwa 1.45 Std. kürzer).
Karte: 252 T Bulle; 1185 Fribourg, 1205 Rossens.
Tipps: 1. Klosterladen in der Abtei Hauterive: offen Di–Sa 14–17 Uhr, So 11–11.40, 14.45–17 Uhr.
2. Die Klosterkirchen von Hauterive (mit der Darstellung der Weihnachtsgeschichte in einem Nebenraum) und von Maigrauge.
3. Die Gewichtsstaumauer Maigrauge in Pérolles, die erste betonierte Staumauer Europas (1872 entstanden).
4. Bains de la Motta in Fribourg, das erste Schwimmbad des internationalen Badearchitekten Beda Hefti (erbaut 1923–24).
5. Die Altstadt von Fribourg.

Das Kloster von Hauterive.

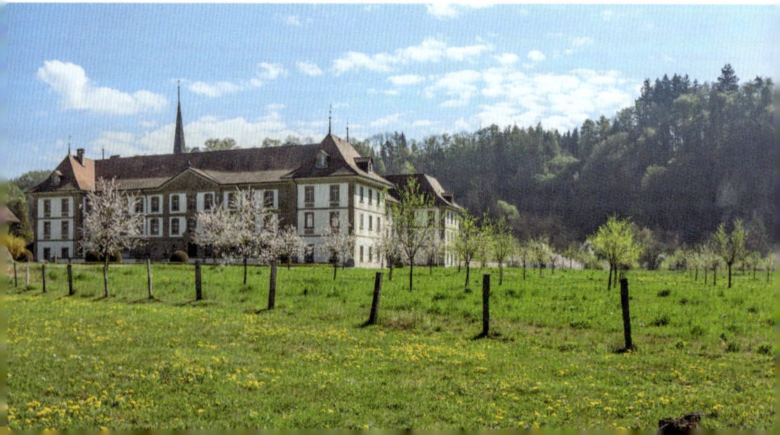

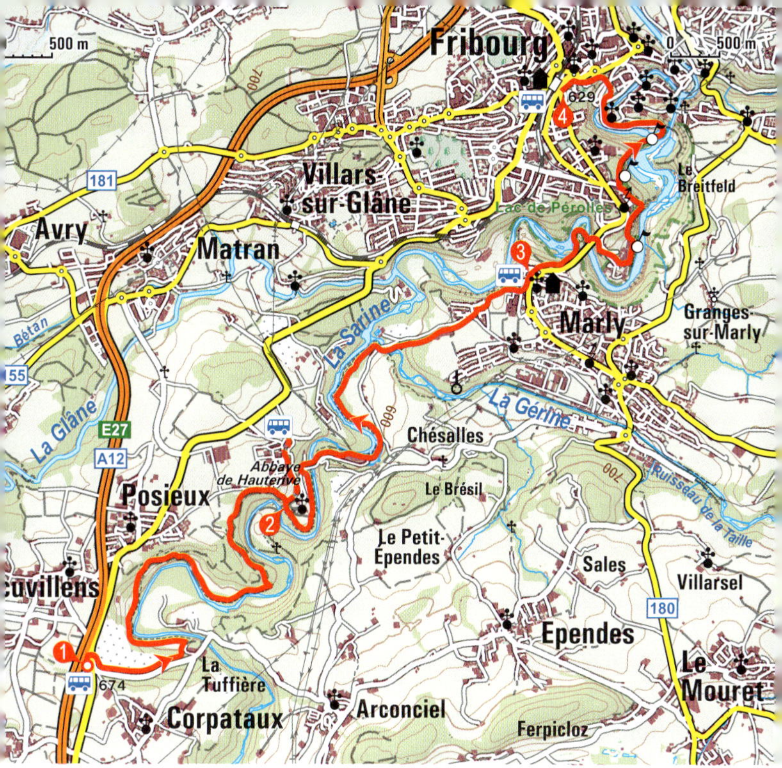

Von der Bushaltestelle **La Tuffière** ❶ ostwärts auf der Straße Route de la Tuffière und dem gelb markierten Wanderweg nach hinab zur Sarine. Dem linken Ufer entlang der gewundenen Sarineschlucht, mit einigen Auf- und Abstiegen, mal auf breiten Wegen, aber auch auf schmalen Pfaden (am eindrücklichsten die Stelle, wo die Route auf Wasserhöhe entlang von Sandsteinwänden führt). Dann auf einem breiten Weg im Wald leicht aufwärts und rechter Hand im Zickzack auf schmalem Waldpfad hinab zur

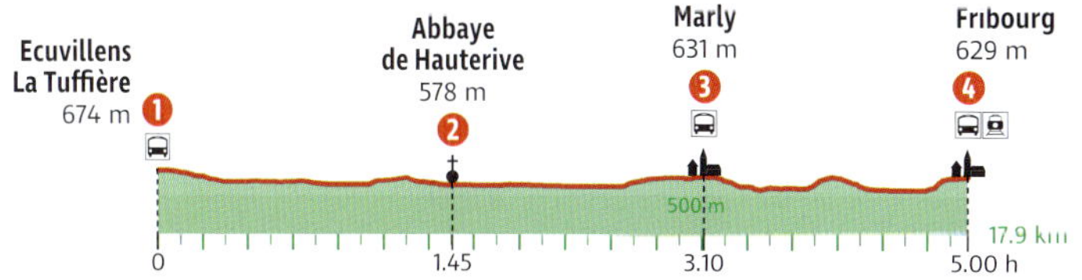

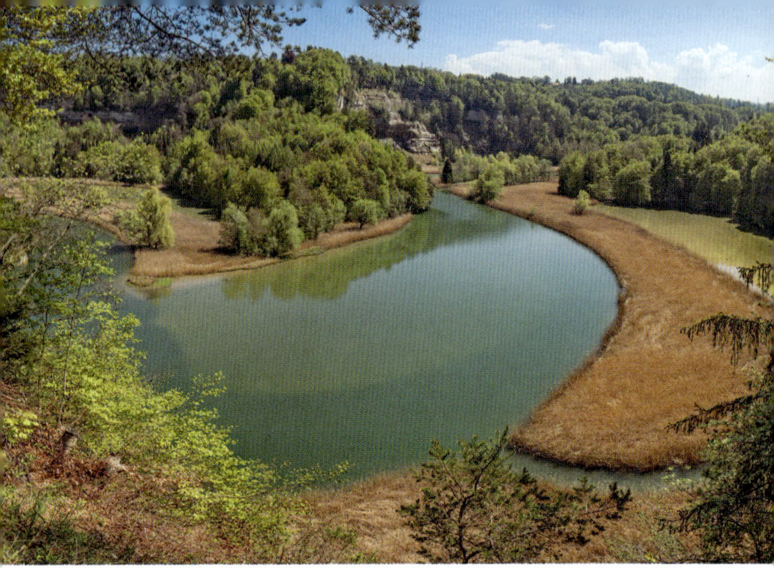

Kurz vor Ende: der Lac de Pérolles, gesehen vom Chemin Ritter.

gedeckten Brücke bei der 1138 gegründeten **Zisterzienserabtei von Hauterive** ❷. Auf dem Uferweg um das Kloster herum, über eine Straßenbrücke (P. 576) ans rechte Ufer und nach den Häusern links zum Fluss hinab. An ihm entlang, vorbei an idyllischen Picknickplätzen, zum Elektrizitätswerk; zwei schmale Stege überbrücken einen Wasserlauf. Weiter saaneabwärts und über den Nebenfluss La Gérine. Auf der Wanderroute durch den Wald, auf Straßen und durch Wohnquartiere zur Bushaltestelle **Les Rittes** in **Marly** ❸ hinauf.

Nicht über die Pont de Pérolles schreiten, sondern hinab zum Steg unterhalb der Brücke steigen. Am linken Ufer den Sentier Schoch einschlagen; kurz danach durchs Gelände einer Fischzuchtanlage zurück zum Wasser. Der Weg folgt dem gestauten Lac de Pérolles, steigt über Treppen an und führt durch einen Sandsteintunnel und im Zickzack im Steilgelände zum Rand des **Plateau de Pérolles** hoch. Gleich wieder rechts auf dem Chemin Ritter hinab in die Saaneschlucht und durch den Transmissionstunnel (1871/72 durchstoßen unter der Leitung von Ingenieur Guillaume Ritter) zum **Kraftwerk Maigrauge**.

Wieder über die Saane. Auf einem Sträßchen flussabwärts, an der Zisterzienserinnenabtei Notre-Dame de la Maigrauge vorbei und zum letzten Mal über den Fluss, 541 m. Auf dem Uferweg weiter, um die Bains de la Motta herum, auf dem Chemin des Bains zur Talstation des Funiculaire und (zu Fuß) hinauf. Zuletzt durch die Stadt hindurch zum Bahnhof **Fribourg** ❹.

↗ 300 m | ↘ 300 m | 14.2 km

4.00 h

Rund um den südlichen Lac de la Gruyère

2

Zu Recht ein preisgekrönter Wanderweg

Le Moléson und La Berra, Vanil Noir und Kaiseregg: Freiburger Wanderer müssen diese Gipfel einmal im Leben bestiegen haben. Seit 2012 gibt es eine fünfte Muss-Tour. Sie geht allerdings auf keinen Berg, sondern rund um einen See, den Lac de la Gruyère. Die Pont de Corbières teilt den gestauten Greyerzersee in eine südliche obere und eine nördliche untere Hälfte. 2009 begannen die Arbeiten an einem Wanderweg rund um den See. 2012 wurde der rund 14 km lange Weg um den Obersee fertiggestellt und gleich mit dem Prix Rando der Schweizer Wanderwege ausgezeichnet. Zwei Jahre später ging die untere, 30 km lange Schlaufe ans Wanderwegnetz. Seither gehört die zwei- bis dreitägige Runde zu den beliebtesten und abwechslungsreichsten Seenwegen nicht nur des Kantons Freiburg, sondern der ganzen Schweiz. Und das von März bis November. Am sonnigsten aber ist es doch im Sommer, wenn im Lac de la Gruyère geschwommen werden kann. Denn ist nicht baden noch schöner als wandern?

Idylle am Lac de la Gruyère. Im Hintergrund Le Vanil des Cours (Tour 6).

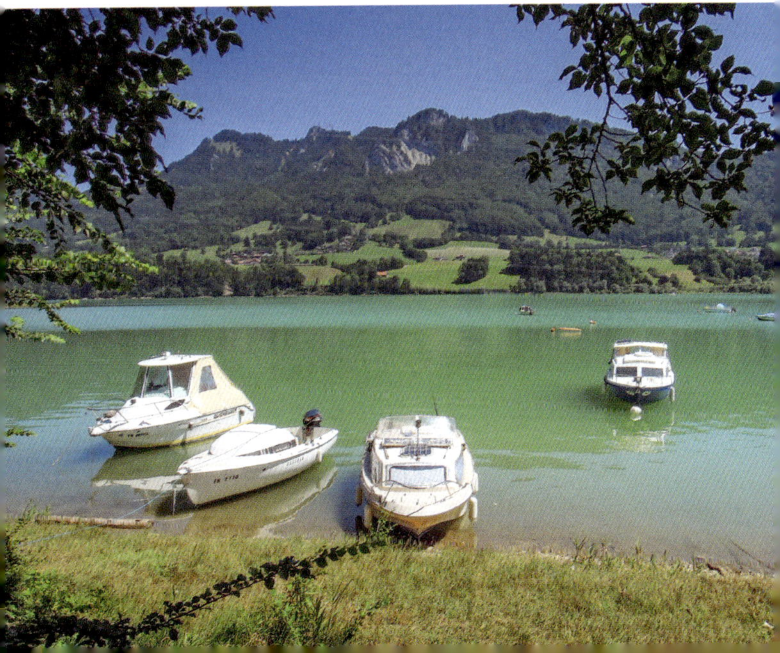

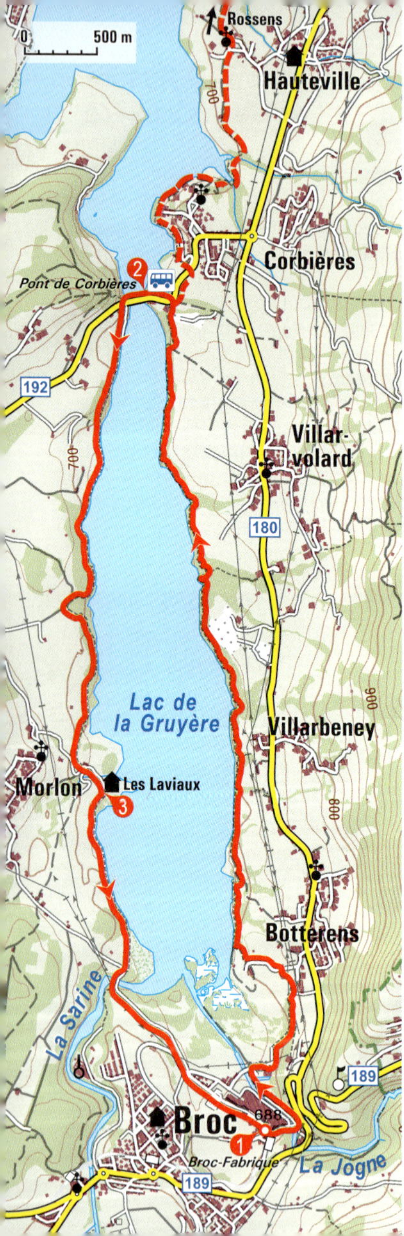

Ausgangs- und Endpunkt: Broc-Fabrique, 688 m; Endstation der Bahnlinie von Bulle. Große Parkplätze.
Anforderungen: Lang, gut markiert und meistens leicht (T1); auf dem östlichen Ufer ein paar Passagen T2.
Einkehr/Unterkunft: In Broc. Goya Onda, Tel. +41 26 558 82 23, in Les Laviaux. Gute Übersicht über alle Unterkünfte, Einkehrmöglichkeiten, Haltestellen etc. auf www.la-gruyere.ch bzw. www.tourdulac.ch.
Variante: Wer den ganzen Sentier du Lac de la Gruyère (mit 44 km und ca. 13 Std.) auf zwei Tage verteilt machen will, startet in Broc-Fabrique und übernachtet in Rossens – oder umgekehrt (siehe auch Tour 3). Bei der Pont de Corbières **2** kann man je nach Bedarf das Ufer wechseln.
Karte: 252T Bulle; 1225 Gruyères.
Tipps: 1. 1898 durch Alexander Cailler eröffnete Schokoladefabrik (größte der Schweiz; gehört seit 1929 zu Nestlé). Besuch wochentags Mai bis Oktober; Tel. +41 26 921 51 51, Tickets online bestellen, www.cailler.ch.
2. Wasserkraftwerk Electrobroc (Cailler brauchte Strom für seine Fabrik); Besichtigung März bis September, Tel. +41 26 921 15 37, www.electrobroc.ch.
Anschlusstour: 3, 6, 10, 11.

Von der Bahnendstation **Broc-Fabrique** **1** ein paar Schritte gegen die Schokoladefabrik Cailler, aber noch vorher rechts und über die Jogne, dem nach der Saane zweitgrößten Zufluss des Lac de la Gruyère. An ihm entlang zum Wasserkraftwerk, wo die im Lac de Montsalvens gestaute Jogne die Turbinen antreibt. Beim Kraftwerk erreicht man den Sentier du Lac de la Gruyère (10 Min. vom Bahnhof).
Schon bald zieht der Sentier ziemlich steil hinauf in den südlichen Teil von **Botterens** (das Dorf ist berühmt

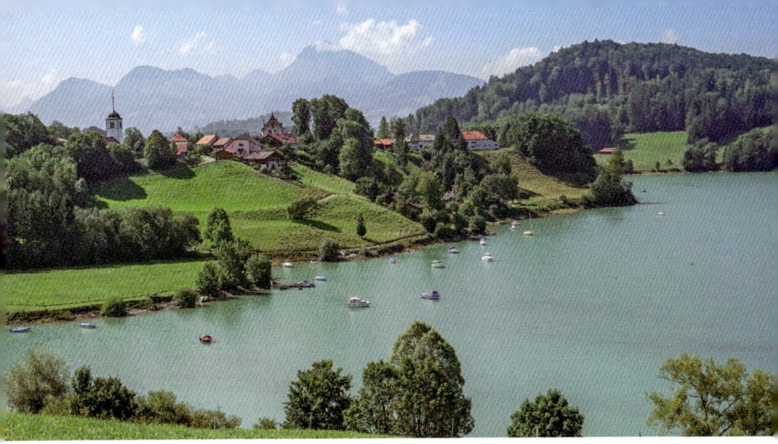

Der Blick auf Corbières, dahinter der Moléson (Touren 23, 24).

für die Meringues von Angélo Rime, die dort gebacken werden). Dann senkt sich der Weg wieder ab zum See und es geht für 1.45 Std. immer am Lac de la Gruyère entlang, oft auf einem extra zum Wandern erbauten Weg – mal näher an der Wasserlinie, mal oberhalb davon, mal schön flach, öfters etwas ausgesetzt in der steilen, waldigen Uferböschung, fast ständig auf und ab, teilweise über Treppen. Und immer wieder hinein in Einbuchtungen von Seitenbächen. Gute Bademöglichkeiten finden sich gleich zu Beginn und bei der Einmündung des **Ruisseau de Chaux**. Zuletzt zickzackt der Weg hinauf auf die Hangkante und sinkt kurz darauf hinab zur Zementfabrik am Ostkopf der Pont de Corbières. Nach links zur gleichnamigen Haltestelle und über die **Pont de Corbières** ❷.
Die Fortsetzung des Sentier du Lac de la Gruyère auf dem westlichen Ufer gleicht dem Weg auf dem gegenüberliegenden, allerdings mit weniger Auf- und Abstiegen, mit mehr Auenwald und Abschnitten entlang von Wiesen. Man gelangt nach **Les Laviaux** ❸ unterhalb von Morlon; einem beliebten Ausflugsort zum Einkehren, Baden und Böötlen. Nun bleibt der Uferweg schön flach bis zur Brücke über die Saane. Einer Straße entlang nach **Broc-Fabrique** ❶, wobei man zuletzt direkt die Haltestelle anpeilt. Oder das **Maison Cailler**, wo man auch nur einkehren und Schokolade kaufen kann.

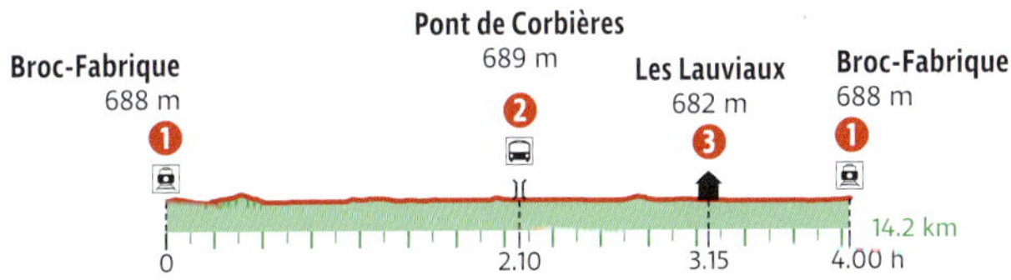

↗ 820 m | ↘ 800 m | 22.9 km

3 Am nördlichen Lac de la Gruyère

7.00 h

An den Ufern der Nr. 1

Bis 1921 lag nur ein richtiger See ganz im Kanton Freiburg: der Schwarzsee. Der Murtensee gehört zu einem Drittel dem Kanton Waadt. Am Lac de Neuchâtel, dem größten ganz in der Schweiz liegenden See, hat Freiburg bloß die beiden Seestücke von Portalban und Estavyer-le-Lac. Das änderte sich mit dem Bau der Barrage de Montsalvens, der ersten doppelten Bogenstaumauer Europas. Das Wasser vom Lac de Montsalvens treibt die Turbinen in Broc-Fabrique an. Und dort beginnt der 1948 aufgestaute Lac de la Gruyère. Seine 83 Meter hohe Mauer staut die Sarine und schuf so einen einzigartigen Stausee in einem an solch künstlichen Seen reich gesegneten Land. Der Lac de la Gruyère ist mit 220 Mio. m³ volumenmäßig die Nr. 3 der Schweiz, nach dem Lac des Dix und dem Lac d'Émosson, sowie mit 9,28 km² flächenmäßig die Nr. 2, knapp übertroffen vom Sihlsee. Aber mit 13 km ist der Greyerzersee der längste Stausee der Schweiz, immerhin 1,5 km länger als der Schiffenensee, der 1963 durch eine weitere Stauung der Saane entstand. So weit ein paar Zahlen. Doch was die Landschaft betrifft, diese Lage am Fuß der Alpen, mit all den Buchten, Wäldern und Wiesen, all den Dörfern, Schlössern und Brücken: Da ist der Lac de la Gruyère die Nr. 1, erst recht mit dem 2014 fertig erstellten Wanderweg rund um den ganzen See.

Blick vom Golfplatz Pont-la-Ville auf das Viaduc de la Gruyère.

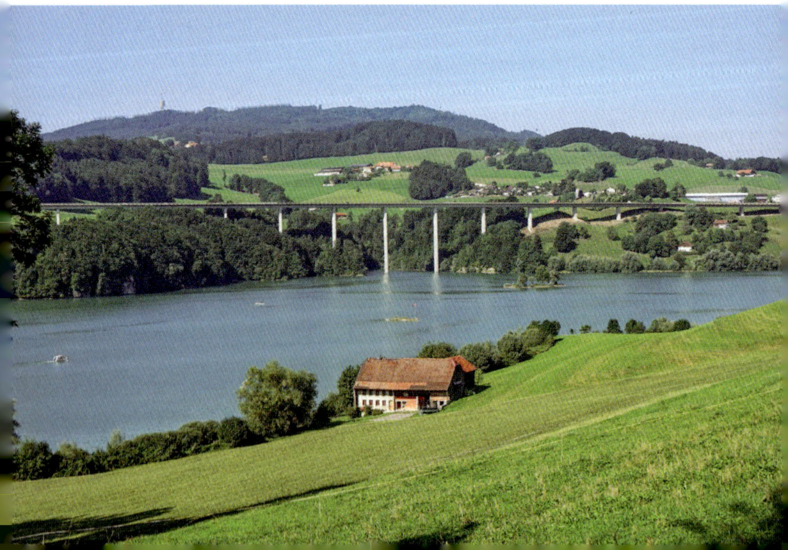

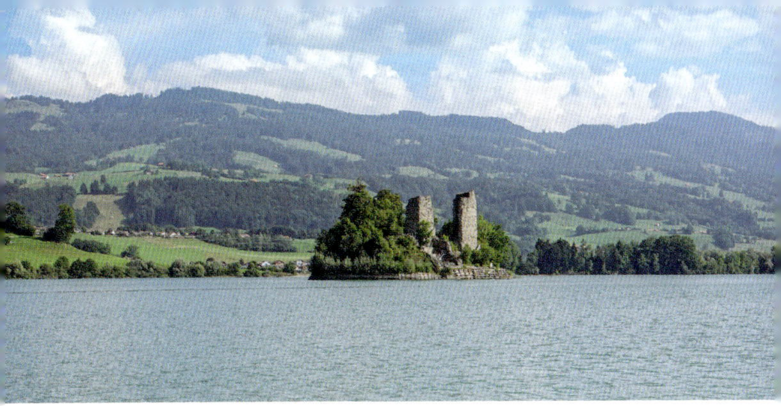

Die Insel Île d'Ogoz mit der Ruine de la Tour.

Ausgangspunkt: Corbières, Haltestelle Pont de Corbières, 689 m; Bus von Bulle und von Fribourg. Parkplätze ein paar Meter westlich oberhalb der Brücke.
Endpunkt: Gumefens, Haltestelle Lac, 706 m, ein paar Meter neben dem Wanderweg; Bus nach Bulle und Fribourg.
Anforderungen: Sehr lang mit erstaunlich vielen Höhenmetern, da es oft auf und ab geht. Gut markiert. T1 mit Passagen T2.
Einkehr/Unterkunft: Direkt am Weg in Hauteville, La Roche (Restaurant L'Unique), Pont-la-Ville, Gumefens (Camping du Lac) und Vuippens; etwas abseits des Weges in Rossens und Avry-devant-Pont, Ortsteil La Cantine. Gute Übersicht über alle Unterkünfte, Einkehrmöglichkeiten, Haltestellen etc. auf auf den Seiten www.la-gruyere.ch bzw. www.tourdulac.ch.
Varianten: 1. Nur bis Rossens; die Bushaltestelle Village befindet sich oben im Dorf, 20 Min. von der Staumauer ❸. Knapp 4 Std. von Corbières bis zur Staumauer.
2. Den Bus ab Avry-devant-Pont, La Cantine, nehmen; 30 Min. Zeitgewinn.
3. Von Gumefens weiter bis Vuippens; 1 Std. Und dann die restlichen 50 Min. auch noch anhängen bis zur Pont de Corbières, um die Runde um den unteren Lac de la Gruyère ganz zu vollbringen (siehe auch Tour 2).
Karte: 252T Bulle; 1205 Rossens, 1225 Gruyères.
Hinweis: Im Winter ist der Sentier du Lac de la Gruyère zwischen Pont-en-Ogoz und Rossens aus Sicherheitsgründen geschlossen.
Tipp: Jeden So um 14 Uhr öffentliche Schifffahrt von Pont-en-Ogoz zur Insel und zu weiteren Sehenswürdigkeiten auf dem Lac de la Gruyère. Die Inselkapelle ist beliebt für Hochzeiten. Infos: Association Île d'Ogoz, case postale 14, 1645 Le Bry, Tel. +41 79 653 87 55, www.ogoz.ch.
Anschlusstour: 2.

Von der Haltestelle **Pont de Corbières** ❶ entlang der Hauptstraße aufwärts Richtung Dorf Corbières, bis linker Hand der Sentier du Lac de la Gruyère zum See absinkt. Auf ihm unter dem Dorf mit seinem Schloss durch; auf der Nordseite des Dorfhügels gute Picknick- und Badeplätze – aber vielleicht etwas zu früh bei einer mehrstündigen Tour, es sei denn, man begeht diese in der entgegengesetzten Richtung.

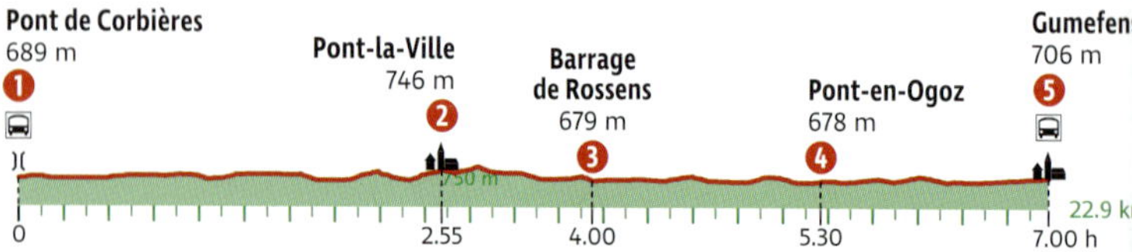

Nach zwei Einmündungen von Seitenbächen klettert der Weg zum Plateau von **Hauteville** hinauf. Auf Sträßchen durch die westlichen Quartiere des Dorfes. Nördlich der Einfamilienhäuser von Longemort quert man eine Wiese zu einem einzeln stehenden Haus (»Les Bregots« auf der Landeskarte). Der Wanderweg macht nordwärts einen Schlenker in eine Bucht und kommt dann auf einem Sträßchen wieder zur Hauptstraße. Da kann man gut vom Einzelhaus direkt ostwärts zur Hauptstraße gehen und so 15 Min. gewinnen, ohne allzu viel vom Seeweg zu verpassen.
Oberhalb einer Kiesgrube wandert man Richtung La Roche, bevor der Weg die tiefe Bucht mit dem Port de la Serbache erreicht. Am Ruisseau de la Serbache entlang, dann westwärts über die Anhöhe Sur Momont hinab wieder gegen den See und gleich erneut hinauf nach **Pont-la-Ville** **2**. Durch das Gelände des Golfplatzes (Achtung vor den Bällen!) an den Rand des tief eingeschnittenen, vom See aufgefüllten Saanecanyon. Zuerst auf dem extra erstellten Weg durch die wilde Flanke, dann auf der Straße (und durch zwei Tunnels!) zur **Barrage de Rossens** **3**.
Nach Überquerung der 320 m breiten Staumauer wandern wir rund 1.30 Std. lang im orografisch linken Teil der Saaneschlucht auf und ab seeaufwärts auf dem neu errichteten Weg mit Geländern, Treppen, Stegen – anstrengend und anregend zugleich. Wo wir um eine Geländekante in die Bucht von Ogoz gelangen, ergibt sich bei genügend tiefem Wasserstand die Möglichkeit, über eine Art Moränenrücken trockenen Fußes hinüber zur Île d'Ogoz mit Burgruine und Kapelle zu gelangen (gut 500 m, 15 Min.).
Von **Pont-en-Ogoz** **4** quert der Wanderweg erneut die gegen den See abfallenden Waldhänge, diesmal sozusagen überdacht vom Viaduc de la Gruyère; eine Infotafel am Weg nennt die bis 80 m hohe Autobahnbrücke »das Rückgrat des Kantons Freiburg«. Schließlich schneidet der Weg die Halbinsel von Vieux Châtel und gelangt zum sich öffnenden See. Kurz darauf zweigt rechts der Weg zur Bushaltestelle von **La Cantine** in **Avry-devant-Pont** ab. Es lohnt sich aber, noch nicht hier den Bus zu nehmen, sondern weiter auf Wegen und Sträßchen am See entlangzugehen, mit Bademöglichkeiten. Von einem Sportplatz marschieren wir zuletzt in 15 Min. zur Haltestelle **Gumefens** **5**.
Der mögliche Weiterweg (siehe »Variante«) nach Vuippens überrascht mit malerischen Abschnitten nach dem Camping du Lac und nach dem Villenquartier Villarvassaux, doch dann gibt es viel Asphalt.

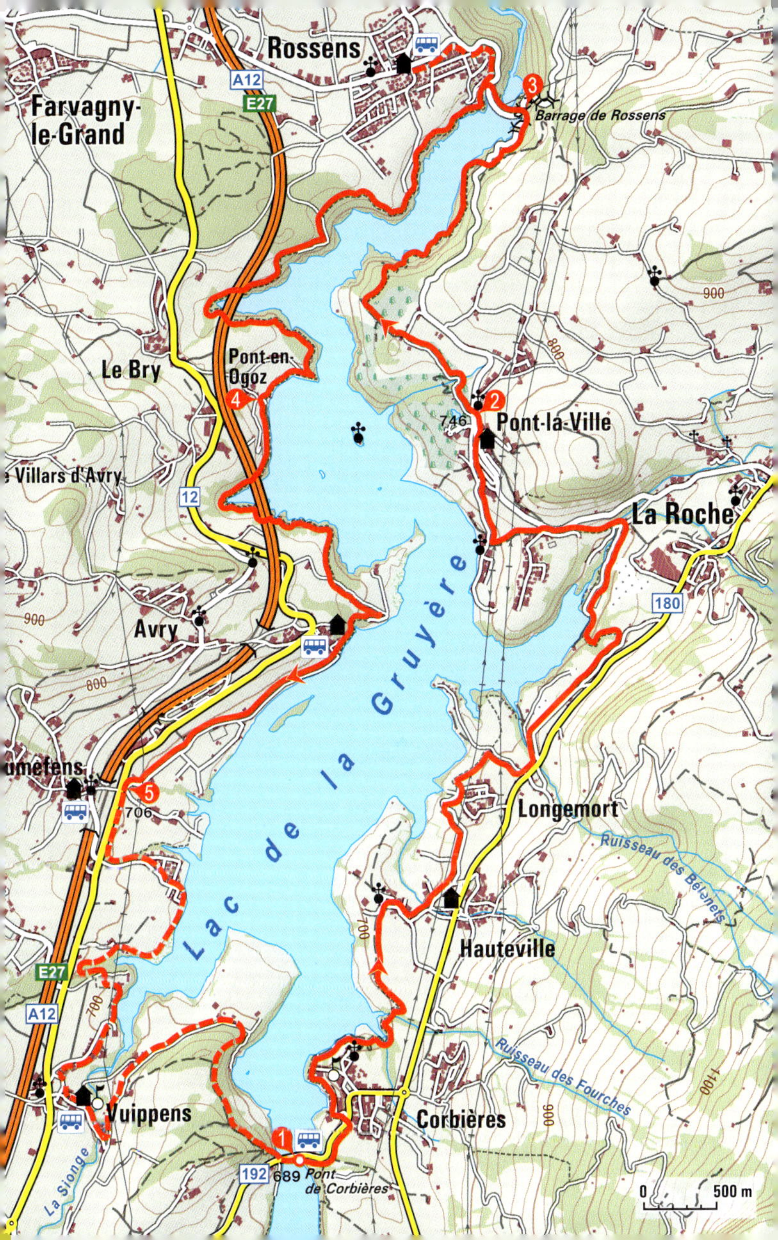

Rossens
Farvagny-le-Grand
A12
E27
Barrage de Rossens
3
900
800
Le Bry
Pont-en-Ogoz
4
2
746
Pont-la-Ville
Villars d'Avry
12
La Roche
180
Avry
900
800
Lac de la Gruyère
Longemort
5
706
Ruisseau des Bérnets
Hauteville
700
E27
A12
700
Ruisseau des Fourches
1100
Vuippens
900
Corbières
1
192
689
Pont de Corbières
La Sionge
0
500 m

TOP

4

↗ 800 m | ↘ 800 m | 13.8 km

4.45 h

Rundtour La Berra, 1719 m

Rundwanderung mit viel Aussicht und Einkehr

Eine Tour für den perfekten Überblick über das Gebiet des Wanderführers: Vom Gipfel La Berra schweift der Blick von der Stadt Fribourg im Norden über den zu Füßen liegenden Lac de la Gruyère im Westen bis hin zu den Bergketten um den Vanil Noir, den höchsten Gipfel der Freiburger Alpen, und Les Diablerets, den höchsten der Waadtländer Alpen. Damit man die Aussicht nebst kulinarischen Freiburger Spezialitäten auch in vollen Zügen genießen kann, bieten sich gleich mehrere Einkehrmöglichkeiten an.

Ausgangs- und Endpunkt: Bushaltestelle La Valsainte, Couvent, 1015 m; Bus vom Bahnhof Bulle über Cerniat FR, Bif.
Anforderungen: Leichte und aussichtsreiche Höhenwanderung. T1.
Einkehr/Unterkunft: Le Gîte d'Allières (Mi, Do Pizzaabend), Tel. +41 26 927 14 10. Buvette de la Berra, Tel. +41 78 605 69 70. Buvette de l'Auta Chia, Tel. +41 26 927 26 96. Pinte des Mossettes, Tel. +41 26 927 20 97.
Karte: 252T Bulle; 1225 Gruyères.
Tipp: Skifahren, Schlitteln und Schneeschuhlaufen: Auch im Winter ist La Berra ein Ziel.
Anschlusstour: 5, 6.

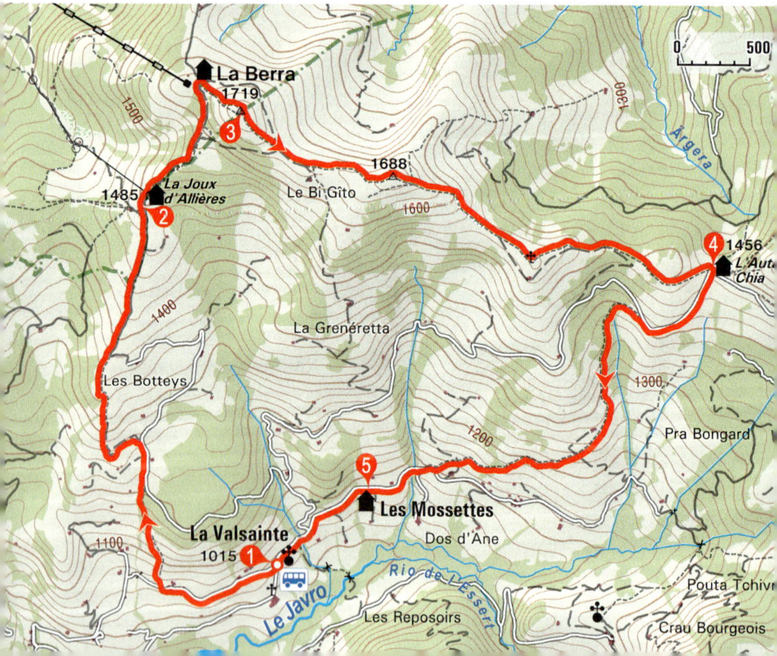

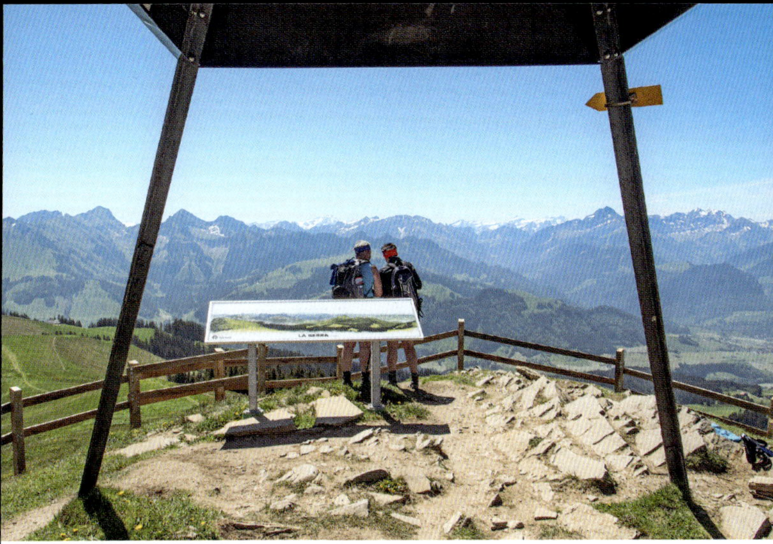

Auf der Berra, im Hintergrund zahllose Gipfel dieses Führers.

Von der Bushaltstelle bzw. dem Parkplatz beim **Kloster La Valsainte** ❶ auf der kleinen Fahrstraße ca. 10 Min. westwärts bis zur Alp La Cierne. Hier auf dem gelb markierten Wanderweg nach rechts aufsteigen. Nahe der Alphütte Les Botteys setzt der Gratrücken an, über welchen bis **La Joux d'Allières** ❷ aufgestiegen wird, die erste Einkehr- und auch Übernachtungsmöglichkeit. Weiter über den breiten Grat in nördliche Richtung bis zur Buvette La Berra nahe der Bergstation und von Westen her in Kürze auf den Gipfel der **La Berra** ❸ mit dem Triangulationssignal.

Nun geht es auf der anderen Seite der Berra hinab und auf dem Gratrücken sehr aussichtsreich bis in den Sattel bei **L'Auta Chia** ❹, Einkehrmöglichkeit Nr. 3. Von hier steigt man auf der gelb markierten Wanderroute in Richtung Südwesten hinab bis **Les Mosselles** ❺ mit dem Gourmetrestaurant Pinte des Mossettes. Knapp 1 km weiter der Straße folgend ist **La Valsainte** ❶ wieder erreicht.

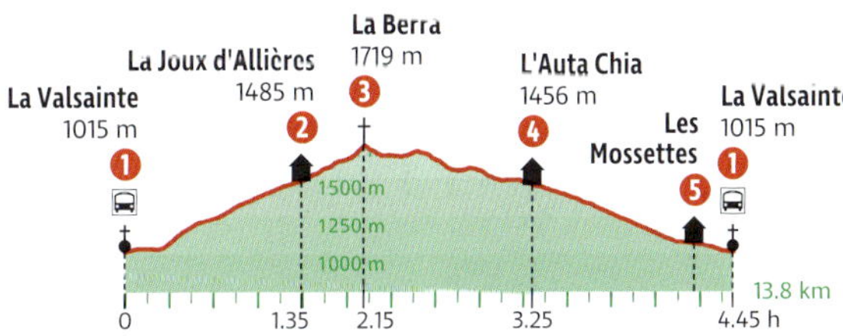

↗ 1030 m | ↘ 250 m | 12.5 km

5 Plasselb – Le Cousimbert – La Berra, 1719 m

4.30 h

Über Grat und Sprachgrenze auf die Berra

Über die deutsch-französische Sprachgrenze hinweg, den sogenannten Röstigraben, wandern wir entlang von Graten auf die Berra. Auf dem Weg werden mit Chrüzflue und Le Cousimbert bzw. Käsenberg noch zwei kleine Gipfel überschritten – bei Letzterem wartet zwar kein Käseberg auf den Wanderer, aber mit der toll gelegenen Buvette kurz unterhalb des Gipfels eine wunderbare Einkehrgelegenheit, unter anderem mit sehr käsehaltigen Leckereien.

Ausgangspunkt: Plasselb, 856 m; Busverbindung von Fribourg nach Plasselb, Dorf.
Endpunkt: Bergstation der Seilbahn La Berra, 1636 m; Bus von der Talstation über La Roche FR, Le Stoutz zum Bahnhof Fribourg (oder über Marly, Cité nach Plasselb zurück).
Anforderungen: Leichte und aussichtsreiche Höhenwanderung. T1 bis T2.
Einkehr/Unterkunft: Buvette du Gros Cousimbert, Tel. +41 26 413 36 09. Buvette de la Berra, Tel. +41 78 605 69 70. Verschiedene Hotels und BnBs in Plasselb und La Roche.
Varianten: Vom Gipfel La Berra 5 kann man auch 1. ostwärts über L'Auta Chia und La Patta, 1616 m, zum Schwarzsee wandern (insg. 7 Std., T2) und 2. südwärts über La Joux d'Allières (Nächtigung möglich), La Guille, 1269 m, zum Vanil des Cours bis Broc (insg. 9.30 Std., T2; siehe auch Tour 6).
Karte: 252T Bulle; 253T Gantrisch, 1205 Rossens, 1225 Gruyères.
Anschlusstour: 4, 6.

Mit Bank & Kreuz: auf dem Gipfel des Käsenberg.

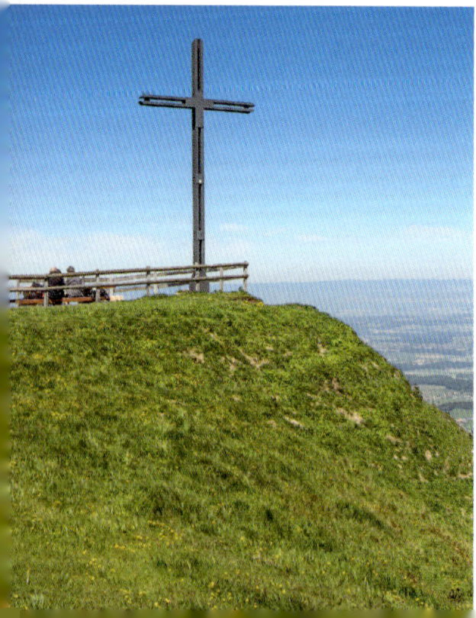

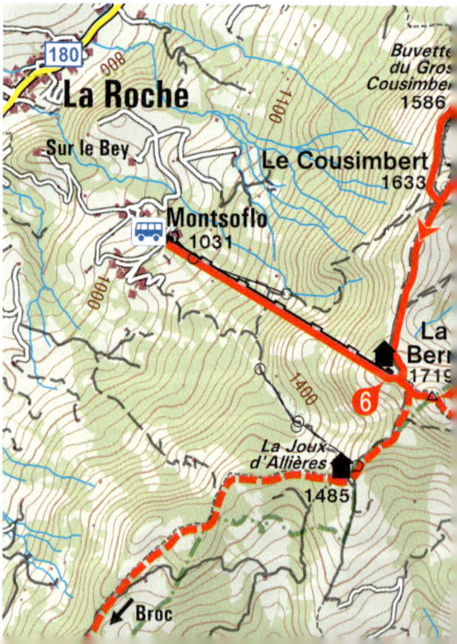

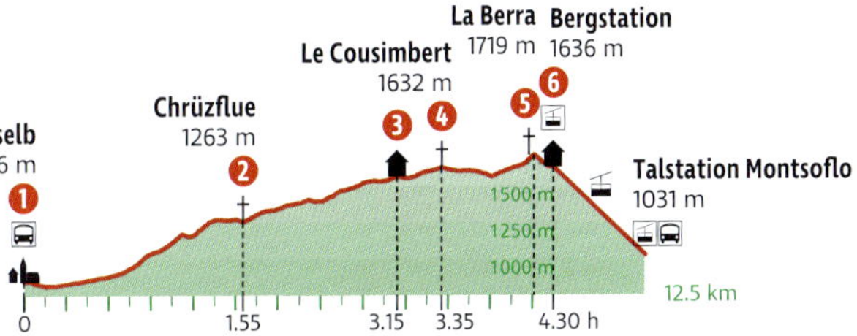

Plasselb
856 m
Chrüzflue
1263 m
Le Cousimbert
1632 m
La Berra
1719 m
Bergstation
1636 m
Talstation Montsoflo
1031 m
1500 m
1250 m
1000 m
12.5 km
0
1.55
3.15
3.35
4.30 h

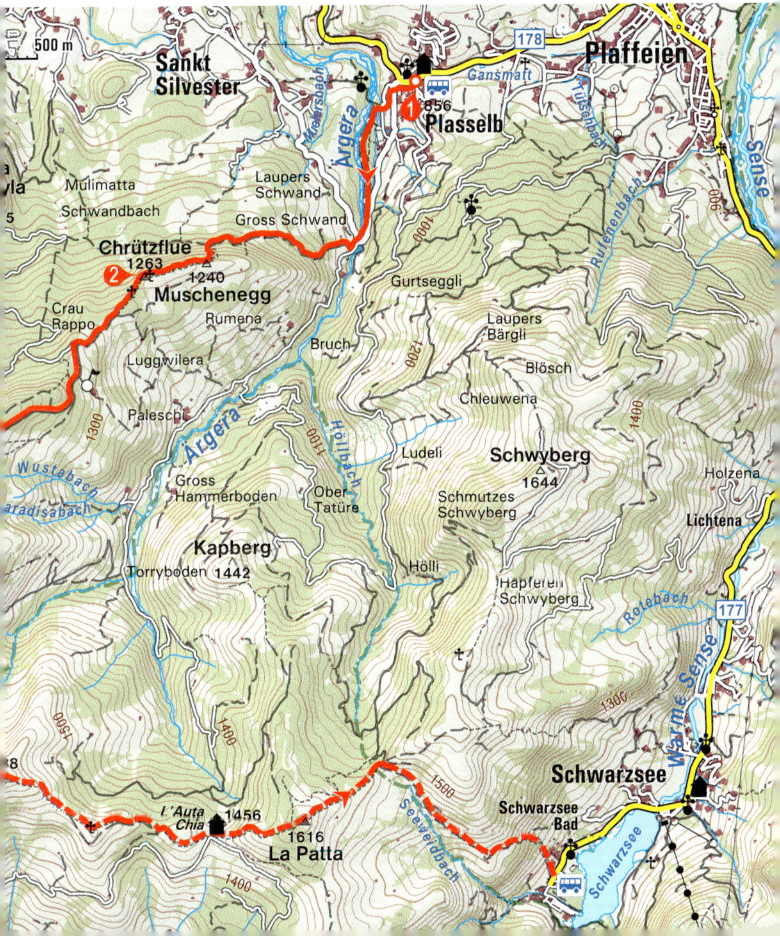

500 m
Sankt
Silvester
178
Plaffeien
Gansmatt
856
Plasselb
Muelersbach
Ärgera
Tütschbach
Sense
Mulimatta
Schwandbach
Laupers
Schwand
Gross Schwand
Chrützflue
1263
1240
Muschenegg
Crau
Rappo
Rumena
Luggwilera
Paleschi
Gurtseggli
Laupers
Bärgli
Blösch
Chleuwena
Bruch
Rufenenbach
Ärgera
Wustabach
Paradisabach
Gross
Hammerboden
Kapberg
Torryboden
1442
Ober
Tatüre
Höllbach
Ludeli
Schwyberg
1644
Schmutzes
Schwyberg
Holzena
Lichtena
Hölli
Hapferen
Schwyberg
Rotebach
177
Warme Sense
Schwarzsee
Schwarzsee
Bad
L'Auta
Chia
1456
1616
La Patta
Seeweidbach
Schwarzsee

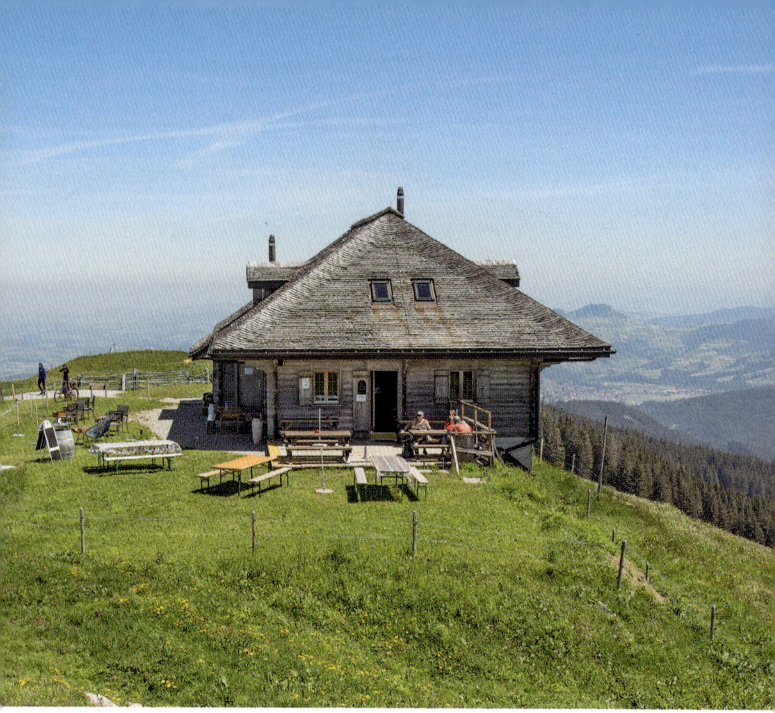

Traumhafter Ort für eine Einkehr: die Buvette du Gros Cousimbert.

In **Plasselb** ❶ südwestwärts hinab zur Ärgera. Vor der Brücke, 815 m, links und am Fluss entlang hinein in den Plasselbschlund. Die folgende Brücke überschreiten, kurz (für 200 m) links der Straße folgen, dann scharf rechts abbiegen. Nach 100 m links und auf gelb markierter Wanderroute über Gross Schwand weiter. Über einen steilen Anstieg wird der Kamm erreicht, welcher westwärts auf die **Chrüzflue** ❷ führt.
Südwestwärts zuerst durch Wald, dann übers Feld nach Grou und auf eine Erschließungsstraße. Wir folgen weiter der Wanderroute, welche bei P. 1530 wieder auf den Gratrücken führt und kurz später zur **Buvette du Gros Cousimbert** ❸. Nun entweder direkt über den Grat oder in einem kleinen Bogen auf dem Wanderweg bis zum Gipfelkreuz und dem Picknickplatz mit Tisch und Bänken auf dem **Le Cousimbert/Käsenberg** ❹. Auf dem breiten Bergrücken bis zur **Buvette de la Berra** und hoch zur **Berra** ❺.
Wieder hinab zur Buvette und in einer Minute zur **Bergstation** ❻. Entweder knieschonend mit der Bahn hinab oder z.B. auf einer der Variantenrouten weiterwandern.

↗ 990 m | ↘ 990 m | 11.0 km

5.00 h

Vanil des Cours, 1562 m

6

Grat-, Gipfel- und Schokoladentour oberhalb des Lac de la Gruyère

Schön wandern lässt es sich an den Ufern des Lac de la Gruyère. Wer den See aus der Höhe betrachten will, für den gibt es keine bessere Möglichkeit als den Gratweg zum Vanil des Cours. Wer zusätzlich noch die Schokoladenseite des Lac de la Gruyère kennenlernen möchte, kann noch weiter bis Broc Fabrique gehen, wo Schokolade und Strom hergestellt werden. An Energieknappheit werden wir dann nicht leiden.

Ausgangs- und Endpunkt: Châtel-sur-Montsalvens, 880 m; Bus vom Bhf. Fribourg oder Bulle, Haltestelle Restaurant.
Anforderungen: Eine Portion Trittsicherheit und Kondition. T2.
Einkehr/Unterkunft: In Châtel-sur-Montsalvens: Restaurant de la Tour, Tel. +41 26 927 27 63. Restaurants und Hotels/BnBs in Charmey und Broc. In Cerniat: Restaurant La Berra, Tel. +41 26 927 11 36 (siehe Variante).
Varianten: 1. Alternativ kann auch vom Bahnhof Broc gestartet werden (die Gehzeit ist dann 0.30 Std. länger).
2. Vom Vanil des Cours ❸ kann auch nach Cerniat (Busverbindung) abgestiegen werden (1.15 Std.) oder
3. über La Guille, 1269 m, Le Solitou, 1381 m, und Gîte d'Allières, 1485 m, zur (Bergstation) La Berra fortgesetzt werden (3 Std.).
Karte: 252T Bulle; 1225 Gruyères.
Tipps: Elektrizitätsmuseum Electrobroc in Broc und Schokoladefabrik Cailler-Nestlé; vgl. Tour 2.
Anschlusstour: 4, 5, 10, 11.

Im Abstieg vom Mont Bifé, den Lac de la Gruyère zu Füßen.

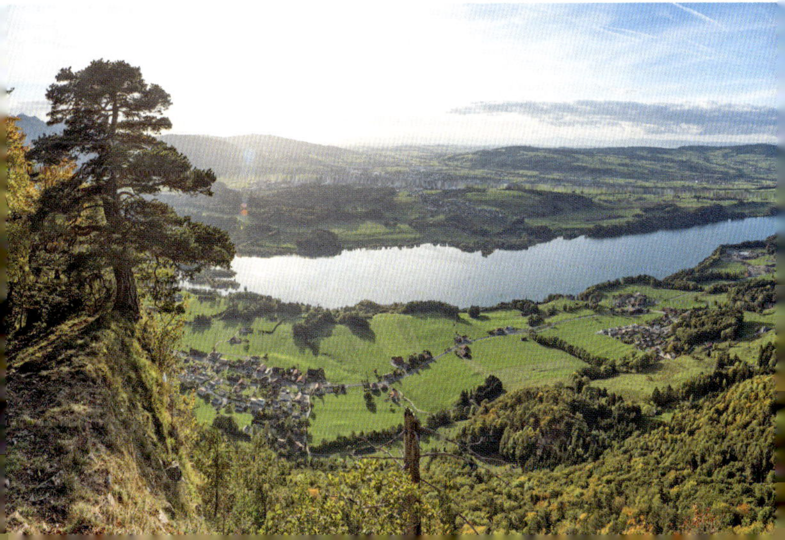

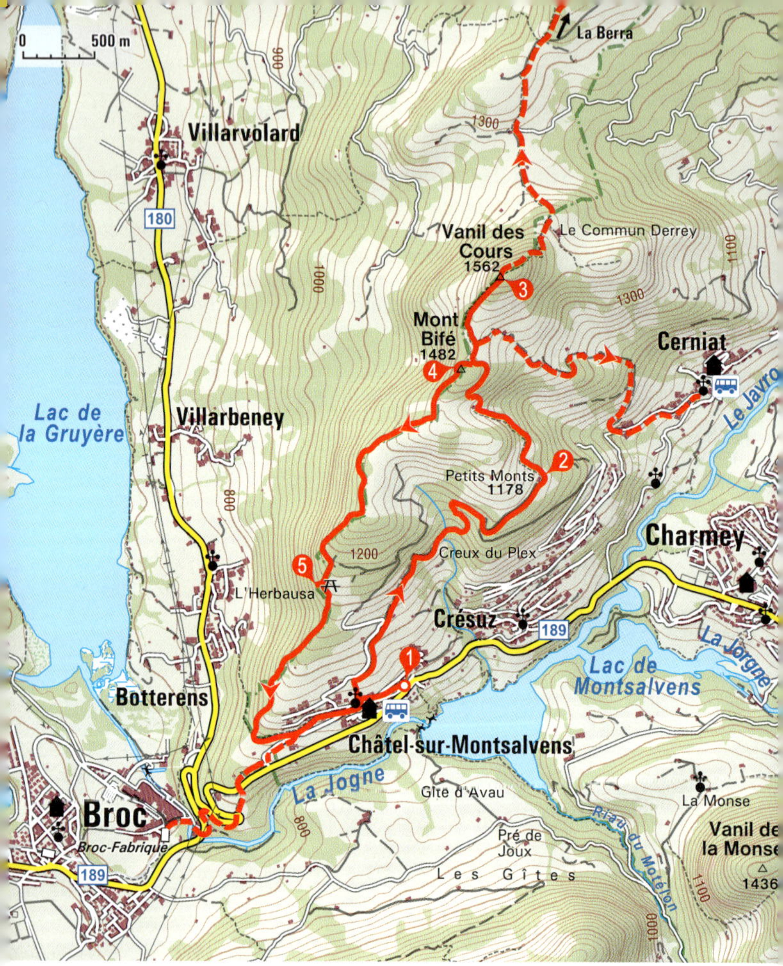

Von **Châtel-sur-Montsalvens** ❶ durch den Ort bis zur Wegmarkierung bei P. 909. Rechts aufwärts der Beschilderung »Vanil des Cours via Petits Monts« folgen. Über die Wegkreuzung Le Pissot, 1178 m, wird die Alphütte **Petits Monts** ❷ erreicht.

Weiter der Beschilderung Richtung Vanil des Cours folgen. Dieser Weg führt über die Alp Terroche, 1307 m, bis kurz vor den Mont Bifé. Vorher aber rechts abzweigen und über den Grat bis zum **Vanil des Cours** ❸.

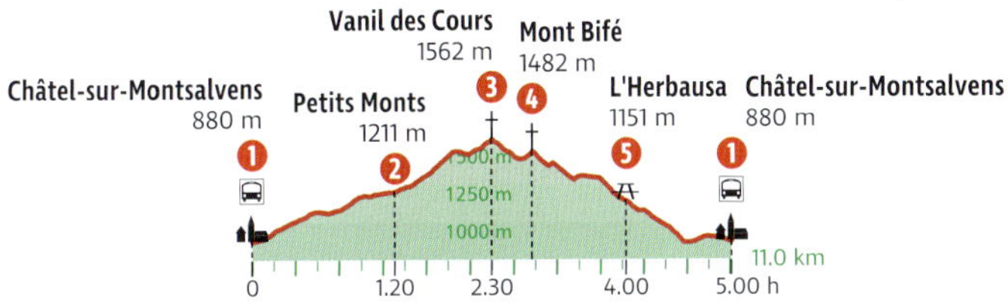

Zurück bis zur Abzweigung zum **Mont Bifé** und in 5 Min. auf dessen **Gipfel** ❹. Nun immer dem Grat folgen über die beiden Kuppen P. 1393 und P. 1342 bis zur einer Forststraße bei P. 1174. Rechts abzweigen und auf einem Pfad bis zum Felsvorsprung **L'Herbausa** ❺. Von hier genießt man von einer Sitzbank (könnte unter die Kategorie »Schweizer Bankgeheimnisse« fallen) das letzte Mal eine großartige Aussicht auf den Lac de la Gruyère.
Ein paar Meter wieder zurück, dann geht es weiter auf dem Grat hinab bis **Châtel-sur-Montsalvens** ❶, das zum Schluss rechts haltend in wenigen Minuten erreicht ist.

Blick nach Osten: die Ortschaft Charmey mit den Gastlosen im Hintergrund.

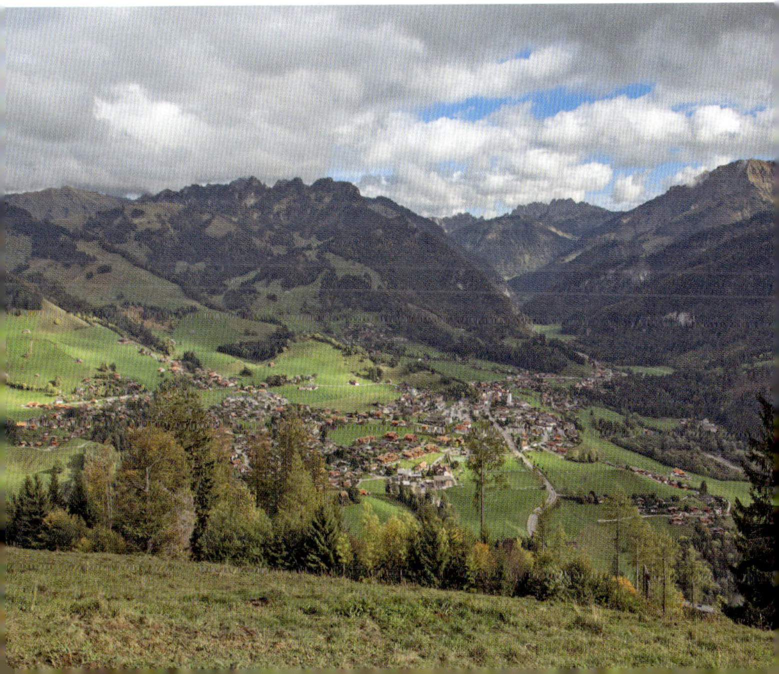

↗ 1350 m | ↘ 1350 m | 14.9 km

7 Schopfenspitz / Gros Brun, 2104 m

6.45 h

Luftige Gratwanderung auf dem Röstigraben

Vor zehntausenden Jahren schufen die Gletscher eine einmalige Landschaft, den Breccaschlund. 1996 wurde das Hochtal in das Bundesinventar der Landschaften und Naturdenkmäler von nationaler Bedeutung aufgenommen. Neben zahlreichen schönen Bergahornen hat man auch gute Chancen, die seltene Paradieslilie anzutreffen. Die Wanderung zeigt die ganzen Facetten der Brecca, inklusive einer wunderbaren Aussicht vom Grat der Stirnseite in den Breccaschlund. Beschritten wird auf dem Grat auch der »Röstigraben« – im Westen die Romandie, östlich gelegen die Deutschschweiz. Daher hat der höchste Gipfel dieser Gebirgsgruppe auch zwei Namen.

Blumig: der Aufstieg zum Patraflon.

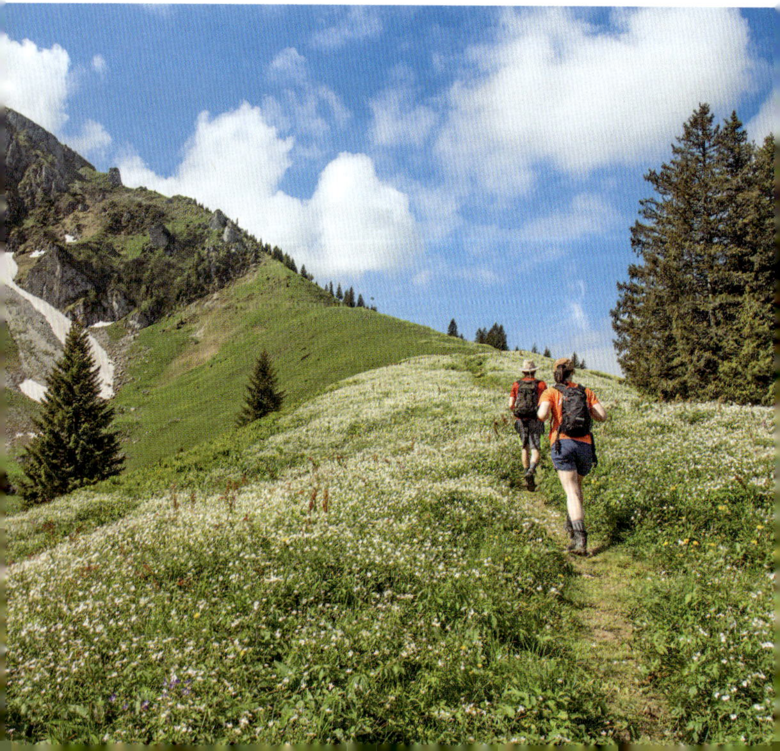

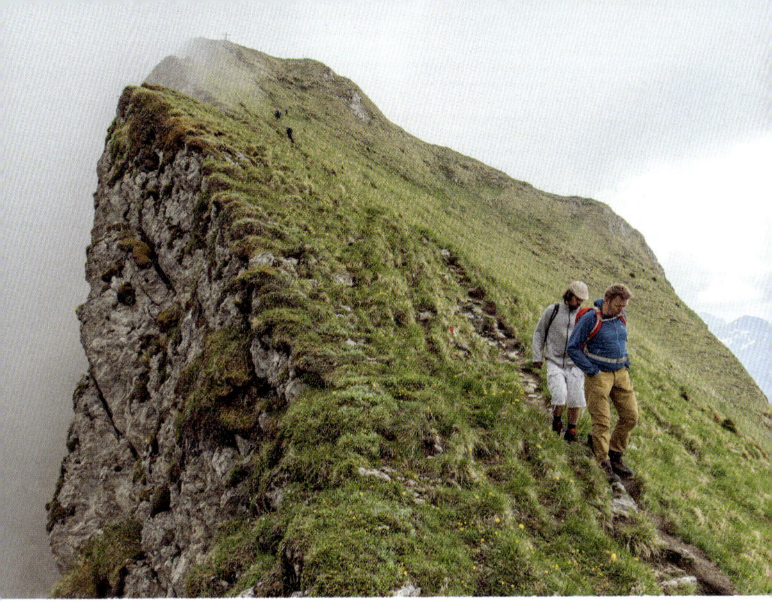

Imposant: der Gipfelaufbau des Schopfenspitz.

Ausgangs- und Endpunkt: Schwarzsee Bad, Haltestelle Campus, 1055 m; Bus zum Bahnhof Fribourg.
Anforderungen: Trittsicherheit und Schwindelfreiheit für eine exponierte Stelle beim Abstieg vom Patraflon. T4–.
Einkehr/Unterkunft: Alp Hubel Rippa, Tel. +41 79 301 45 33. Variante: Alp Marbach Brecca, Tel. +41 26 412 12 74. Alp Untere Rippa, Tel. +41 79 783 54 50. Alp Buvette Ober Recardets, Tel. +41 79 258 19 12. Hotels und BnBs in Schwarzsee.
Variante: Vom Sattel unterhalb des Schopfenspitz kann man nach links über die Alphütten Balachaux, Gros Morvau und Tissiniva Derrey zur Bergstation Vounetse, 1627 m, wandern und mit der Gondelbahn nach Charmey, 887 m, schweben (in etwa gleich lang, T2).
Karte: 253T Gantrisch; 1226 Boltigen.
Anschlusstour: 5 (Variante), 8, 9, 10 (mit Variante).

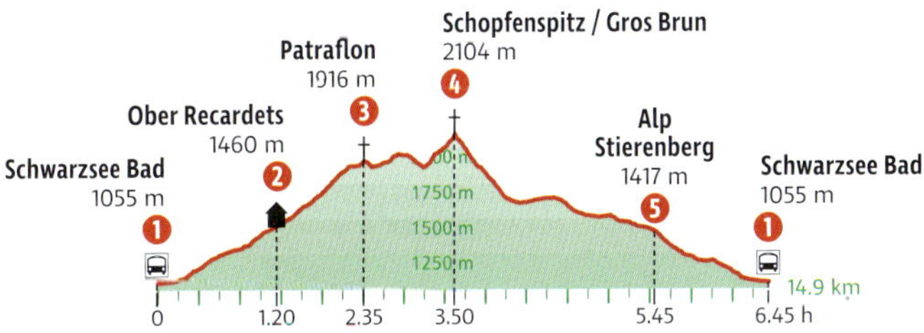

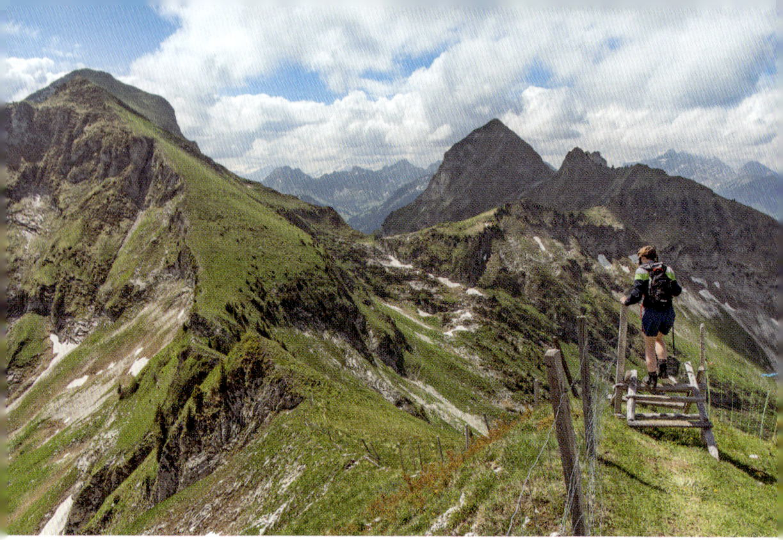

Foto oben: Auf dem Grat zwischen Patraflon und Schopfenspitz (links im Bild).
Unten: Dieser luftige Gratabschnitt sorgt für die blau-weiße Markierung.

Von der Bushaltestelle **Campus** in **Schwarzsee Bad** ❶ auf der Straße weiter in südlicher Richtung über den Seeweidbach. Nach der Brücke rechts; bei P. 1092 überschreitet man eine weitere Brücke und bleibt auf dem guten Fahrweg bis zur Alp Unter Recardets. Hier folgt man einem in unterschiedlichen Farben markierten Pfad zuerst nach Südwesten, vorbei an der Alp **Ober Recardets** ❷ mit der Buvette, später in südlicher Richtung und erreicht über schrofendurchsetzte Hänge den Grat von Les Recardets (P. 1875). Hier nach rechts auf schmalem Kamm auf den Gipfel des **Patraflon** ❸.

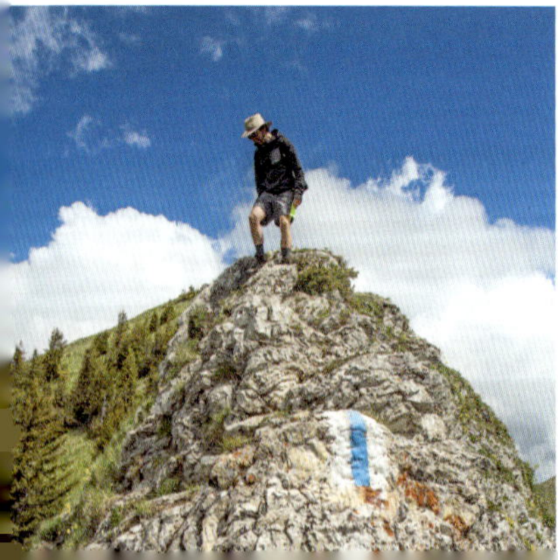

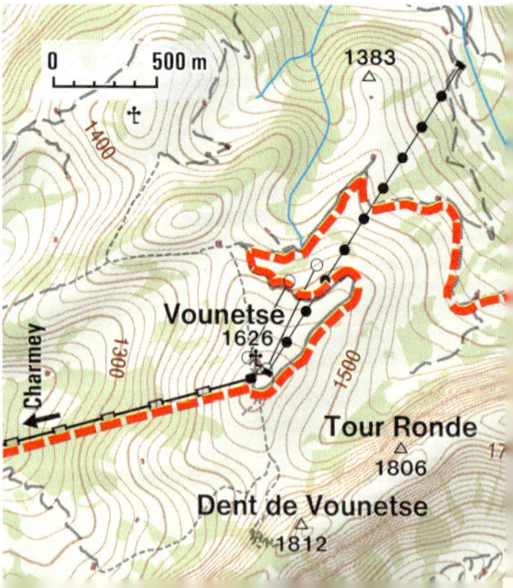

Man verfolgt den Grat in leichtem Auf und Ab bis auf den **Schopfenspitz** ❹, wobei man die wenig markante Pointe de Balachaux, 1976 m, überschreitet; kurz nach dem Patraflon ist der Pfad kurz sehr ausgesetzt – dieser Abschnitt bildet die Schlüsselstelle der Tour.
Vom Schopfenspitz zurück in den ersten Sattel (P. 2013). Nun steigt man nach rechts hinab in den Breccaschlund bis nach Combi, 1636 m. Dort hat man die Wahl, entweder auf Alpsträßchen weiter abwärtszuwandern (siehe Variante) oder geradeaus auf dem Höhenweg über P. 1549 und die **Alp Rippetli**, 1483 m, zur **Alp Stierenberg** ❺ fortzusetzen, mit schönem Blick auf den Schwarzsee. Von der Alp links haltend folgt man der Beschilderung zurück zum **Schwarzsee** ❶.

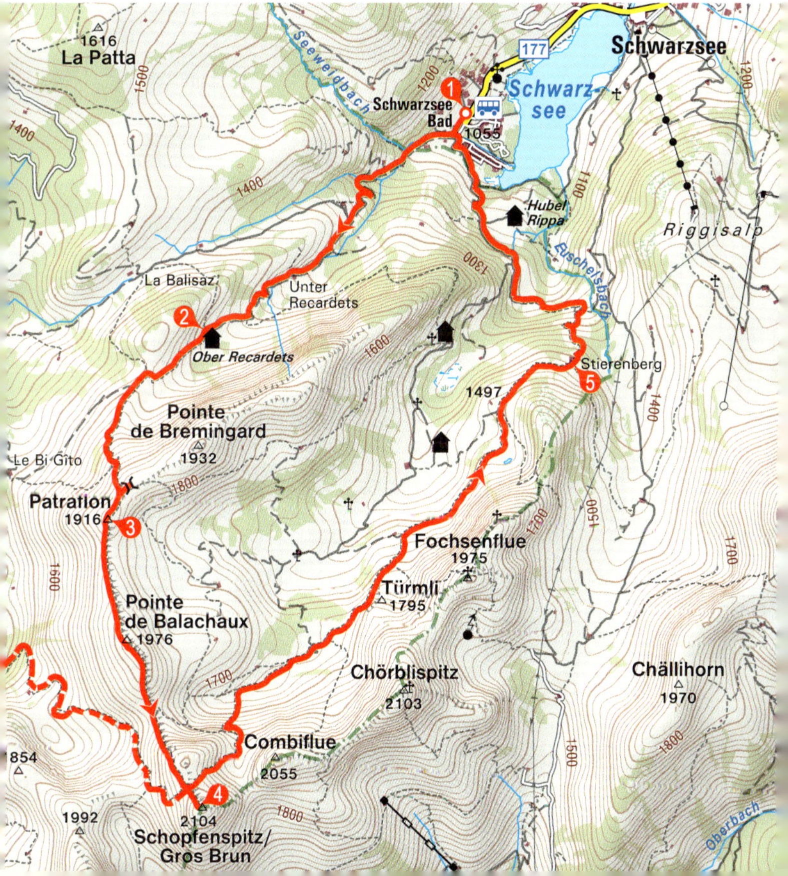

↗ 540 m | ↘ 540 m | 8.0 km

8 Brecca light

3.00 h

Hinein in die Brecca und zum Rösti

Statt auf der vorherigen Tour 7 die Brecca auf Graten zu umwandern, betritt diese deutlich kürzere Rundwanderung das Innere des Breccaschlundes – eine von Alpkultur geprägte und dennoch ursprüngliche Landschaft. Hier wird man feststellen, dass Alptraditionen in der Region sehr gelebt werden und Wanderer gern gesehene Gäste in den (in und um die Brecca zahlreich zu findenden) Alphütten sind. Diese bieten schöne Gelegenheiten, einen Halt einzulegen, um die einheimische Küche zu genießen – welche aus weit mehr als (durchaus leckeren) Röstis besteht.

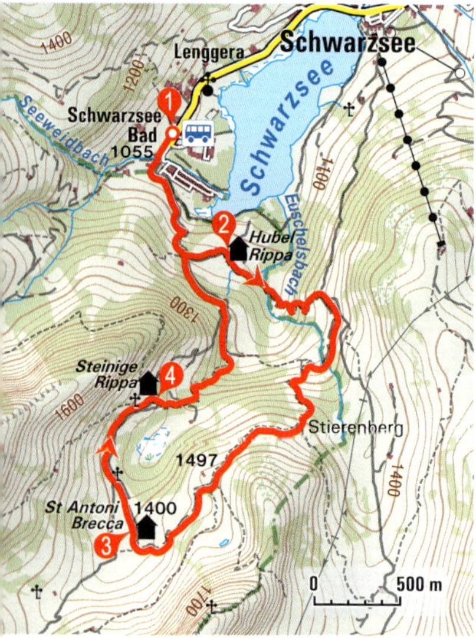

Ausgangs- und Endpunkt: Schwarzsee Bad, Haltestelle Campus, 1055 m; Bus zum Bahnhof Fribourg.
Anforderungen: Leichte Wanderung ohne Anforderungen. T1 bis T2.
Einkehr/Unterkunft: Alp Hubel Rippa, Alp St. Antoni Brecca, Tel. +41 79 301 45 33. Alp Steinige Rippa, Tel. +41 26 412 14 64.
Variante: Die Tour kann genauso gut in umgekehrter Richtung begangen werden.
Karte: 253T Gantrisch; 1226 Boltigen.
Anschlusstour: 5 (Variante), 7, 9.

Von **Schwarzsee Bad** ❶ der Straße folgen Richtung Cerniets bis zur Wegkreuzung Hubel Rippa, 1134 m. Links in weniger als 5 Min. zur Alphütte **Hubel Rippa** ❷ – die Meringues mit Double Crème sind der absolute Hit und Energiebringer! Bei der Hütte rechts über eine Wiese hinab und durch den Wald und auf

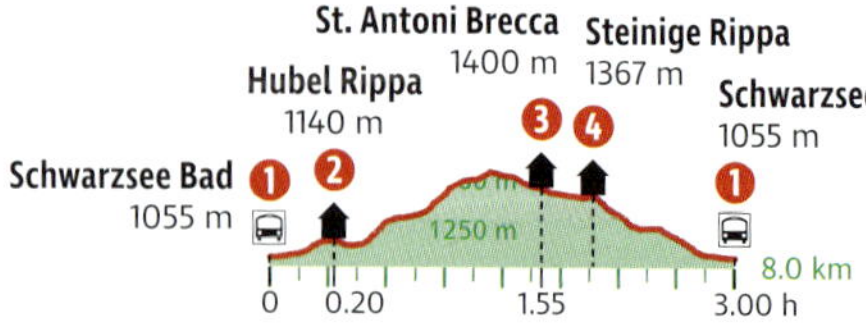

der Brücke über den Euschelsbach (P. 1107). Nun geradeaus auf unmarkiertem Weg an einer kleinen Alphütte vorbei, kurz durch den Wald und über die Wiese hinauf zur Alp Unter Bödeli, 1240 m. Rechts dem gelb markierten Weg folgen bis hoch zur **Alp Stierenberg**, 1417 m.

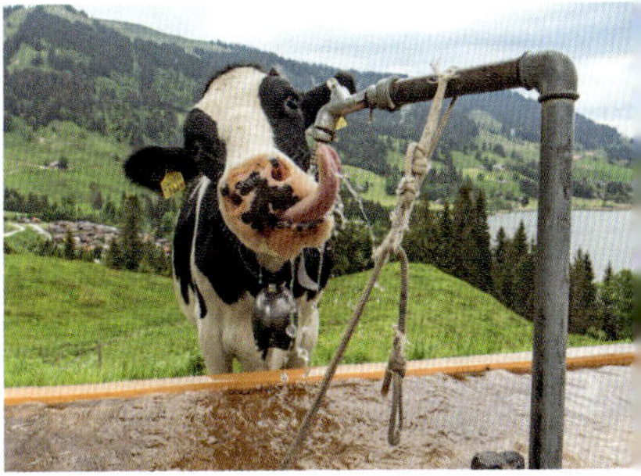

Weiter auf breitem Weg mit schönem Ausblick auf den Schwarzsee zur Alphütte Rippetli (nette Aussicht von der Kuppe P. 1497). Rechts halten und auf dem Alpsträßchen abwärts zur Alphütte und hübscher Einkehrmöglichkeit **St. Antoni Brecca** 3. Weiter auf der Alpstraße bis zur nächsten Einkehrmöglichkeit **Steinige (Unteri) Rippa** 4. Auf der gelb markierten Wanderroute geht es schließlich zurück nach **Schwarzsee Bad** 1.

Eine Meringue nicht verpassen: die Alphütte Hubel Rippa.

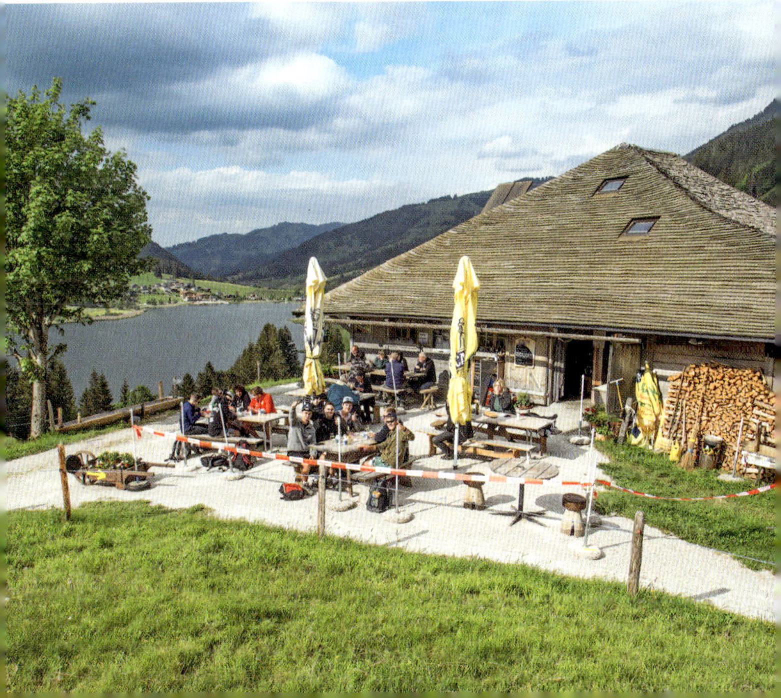

↗ 1000 m | ↘ 1000 m | 13.1 km

9 Kaiseregg, 2185 m

5.15 h

Rundwanderung auf den Freiburger Hausberg

La Berra, Kaiseregg, Moléson und Vanil Noir: ein echter Freiburger Wanderer muss diese Gipfel bestiegen haben. Der Berner Daniel Anker stand zum ersten Mal im August 1962 oben auf der Kaiseregg, kurz vor dem achten Geburtstag: sein erster Gipfel. Der Badener Bernd Jung – zu dem Zeitpunkt hatte er noch nicht das Licht der Welt erblickt – lumpige 53 Jahre später (allerdings nicht sein erster Gipfel). Egal wie alt und von wo – die Besteigung der Kaiseregg ist eine lohnende Unternehmung, welche am besten mit einem Bad im Schwarzsee abgeschlossen wird.

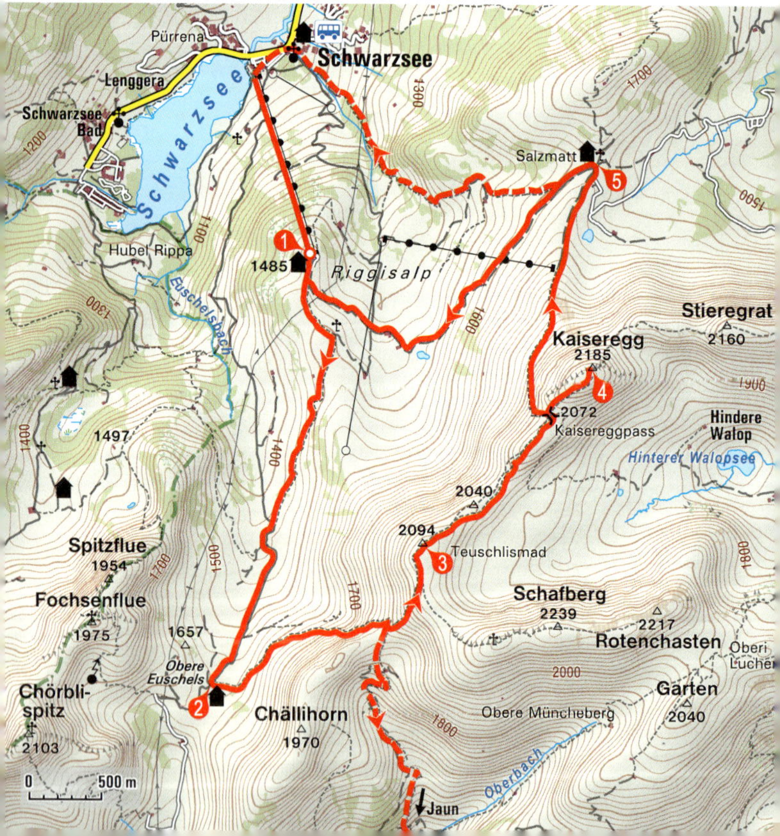

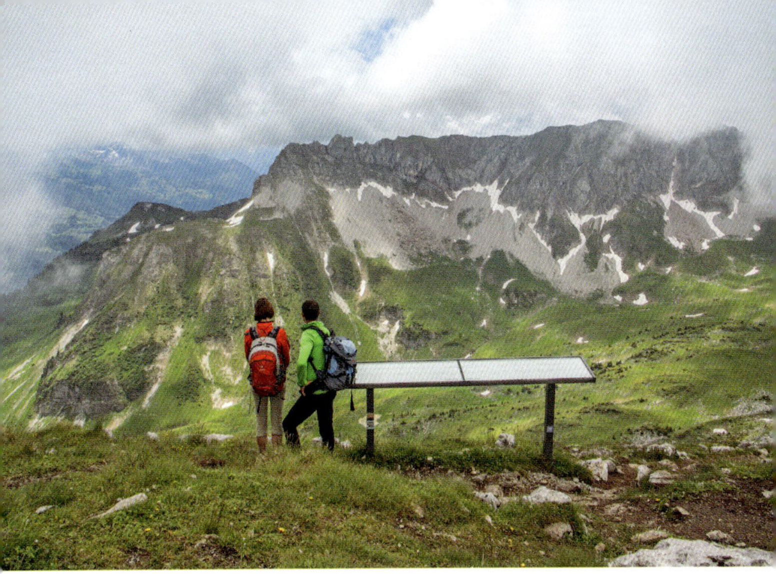

Vom Gipfel der Kaiseregg auf den Schafberg geschaut.

Ausgangs- und Endpunkt: Bergstation Riggisalp, 1485 m; Bus vom Bahnhof Fribourg zur Talstation Schwarzsee, Haltestelle Gypsera, 1046 m.
Anforderungen: Gute Trittsicherheit im grasigen, teils leicht felsigen Steilgelände erforderlich. Markierte Bergwege, im Abschnitt Obere Euschels–Kaiseregg-pass blau-weiß-blau. T3+.
Einkehr/Unterkunft: Bärghaus Riggisalp, Tel. +41 26 412 10 23. Alp Riggisalp, Tel. +41 26 412 11 07. Beim Euschelspass: Ritzlialp, Tel. +41 26 929 81 24. Alp Untere Euschels, Tel. +41 26 412 12 75. Alp Obere Euschels, Tel. +41 26 929 82 62. Alp Salzmatt, Tel. +41 26 412 15 88. Restaurant Gypsera, Tel. +41 26 412 11 12. Hotels und BnBs in Schwarzsee.
Varianten: 1. Start in Jaun Kappelboden und Anstieg über Unter, Mittler und Ober Chüeboden zum Kaisereggpass (insg. 6 Std.).
2. Alternativ zum Rückweg zur Riggisalp kann man von der Alp Salzmatt

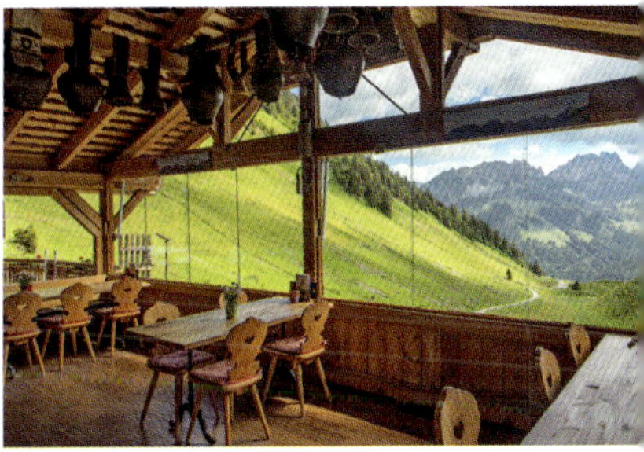

In der rustikalen Ritzlialp.

über Hürlisboden auf gelb markiertem Weg zum Schwarzsee absteigen (nur ca. 20 Min. länger).
Karte: 253 T Gantrisch; 1226 Boltigen.
Tipps: 1. Im Sommer Badesachen für den warmen Schwarzsee mitnehmen.
2. Die Sommerrodelbahn neben der Talstation.
Anschlusstour: 5 (Variante), 7, 8.

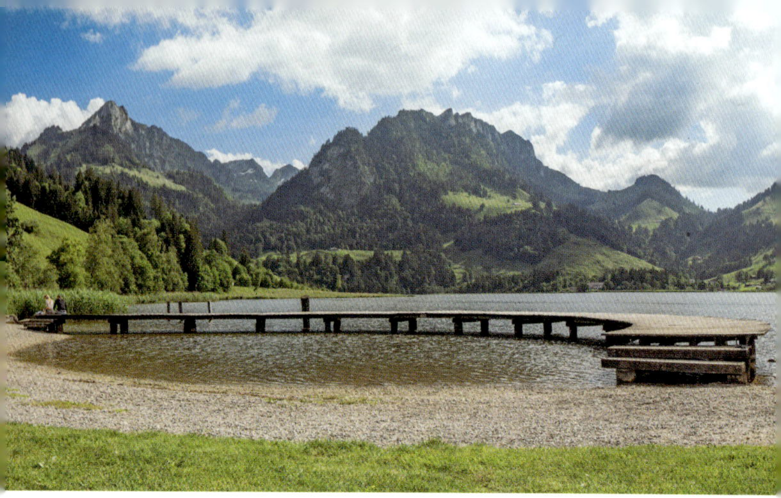

Foto oben: Zum Baden verlockend: das flache Ufer bei Schwarzsee Gypsera.
Unten: Der Nebel verbirgt die steilen Abhänge: auf dem Grat zur Teuschlismad.

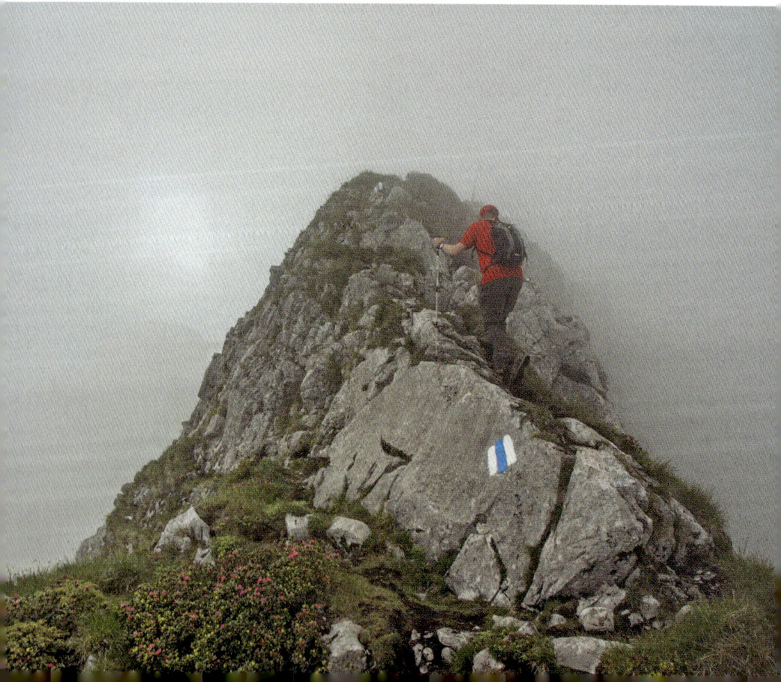

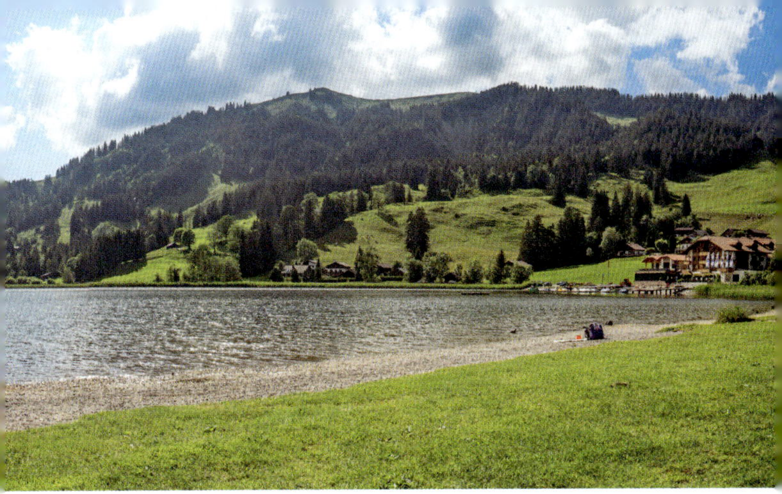

Von der Bergstation **Riggisalp** ❶ dem gelb markierten Wanderweg südwärts Richtung Euschelspass folgen. Vorbei an der Alp Untere Euschels, 1441 m, zweigt man kurz vor der Passhöhe bei der **Alp Obere Euschels** ❷ links ab. Nun auf blau-weiß-blau markiertem Pfad steil aufwärts bis in den Sattel Golmly, 1913 m. Nordwärts über den Grat und durch die abschüssige Grasflanke auf die **Teuschlismad** ❸.
Der markierte Pfad folgt dem mal grasigen, mal felsigen Verbindungsgrat ab- und aufsteigend, zuletzt eine Erhebung links querend, in den Kaisereggpass, 2072 m. Auf dem Normalweg durch die Südflanke zum Holzkreuz (mit Gipfelbuch) der **Kaiseregg** ❹.
Zurück in den Kaisereggpass, steil in gut begehbaren Serpentinen auf der Nordwestseite in die Tiefe und schräg, an einer Skiliftbergstation vorbei, zur **Salzmatt** ❺. Südwestwärts dem wieder gelb markierten Weg folgen, an der Alp Riggisalp vorbei, bis zurück zum Ausgangspunkt **Riggisalp** ❶.

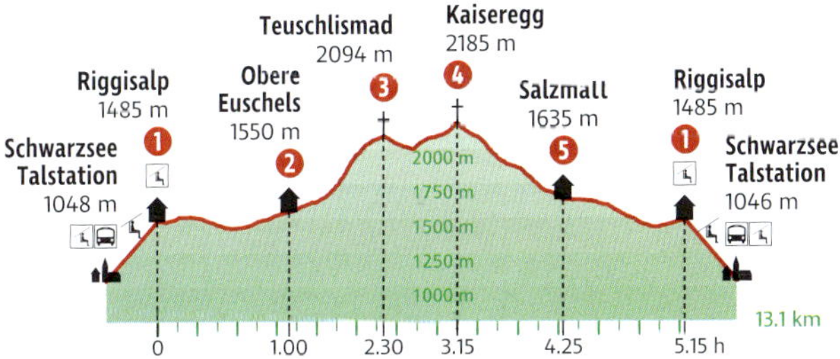

↗ 190 m | ↘ 350 m | 6.3 km

10 Gorges de la Jogne / Jaunbachschlucht

2.00 h

See-, Schlucht-, Feld-, Pilger-, Fluss- und Schlossweg

Schweiz pur: Wasserkraft (Stausee), Schokolade (Broc) und – wenn man die Wanderung noch etwas fortsetzt – noch Militär (Panzersperre unter dem Schloss Gruyères) und Käse (Gruyère). Höhepunkt dieser abwechslungsreichen Route ist die pittoreske Jaunbachschlucht. Eine empfehlenswerte Wanderung, vor allem wenn man mit Kindern unterwegs ist – am besten Picknick- bzw. Grillsachen mitbringen. Auch für Kinder reizvoll ist das Thermalbad Bains de la Gruyère in Charmey.

Ausgangspunkt: Charmey, 876 m; Bus vom Bhf. Fribourg, Haltestelle Corbettaz.
Endpunkt: Bahnhof Broc-Village, 718 m.
Anforderungen: Der gelb markierte Weg am See und in der Schlucht verlangt ein klein wenig Trittsicherheit. T1.
Einkehr/Unterkunft: In den Dörfern Charmey und Broc. Variante: Bei der Chapelle des Marches und in Gruyères.

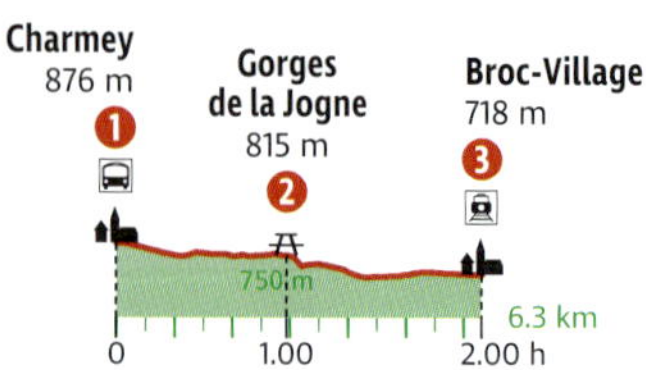

Varianten: 1. Ausgangs der Schlucht über die Brücke und zur Schoggi- und Stromfabrik; Bahnhof Broc-Fabrique.
2. Die Wanderung kann auch vom Ortseingang Broc, 727 m, über die Chapelle des Marches, 712 m, die Brücke Le Ponts qui branle, 699 m, bis hoch zur Ortschaft Gruyères gemacht werden; von dort zum Bahnhof Gruyères-Pringy (1.30 Std. zusätzlich); siehe auch Karte Tour 11.
Karte: 252T Bulle; 1225 Gruyères.
Tipp: Man kann die Wanderung auch gut in entgegengesetzter Richtung machen und dann am Endpunkt in Charmey einen Besuch des Thermalbades genießen.
Anschlusstour: 6, 7 (Variante), 11

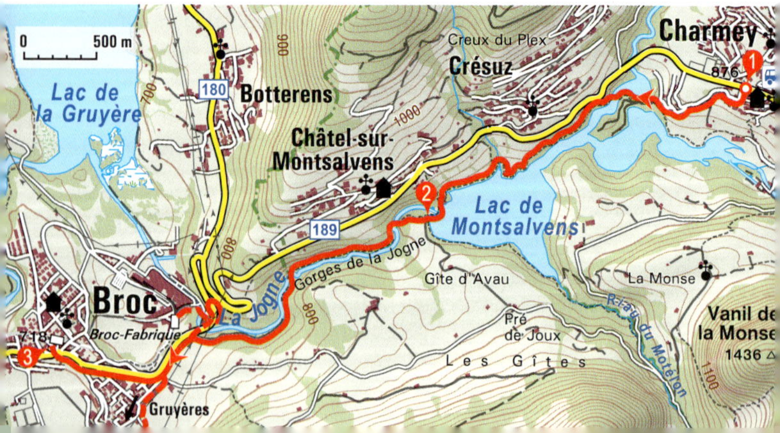

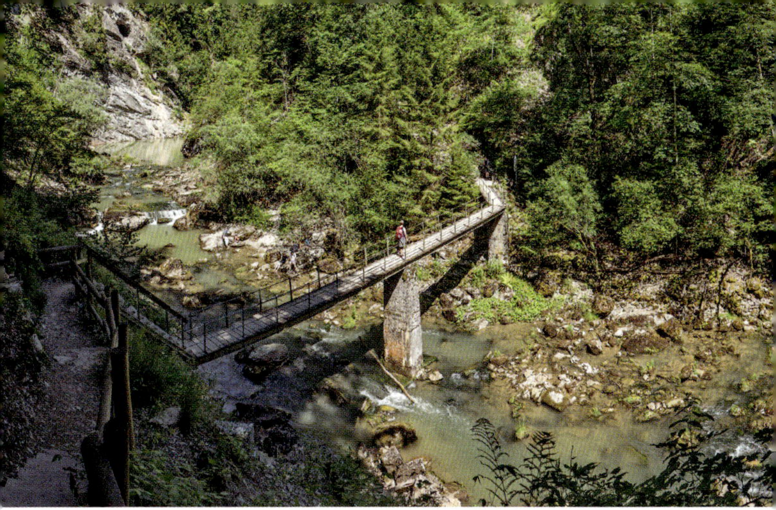

In der Jaunbachschlucht.

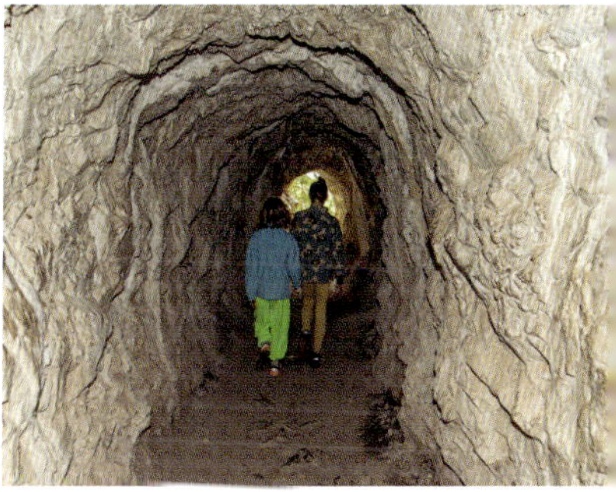

Von der Bushaltestelle **Corbettaz** in **Charmey** ❶ folgt man einem Zubringersträßchen (Route de Plan und Chemin de Lac) gegen den fjordähnlichen Lac de Montsalvens hinab (Wegweiser »Tour du Lac«). Nun Richtung Halbinsel weitergehen; die Tour de la Presqu'île lässt man aus und nimmt rechter Hand den Weg, der zu einem Steg über einen Seitenarm des Stausees hinableitet. Auf dem streckenweise ausgesetzten (dann jeweils mit Geländern versicherten), aber immer gut begehbaren Weg in fast ständigem Auf und Ab am Seeufer entlang, an zwei schön gelegenen Feuerstellen vorbei bis zur Staumauer – die 52 m hohe Bogenstaumauer **Montsalvens** war 1921 die erste ihrer Art in Europa. Über die Staumauer, kurzer Gegenaufstieg bis zu einer weiteren Picknick-Stelle, wo die **Gorges de la Jogne** ❷ beginnt. Zuerst abwärts bis zum La Jogne/Jaunbach. Der gut mit Geländern versehene Weg wechselt zweimal das Ufer, durchquert ein paar Tunnels (Taschenlampe nicht nötig) und steigt zwischendurch an. Nach einem letzten Tunnel sind alle »Gefahren« überstanden. Auf einem Fahrweg zur Hauptstraße und ihr entlang bis zum Bahnhof **Village** in **Broc** ❸.

↗ 1280 m | ↘ 1250 m | 13.0 km

11 Dent de Broc, 1828 m

6.30 h

Trotz Schokolade und Doppelrahm kaum Karies am Dent de Broc

Diese Aussicht vom Dent de Broc! Im Norden bewaldete Hügel, dazwischen die Stauseen von Gruyère und Montsalvens und das dicht besiedelte Bulle. Überall sonst Berge: im Westen der mächtige Moléson und die Kette des Dent de Lys. Im Süden fällt der Blick auf das Freiburger Dreigestirn (Vanil Noir, Vanil de l'Ecri und Pointe de Paray), und im Osten lugen hinter der Hochmatt die Kalkzähne der Gastlosen hervor. Für den kulturellen Abschluss sorgt das mittelalterliche Städtchen Gruyères mit der mächtigen Schlossanlage auf dem Hügel am Ausgang des Vallée de la Sarine. Es wird häufig von Touristen erobert, aber abends und morgens ist es hier wunderbar ruhig.

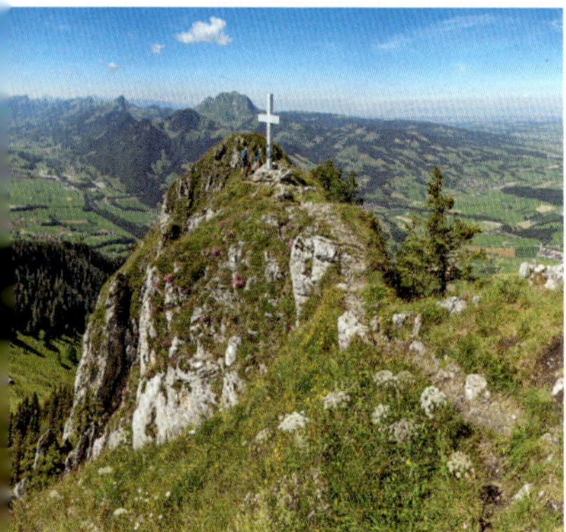

Auf dem Dent de Broc.

Ausgangspunkt: Bahnhof Broc-Village, 718 m.
Endpunkt: Bahnhof Gruyères, 746 m, in Pringy; alternativ Bahnhof Enney (Variante), 708 m.
Anforderungen: Sehr gute Trittsicherheit und eine Portion Schwindelfreiheit. T4.
Einkehr/Unterkunft: Verschiedene in Broc oder Gruyères.
Varianten: 1. Vom Col des Combes ❸ auf Pfadspuren entlang des Grates auf den Westgipfel des Dent du Chamois, 1838 m, und leicht hinüber zum Ostgipfel, 1830 m; von dort auf markiertem Weg zum Sattel La Forcla und hinab nach Enney; ca. 45 Min. länger. T5.
2. Parkt man bei der Pinte du Pralet, 1016 m, im Vallée du Motélon, kann man eine schöne Rundtour über Les Groins, Dent du Broc ❷, Dent du Chamois und La Forcla machen; 5.30 Std., 1000 Hm. T5.
Karte: 252T Bulle, 262T Rochers de Naye; 1225 Gruyères, 1245 Château-d'Oex.
Tipps: 1. In Gruyères: Château, täglich offen, April bis Oktober 9–18 Uhr, Nov. bis März 10–16.30 Uhr; Musée HR Giger, täglich offen 10–17 Uhr.
2. Maison du Gruyère beim Bahnhof Gruyères-Pringy; vgl. Tour 22.
Anschlusstour: 2, 6, 10.

Vom Bahnhof **Broc-Village** ❶ rund 10 Min. auf der Straße Richtung Charmey bis zur Abzweigung des Sträßchens nach Motélon (P. 727), Bushaltestelle Le Home. Auf ihm bis zu einer Weggabelung, wo man den mittleren Weg durch den Wald einschlägt. Er mündet in eine Erschließungsstraße, die

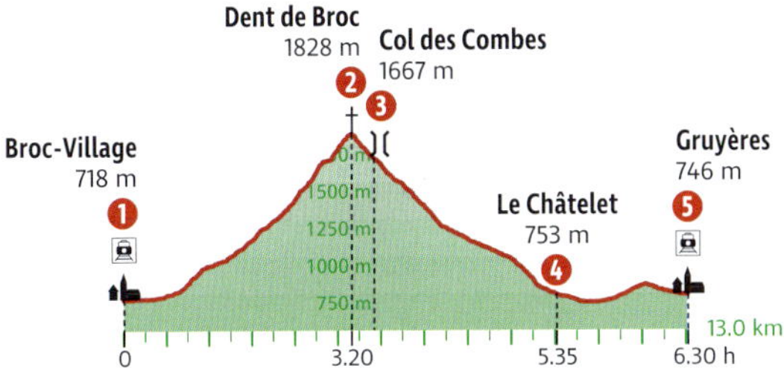

an der Alphütte von Les Plains, 950 m, vorbeiführt. Kurz vor P. 1078 zweigt der gerade ausreichend markierte Pfad zum Dent de Broc ab. Er führt an der stattlichen Alphütte von **Grosses Ciernes**, 1296 m, vorbei und dann sehr steil in kleinen Serpentinen zum Übergang P. 1634 im Westgrat des Dent de Broc. Auf der Südseite kurz absteigen und gleich wieder nach links den Felsen entlang hinauf. Nun sehr exponiert auf einem Band ostwärts, bis man nach links durch eine weite Verschneidung zum Ostgrat klettern (I) kann. Kurz über den luftigen Grat zum Gipfelkreuz des **Dent de Broc** ❷.
Vorsichtig zurück und auf dem Weg in den **Col des Combes** ❸ zwischen Dent de Broc und Dent du Chamois. Ein guter Pfad führt durch die ebenmäßige Mulde zwischen den Westgraten der beiden Gipfel zuerst über Weiden, dann durch dichten Wald. Kurz nachdem man aus dem Wald getreten ist, kommt man zum mächtigen Hof von **Le Châtelet** ❹. Auf dem Sträßchen nordwestwärts zur Pont qui branle und weiter nach **Gruyères** ❺, mit möglichem Abstecher über das **Schloss**.

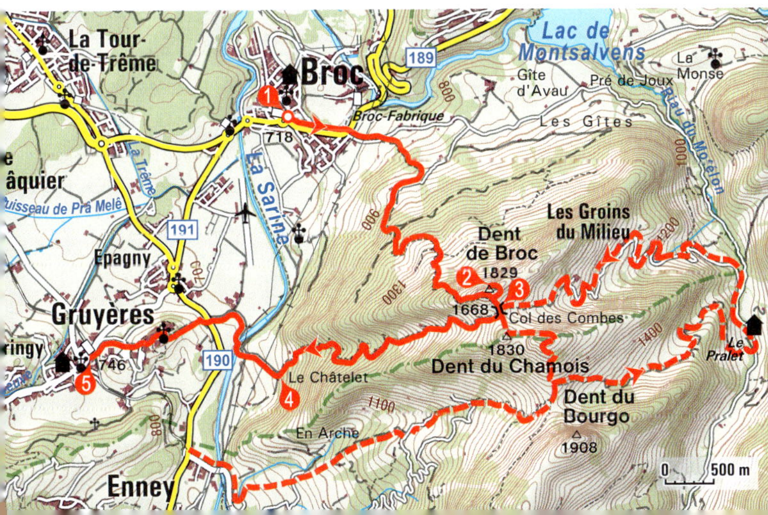

↗ 790 m | ↘ 790 m | 8.8 km

12 Les Merlas, 1907 m – Le Van, 1964 m

4.00 h

Reizvolle Gipfelrunde über die Cabane de Bounavaux

Die Rundtour über Les Merlas und Le Van ist die deutlich leichtere und kürzere Variante im Vergleich zur Überschreitung von Vanil Noir und Vanil de l'Ecri (Tour 13). Dabei werden auch zwei aussichtsreiche und attraktive Gipfel überschritten, und der schön gelegenen Cabane de Bounavaux wird ebenfalls ein Besuch abgestattet.

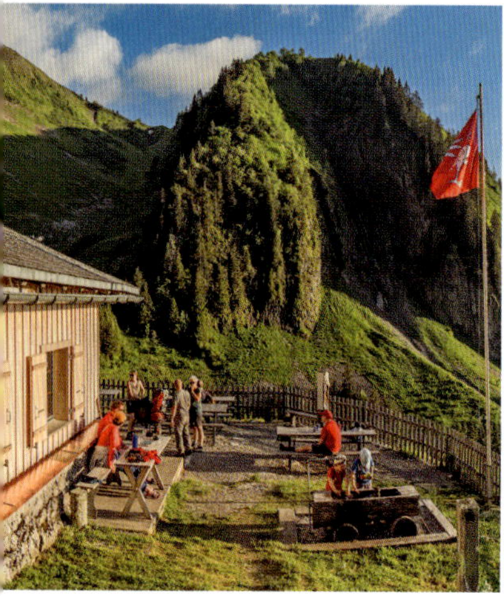

Auf der Cabane de Bounavaux.

Ausgangs- und Endpunkt: Parkplatz bei Les Baudes, 1264 m; erreichbar über Grandvillard.
Anforderungen: Nur ein wenig Trittsicherheit an den Graten. T2.
Einkehr/Unterkunft: Cabane de Bounavaux, SAC La Gruyère, 55 Schlafplätze, offen von Anfang Juni bis Ende September, keine Verpflegung außer Suppe und Getränke, Küche darf benutzt werden, Tel. +41 79 603 68 78. In Grandvillard: Hotel du Vanil Noir, Tel. +41 26 928 12 65.
Variante: Bei Anreise mit ÖV startet man beim Bahnhof, 740 m, bzw. in der Ortschaft Grandvillard, 761 m. Dabei kommen nochmals 2.30 bis 3 Std. für den zusätzlichen Auf- und Abstieg (500 Hm) über den Graben Rio des Marais hinzu; dann empfiehlt sich eine Übernachtung auf der Cabane.
Karte: 3302T Château d'Oex; 1245 Château d'Oex.
Anschlusstour: 13.

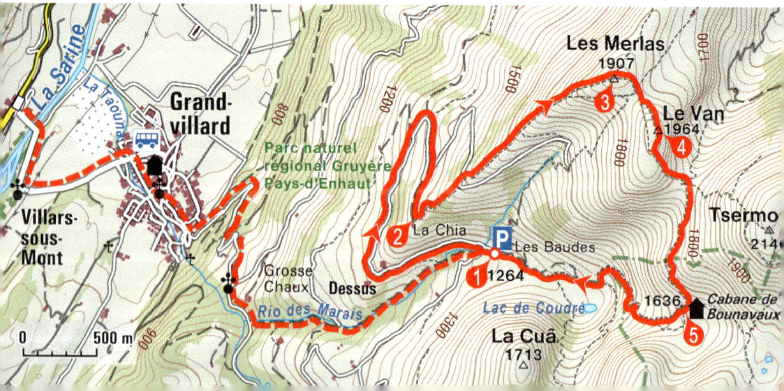

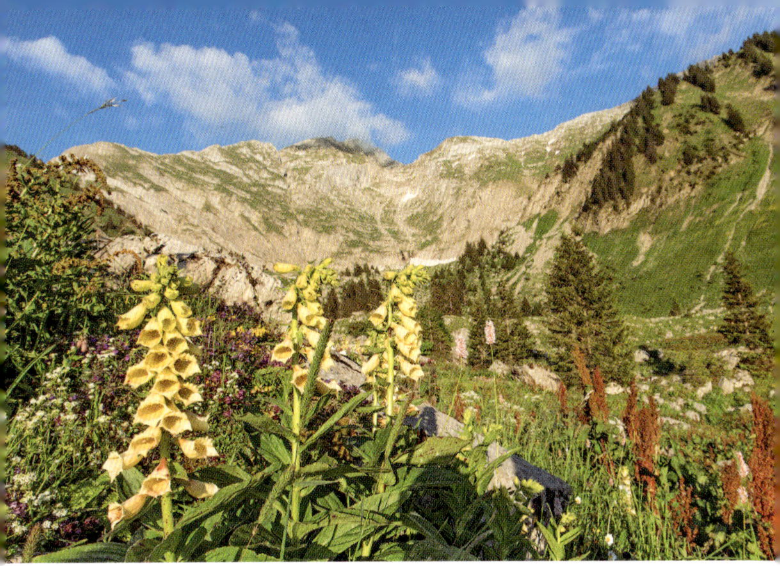

Der Kessel des Vanil Noir im Abendlicht.

Vom Parkplatz **Les Baudes** 1 ein paar Meter zurück zur Fahrstraße und dieser westwärts weiter folgen, vorbei an den Alphütten Le Rio/Chablets Dessus. An der zweiten Spitzkehre geradeaus bis zur Alphütte **La Chia** 2 bei P. 1363. Alternativ kann man von der Kurve bei Le Rio auch weglos über den Bergrücken bis P. 1363 aufsteigen und sich so rund 10 Min. sparen. Bei P. 1363 setzt dann der unmarkierte Wanderweg über den langen Gratrücken an, welcher bis auf den Gipfel **Les Merlas** 3 führt.
Vom Gipfel auf dem nun markierten Wanderweg südwärts absteigen in den Sattel P. 1846 und entlang des Grates bis auf den Gipfel des **Van** 4. Südlich hinab in den Col de Tsermon, 1791 m, und weiter abwärts bis zur **Cabane de Bounavaux** 5. Zuletzt steigt man auf der gelb markierten Wanderroute ab zum Ausgangspunkt **Les Baudes** 1.

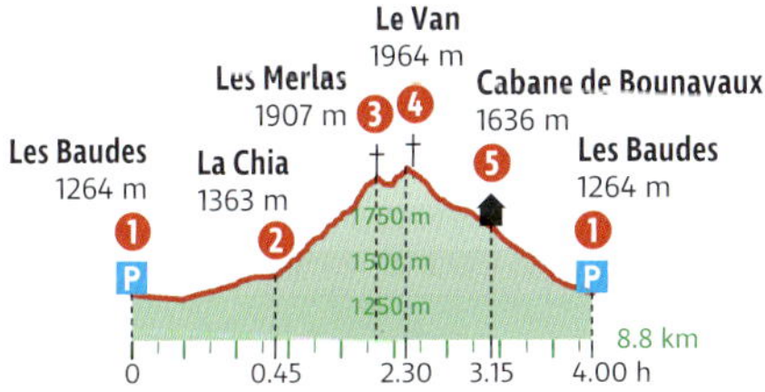

↗ 1340 m | ↘ 1340 m | 10.3 km

13 Vanil Noir, 2389 m – Vanil de l'Ecri, 2376 m

6.15 h

Auf die zwei höchsten Gipfel der Freiburger Alpen

Die längste Gebirgskette der Freiburger Voralpen beherbergt mit dem Vanil Noir die höchste Erhebung des Kantons Freiburg, welche sich durch steile und felsdurchsetzte Grasflanken auszeichnet. Auch wenn man hier gelegentlich Schneehasen, Schneehühner oder Steinhühner beobachten kann, sind doch die Chancen, einer Steinbockkolonie am Grat zwischen Vanil Noir und Pointe de Paray zu begegnen, deutlich höher. Der Name »Vanil« ist übrigens in zahlreichen Gipfelnamen in den Freiburger Voralpen zu finden. Er ist ein Ausdruck der freiburgischen Mundart und bedeutet so viel wie »felsiger Gipfel«. Zwei hohe Vanils dürfen wir auf dieser spannenden Runde kosten.

Ausgangs- und Endpunkt: Parkplatz bei Les Baudes, 1264 m; erreichbar über Grandvillard.
Anforderungen: Gute Kondition, exzellente Trittsicherheit für einige absturzgefährdete Passagen. Naturschutzgebiet, Hunde dürfen nicht mitgeführt werden. T4+.
Einkehr/Unterkunft: Vgl. Tour 12.

Variante: Gut 30 Min. kürzer ohne den Abstecher von Plan des Eaux auf den Vanil de l'Ecri.
Karte: 3302T Château d'Oex; 1245 Château d'Oex.
Tipp: In der Bounavaux-Hütte übernachten und auf dem Tsermon, 2139 m, den Sonnenuntergang genießen.
Anschlusstour: 12, 20 (Variante).

Gesteinsfaltungen hautnah: Der steile Zahn des Vanil Noir wird in der Südflanke gequert.

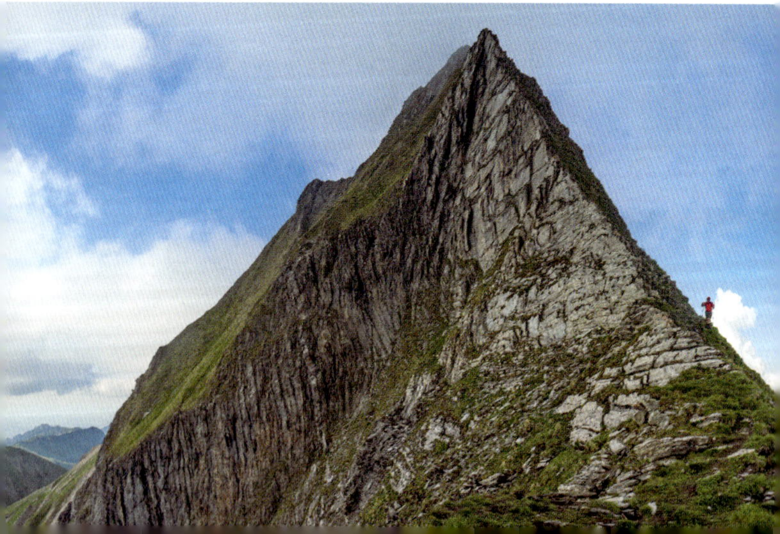

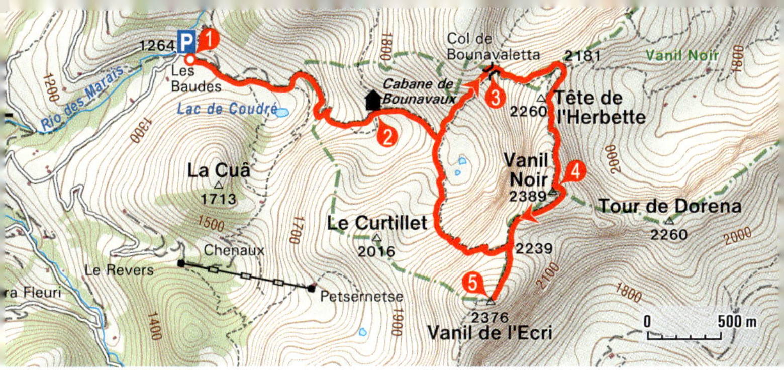

Vom Parkplatz vor der Alphütte **Les Baudes** ❶ über Coudré auf markiertem Pfad zur Alp und **SAC-Hütte Bounavaux** ❷. Über die Wegkreuzung Bounavalette weiter in den **Col de Bounavaletta** ❸. Nach rechts auf steilem, abschüssigem und gut markiertem Weg bis auf den Grat bei P. 2181. Auf der anderen Seite geht ein Weg abwärts zur Cabane Les Marindes – wir halten uns hier aber rechts und queren unterhalb der Tête de l'Herbette nach Süden. Stets auf die blau-weiß-blauen Wegmarkierungen achtend treffen wir bald auf die ausgesetzte Felsscharte **Pas de la Borière**, zu deren Überwindung einige Drahtseile installiert sind. Von der anderen Seite der Scharte geht es dann wieder deutlich einfacher über den Nordgrat auf den Gipfel des **Vanil Noir** ❹.

Der Abstieg durch die steile, felsdurchsetzte Südflanke des Vanil Noir zum Pass **Plan des Eaux**, 2239 m, ist zwar mit Ketten versichert, erfordert dennoch volle Konzentration. Wegspuren führen vom Pass leicht weiter über den Nordostrücken auf den **Vanil de l'Ecri** ❺, der auf der Waadtländer Seite Sur Combe genannt wird. Auf gleichem Weg zurück zum Pass **Plan des Eaux** und dann links haltend über die nun rot-weiß-rot markierte Route hinab bis zur Wegkreuzung Bounavaletta und zur **Cabane de Bounavaux** ❷. Auf dem bekannten Weg wieder zurück nach **Les Baudes** ❶.

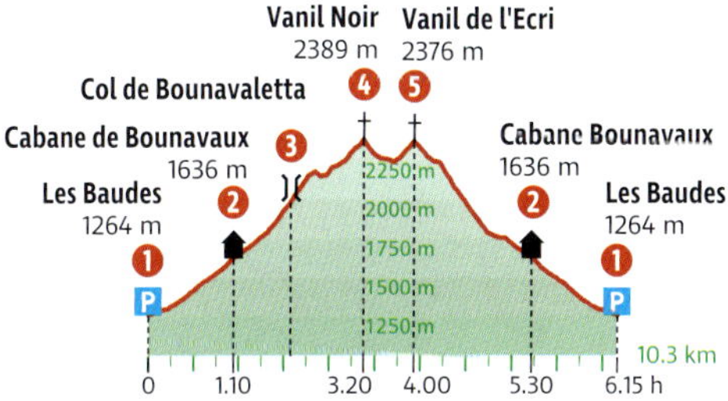

↗ 660 m | ↘ 660 m | 6.8 km

3.30 h

14 Les Millets, 1885 m

Gipfelüberschreitung durch den »Maienschnee«

Les Millets – das ist ein eher weniger bekannter Berg, der ein Schattendasein inmitten der namhaften Gipfel der Vanil-Noir-Kette führt. Doch ist er ein wunderbarer Aussichtsberg mit teilweise neu angelegtem Weg, dessen Überschreitung eine abwechslungsreiche Rundwanderung ermöglicht. Am besten zwischen Mitte und Ende Mai, wenn der Maienschnee die Wiesen im Aufstieg in ein ungewöhnliches Weiß kleidet – unzählige Bergnarzissen bilden einen wunderschönen weißen Teppich und einen großartigen Kontrast mit der frisch ergrünten Frühlingslandschaft.

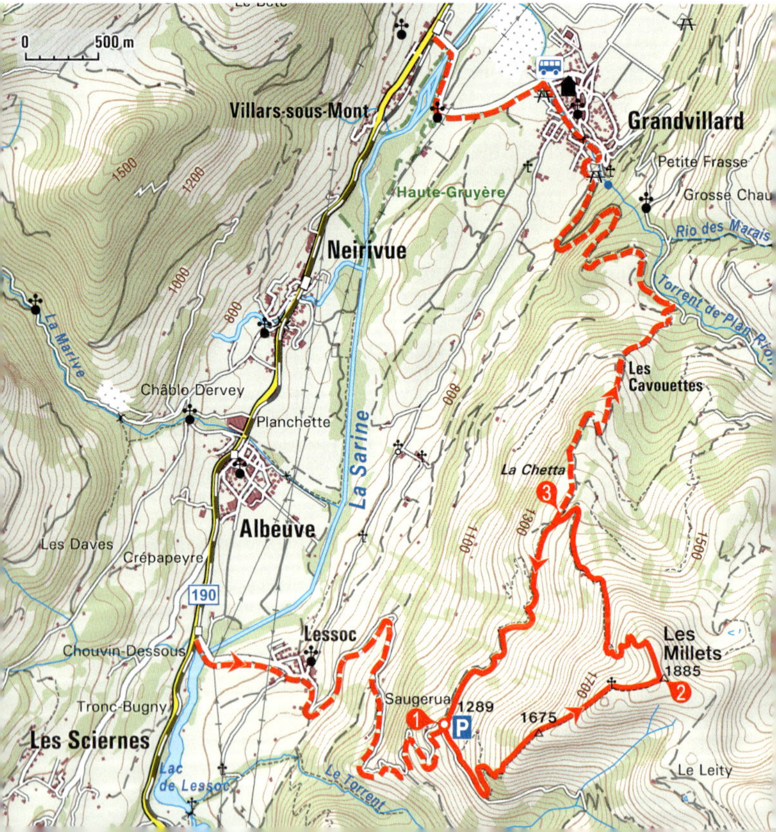

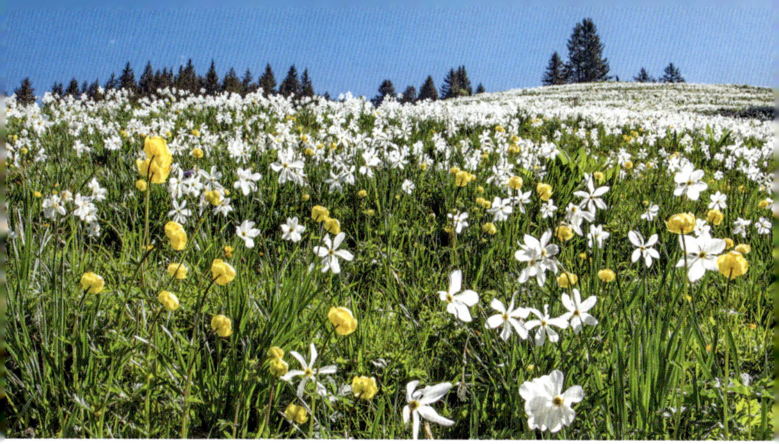

Maienschnee: Bergnarzissen so weit das Auge reicht.

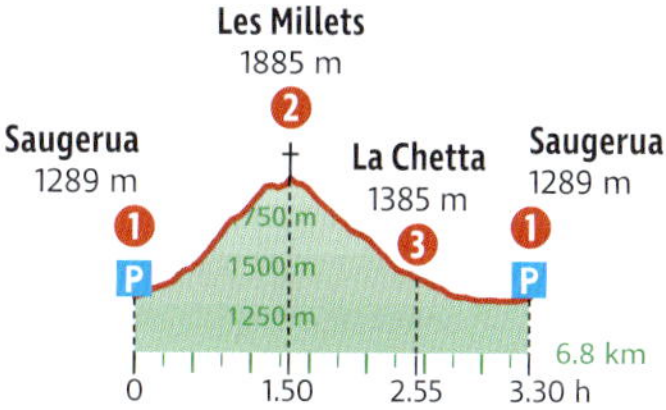

Ausgangs- und Endpunkt: Parkplatz Saugerua, 1289 m, welcher über Lessoc erreicht wird.
Anforderungen: Nur etwas Trittsicherheit auf einem kurzen Stück am Grat. T3.
Einkehr: In Grandvillard: Café-Restaurant Pic Vert, Tel. +41 26 928 22 22.
Unterkunft: In Lessoc: Auberge de la Couronne, Tel. +41 26 928 23 98, Mo geschlossen. In Grandvillard: Hôtel du Vanil Noir, Tel. +41 26 928 12 65.
Variante: Bei Anreise mit ÖV startet man am Bahnhof Lessoc, 778 m, und geht auf der Fahrstraße bis Saugerua; von La Chetta ❸ wandert man am besten über Les Cavouettes, 1201 m, bis nach Grandvillard und dessen Bahnhof, 740 m; 6.15 Std., Auf- und Abstieg ca. 1130 m.
Karte: 3302T Château d'Oex; 1225 Gruyères.
Tipp: Grandvillard mit seinem gut erhaltenen Ortsbild mit den Poyas (Bilder auf Holz, die Alpaufzüge darstellend) an den Außenwänden der Häuser.
Anschlusstour: Bei Variante 12, 13.

Vom Parkplatz **Saugerua** ❶ noch kurz der Straße folgen bis zur nächsten Kurve (P. 1358), dann auf dem rot weiß-rot markierten Wanderweg zuerst im Wald, dann auf dem breiten Gratrücken über Wiesen aufwärts. Am Ende der Wiese wird der Kamm etwas schmäler; man steigt auf diesem konsequent bis zum **Vorgipfel**, 1858 m, mit großem Gipfelkreuz auf.
Weiter auf dem Grat zum Hauptgipfel der **Millets** ❷ und dann nach Norden zu P. 1856. Hier wird der Kamm verlassen, indem man links haltend bis zur Alp Les Tannes, 1513 m, hinabsteigt. Auf der Alpstraße bis zur Alphütte **La Chetta** ❸ und links auf dem schönen gelb markierten Wanderweg über Jorat d'Amont, 1275 m, zum Ausgangspunkt **Saugerua** ❶.

↗ 1380 m | ↘ 1380 m | 11.6 km

6.30 h

15 Pra de Cray, 2197 m

Rundtour über den südlichen Abschluss der Vanil-Noir-Kette

Die lange Bergkette des Vanil Noir wird im Süden von der Pointe de Cray abgeschlossen, an deren Fuße der kleine Ort Château-d'Oex liegt. Dieser ist bekannt für sein alljährlich Ende Januar stattfindendes Ballon-Festival, zu welchem sich Besucher aus aller Herren Ländern einfinden und den unzähligen farbigen Punkten nachschauen, die fauchend in die Höhe entschwinden. Von hier startete 1999 auch Bertrand Piccard zu seinem Nonstop-Ballonflug um die Erde. Wer einen Tiefblick ins Tal genießen möchte, der jenem der Ballonfahrer sicherlich in nicht allzu viel nachsteht, kann dies auf der hier beschriebenen Rundwanderung machen, mit etwas festerem Boden unter den Füßen – mit dem Kanton Freiburg auf der linken, dem Kanton Waadt auf der rechten Seite und mit etwas Glück dazwischen bekommt man auch noch ein paar majestätische Steinböcke zu Gesicht.

Ausgangs- und Endpunkt: Bahnhof Château-d'Oex, 967 m.
Anforderungen: Trittsicherheit auf dem teils sehr steilen, weglosen Südgrat des Pra de Cray. T4.
Einkehr/Unterkunft: Cabane des Choucas (Refuge Les Choucas), einfache Speisen und zwölf Übernachtungsplätze, Tel. +41 26 924 79 40. Verschiedene in Chateaux d'Oex.

Variante: Die Tour wird etwas einfacher, wenn man vom Refuge des Choucas ❷ auf der Wanderroute zur Pointe de Cray ❹ aufsteigt und den Pra de Cray dabei auslässt (0.45 Std. kürzer; T3).
Karte: 3302T Château d'Oex; 1245 Château-d'Oex.
Anschlusstour: Mit jeweils sehr kurzer Zug- oder Busfahrt die Touren 20 sowie 29–32.

Eleganter Grat: der Pra de Cray gesehen von der Pointe de Cray.

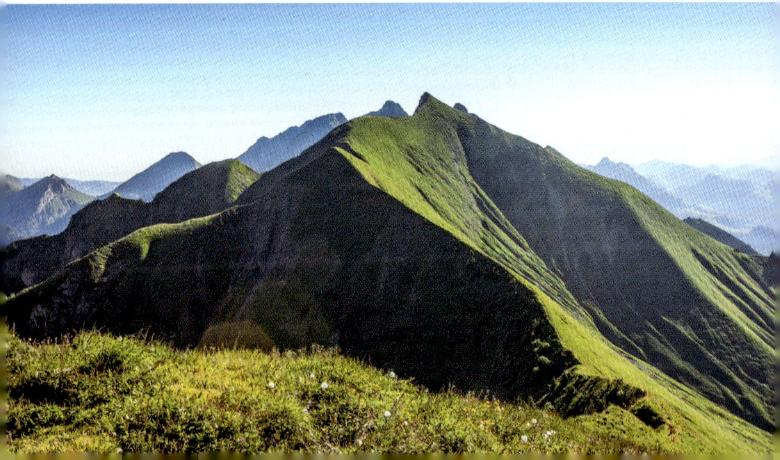

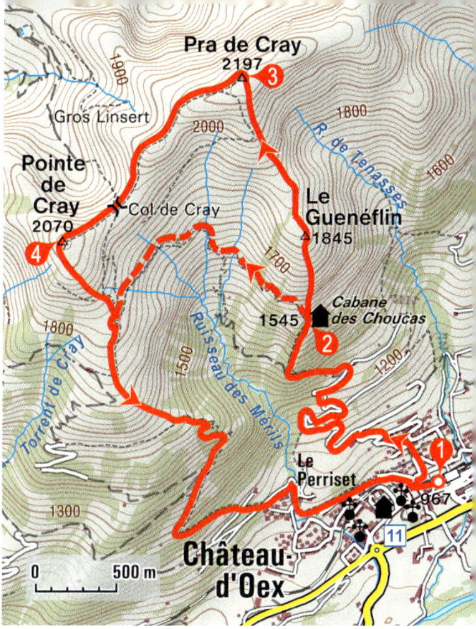

Vom Bahnhof **Château-d'Oex** ❶ der Beschilderung in Richtung Cabane des Choucas folgen. Nach einer Kurve bei P. 1316 bildet eine Eisenleiter den Einstieg auf den felsigen Rücken. Zahlreiche Tritte, Ketten, Leitern und Treppen vereinfachen den Aufstieg bis zum **Refuge Les Choucas** ❷, dessen Sonnenterrasse zu einer Einkehr lockt.

Nun verlässt man die Wanderroute und steigt hinter dem Refuge weglos entlang dem anfangs noch schwach ausgeprägten Bergrücken auf dem gleichmäßig steilen Wiesenhang aufwärts bis zur Kuppe des **Guenéflin**, 1845 m. Im Folgenden wird der Aufstieg über den teilweise baumgesäumten Grat dreimal von Scharten unterbrochen, welche mit etwas Vorsicht aber gut passierbar sind. Über eine Pfadspur wird schließlich mit dem **Pra de Cray** ❸ auch die Kantonsgrenze Freiburg/Waadt erreicht. Über den im Sommer mit Blüten überzogenen breiten Grat geht es abwärts bis in den Col de Cray, 1972 m, und wieder hinauf auf den nächsten Grasgipfel, die **Pointe de Cray** ❹.

Vom Gipfel können wir weglos direkt auf dem Südostgrat absteigen bis Cray Dessus, 1827 m, wo wir wieder auf den rot-weiß-rot markierten Weg treffen. In der nächsten Rechtskurve kürzen wir die markierte Wanderroute um den Cray du Milieu ab, indem wir weglos auf dem breiten Kamm absteigen und bei Coulat wieder auf die Wanderroute treffen. Auf dieser schließlich ausgeschildert zurück zum Bahnhof **Château-d'Oex** ❶.

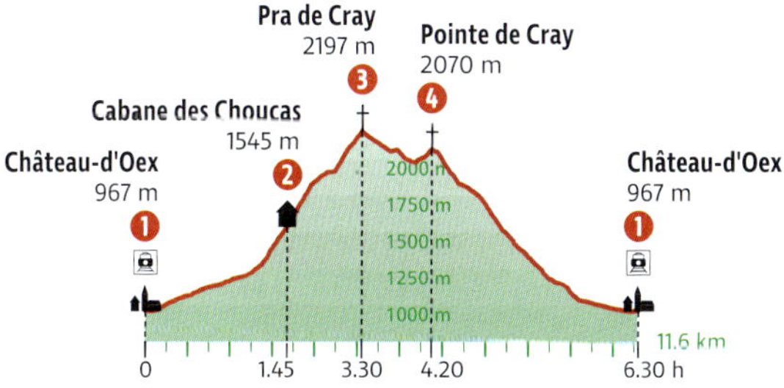

↗ 840 m | ↘ 840 m | 9.3 km

4.15 h

16 Hochmatt, 2151 m

Aussichtsreiche Rundtour auf einen stillen Gipfel

Während die benachbarten Gastlosen und das Vanil-Noir-Massiv lange Gebirgsketten mit südwest-nordöstlicher Ausdehnung sind, steht die Hochmatt als wuchtiger Bergklotz dazwischen. Die hier beschriebene Runde stellt eine reizvolle und die abwechslungsreichste Möglichkeit zur Besteigung dieses aussichtsreichen Klotzes dar. Den Blickfang der gesamten Wanderung bilden die bizarren Zacken des Kletter-Eldorados der Gastlosen.

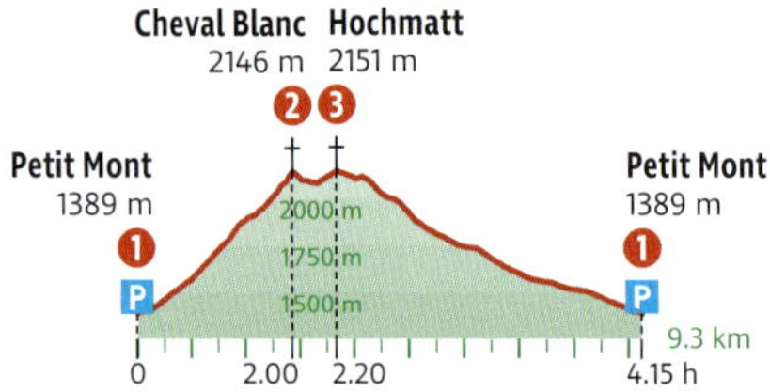

Ausgangs- und Endpunkt: Parkplatz Petit Mont, 1389 m; Abzweigung zu Petit Mont in der Ortschaft Im Fang an der Jaunpass-Straße; bei Anreise mit ÖV Bus vom Bahnhof Bulle nach Im Fang, Dorf (2.45 Std. zusätzlich).
Anforderungen: Etwas Trittsicherheit am Grat über den Cheval Blanc. T2.
Einkehr/Unterkunft: Im Fang: Hotel zur Hochmatt, Tel. +41 26 929 82 07.
Variante: Statt über den Cheval Blanc kann man auch über die markierte Route durch das Karstgebiet »In den Löchern« auf die Hochmatt steigen (etwa gleich lang; T3).
Karte: 252 T Bulle; 1225 Gruyères, 1245 Château-d'Oex.
Anschlusstour: 18.

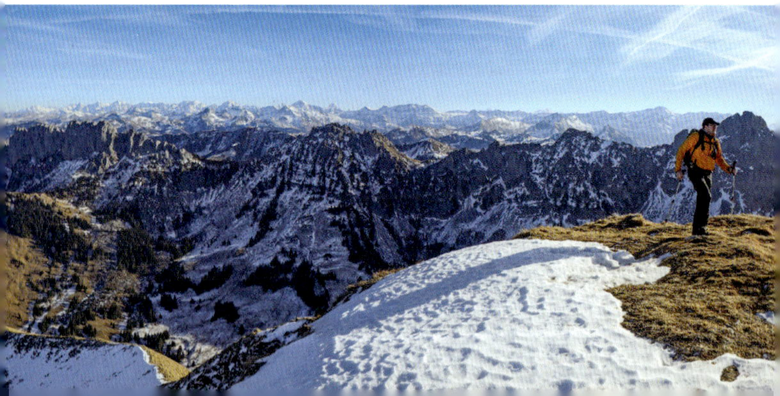

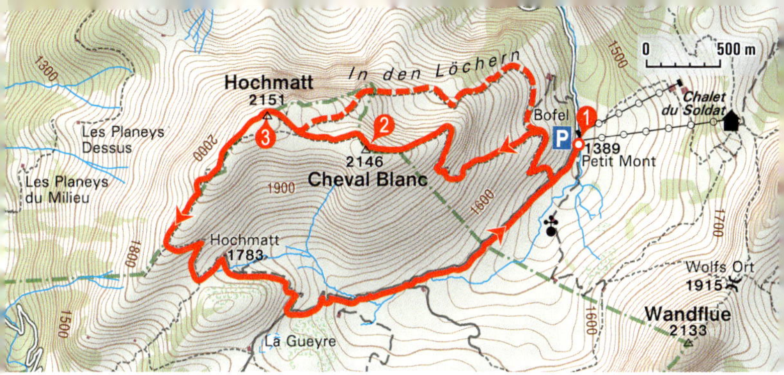

Vom Parkplatz **Petit Mont** ❶ am Klein Montbach auf dem Fahrsträßchen zur Alphütte Schänis, 1425 m. Rechts hoch auf dem rot-weiß-rot markierten Weg bis zur Wegkreuzung bei der Alphütte **Bofel**, 1551 m. Hier hat man die Wahl, über »In den Löchern« (rechts) oder über den Cheval Blanc (links) aufzusteigen, d.h. entweder hüpfend und kraxelnd durch ein Karstgebiet oder auf einer aussichtsreichen Gratschneide. Letzteres führt über Alpwiesen bis zum Ostgrat des Cheval Blanc.
Die Überschreitung des **Cheval Blanc** ❷ erfolgt bis zur kleinen Ebene bei P. 2089 durchgehend auf der Krete. Auf einem Pfad in Grasgelände ist der Gipfel der **Hochmatt** ❸ schnell erreicht. Die Chance, blökende Schafe anzutreffen, ist mindestens so hoch wie jene, anderen Wanderern zu begegnen, die ob des tollen Panoramas kaum wissen, wohin sie schauen sollen.
Vom Gipfel auf dem rot-weiß markierten Pfad den Südwestgrat hinab, Vanil Noir und Dent de Brenleire stets vor Augen. Bei P. 1962 wird der Grat verlassen und bei der nächsten Wegkreuzung (P. 1816) links abgezweigt. Über die Alp Hochmatt, 1783 m, geht es auf einer Alpstraße zurück nach **Petit Mont** ❶.

Gipfel satt: Ankunft auf dem Cheval Blanc zwei Tage vor Heiligabend.

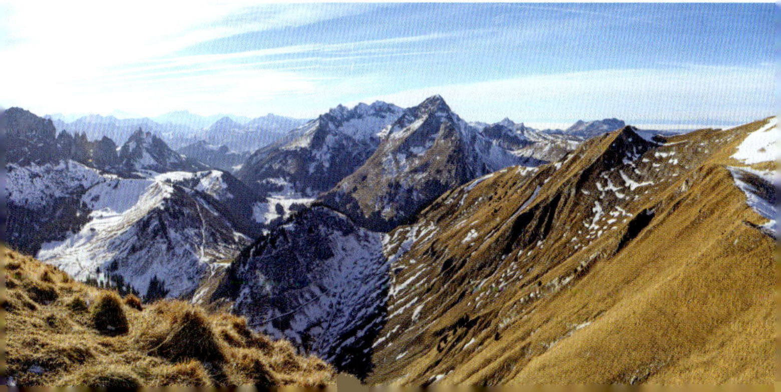

TOP

↗ 790 m | ↘ 790 m | 11.1 km

17 Rund um die Gastlosen

4.15 h

Alles andere als gastlos …

… ist die Runde um die Gastlosen. Die Bergkette ist ein bekanntes Klettergebirge und hat seinen Namen wohl aufgrund seines wilden und unnahbaren Aussehens erhalten. Eine markante Passhöhe teilt die Bergkette mit den bizarren Kalktürmen in zwei Teile. Um den nördlichen Abschnitt führt uns die Gastlosen-Rundtour. Obwohl wir uns auf der Rundwanderung durchgehend auf einem Höhenweg bewegen, überqueren wir zweimal den »Röstigraben« – im Westen Romandie und Kanton Fribourg, östlich gelegen die Deutschschweiz und der Kanton Bern. Auf den zu passierenden Berghütten sind Wanderer selbstverständlich willkommene Gäste!

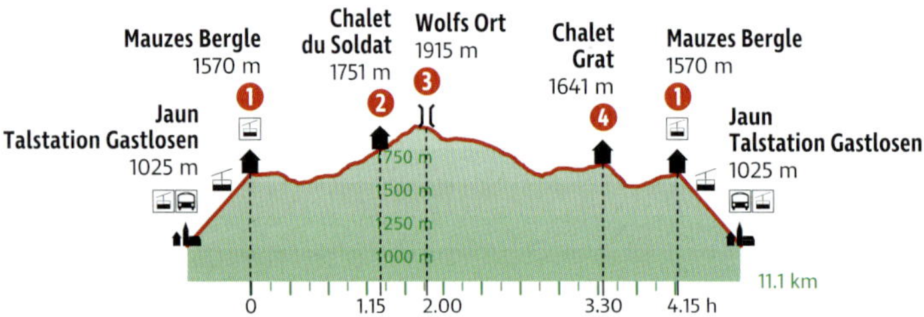

Ausgangs- und Endpunkt: Bergstation Mauzes Bergle, 1570 m, der Seilbahn Gastlosen-Express; Busse verkehren vom Bahnhof Boltigen oder vom Bahnhof Bulle zur Talstation Jaun Kappelboden. Bahnbetrieb Ende Mai bis Ende Oktober, im Vorfeld über die täglichen Betriebszeiten informieren, da die Bahn nicht regelmäßig fährt (Tel. +41 26 929 81 32).
Anforderungen: Trittsicherheit, besonders im Bereich Wolfs Ort, rot-weiß markiert. T3–.
Einkehr/Unterkunft: Berghaus Musersbergli (nur Einkehr), geöffnet entsprechend Bergbahn, Tel. +41 79 230 64 94. Chalet du Soldat/Soldatenhaus, Anfang Mai bis Ende Oktober, Tel. +41 26 929 82 35 oder +41 79 247 63 32. Chalet Grat, Zimmer & Lager, Anfang Juni bis Ende Sept., Tel. +41 26 929 81 78. In Jaun: verschiedene Hotels/Pensionen.
Karte: 253T Gantrisch, 263T Wildstrubel; 1226 Boltigen, 1246 Zweisimmen.
Variante: Von der Passhöhe Wolfs Ort lässt sich noch die Wandflue, 2133 m, besteigen (210 Hm, 1.15 Std. extra; T3).
Anschlusstour: 18, 20.

Bei der Bergstation **Mauzes Bergle** 1 lockt sogleich das Berghaus **Musersbergli** zum Einkehren. Das spart man sich aber eher für den Schluss auf und wandert zunächst über sanfte Alpweiden zur Alp Gustiweidli, 1539 m.

Dolomiten-Flair im Aufstieg zur Passhöhe Wolfs Ort.

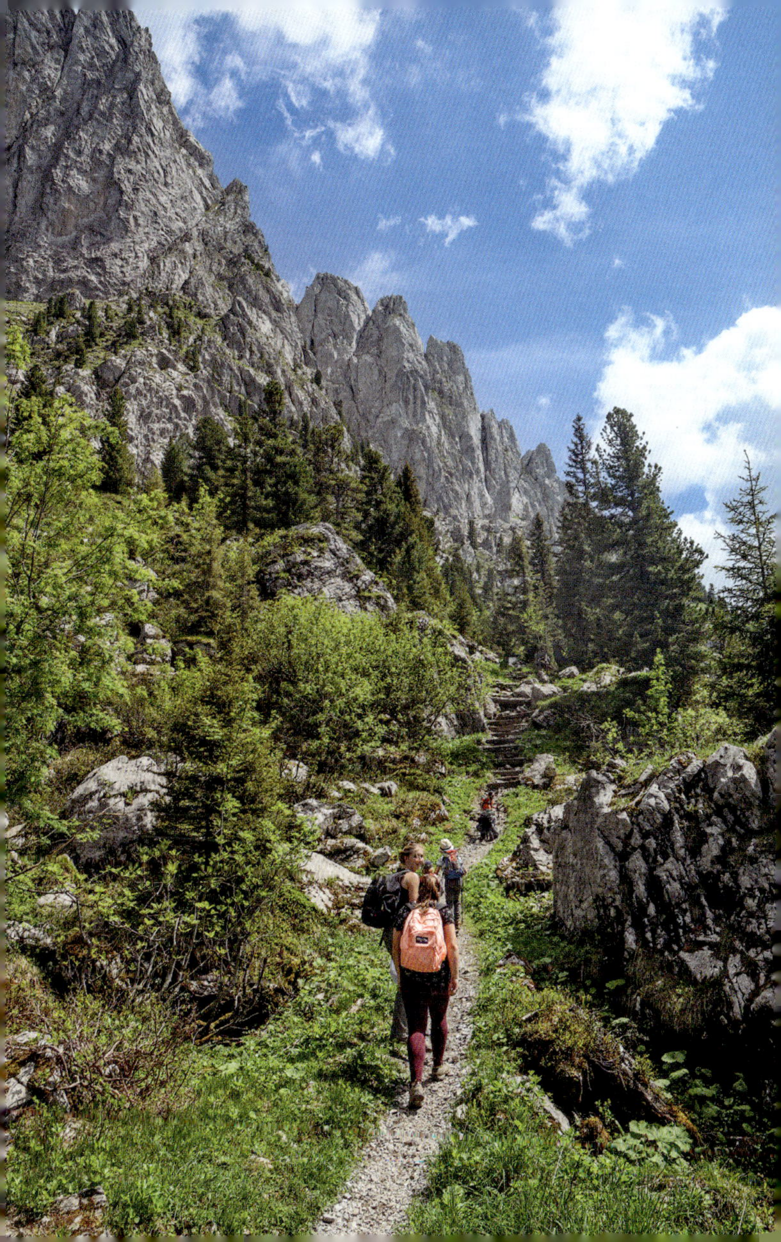

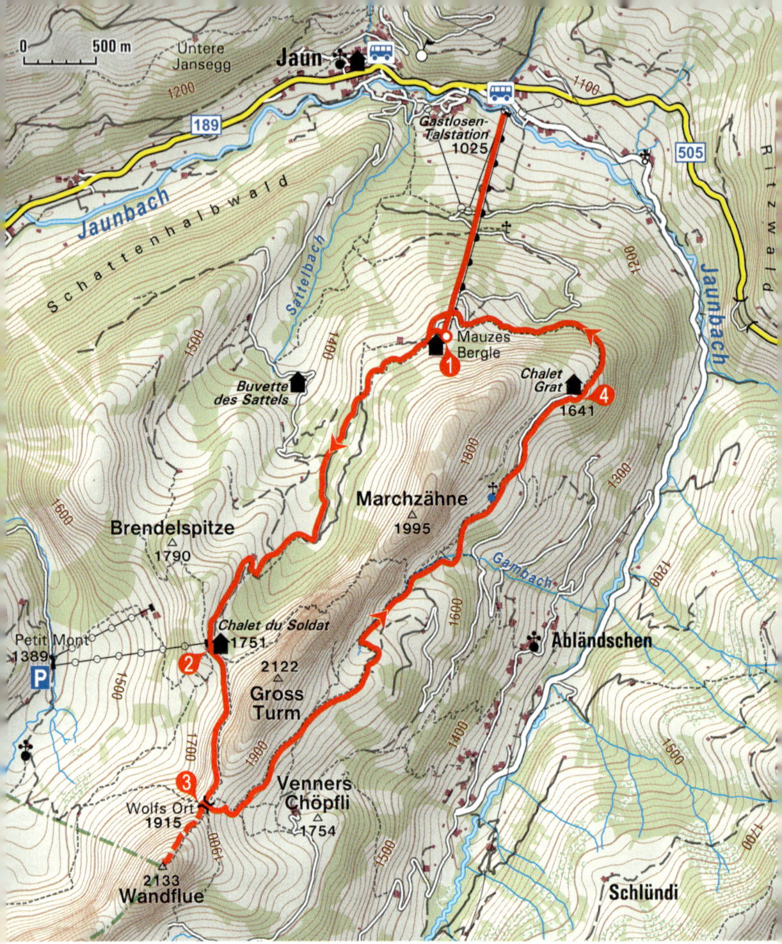

Durch die äußerst artenreiche Pflanzenwelt des Stillwasserwaldes geht es unterhalb der imposanten, zum Teil über 300 m hohen, senkrechten Felswände entlang. Oberhalb des Weges befindet sich das Grossmutterloch, ein ca. 5 m breiter und 20 m hoher Felsspalt.

Kurz vor der Alp Ober Sattel stößt man auf eine Alpstraße, die entlang der spektakulären Felskulisse zum wunderbar auf einer Anhöhe gelegenen **Chalet du Soldat** 2 führt. Von der Terrasse aus genießt man auf der einen Seite die herrliche Aussicht auf das Greyerzerland, auf der anderen Seite auf die gewaltigen Kalkwände der Gastlosen. Der Beschilderung folgend geht aufwärts in den steinigen Übergang der Passhöhe **Wolfs Ort** ❸.

Vom Pass steigt man links haltend rund 100 m steil ab, dann flacht der Weg ab und es geht fortan auf dem Höhenweg über zahlreiche Alpwiesen auf der anderen Seite der Gastlosen entlang. Kurz nachdem man auf eine Fahrstraße trifft, ist mit dem **Chalet Grat** ❹ die nächste Einkehrgelegenheit erreicht.

Durch den dichten Mattenwald kommt man bald wieder zurück zum Ausgangspunkt **Mauzes Bergle** ❶.

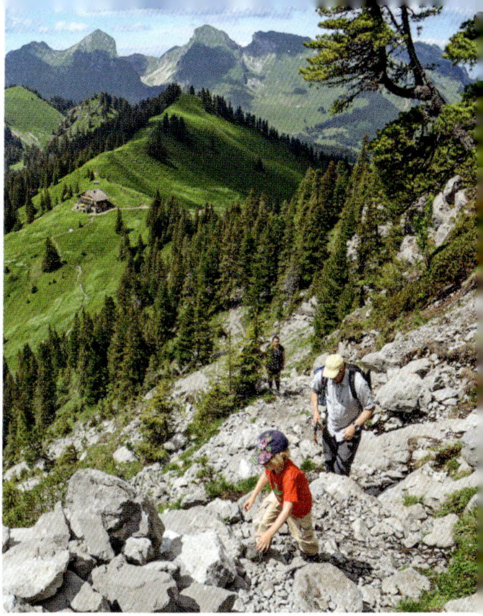

Foto oben: Vom Aufstieg zum Wolfs Ort blickt man zum Chalet du Soldat ...
Unten: ... wo man wunderbar einkehren kann.

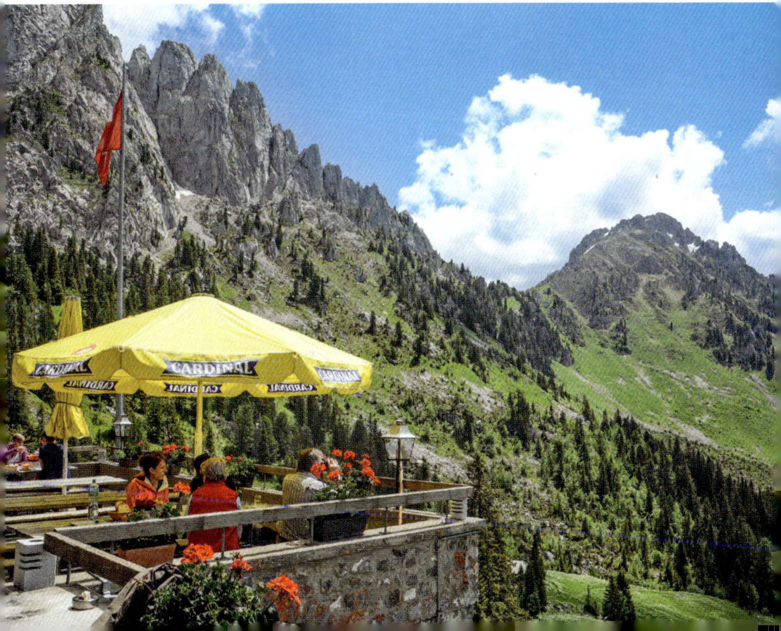

↗ 1300 m | ↘ 1300 m | 15.1 km

18 Dent de Savigny, 2252 m

6.45 h

Auf den Höchsten der Gastlosenkette

Von den meisten Seiten betrachtet ist der Dent de Savigny ein furchterregend steiler Zahn. Kaum zu glauben, dass auf dessen Gipfel eine Wanderroute hinaufführt, die zwar schon den beherzten Einsatz der Hände erfordert, trotzdem von den Schwierigkeiten her noch nicht zu anspruchsvoll ist. Als höchster Punkt der Gastlosenkette garantiert er bei klarer Sicht ein überragendes Panorama auf die gesamten Berner Hochalpen. Empfehlenswert ist eine Übernachtung auf der sympathischen Grubenberghütte – dann bleibt mehr Zeit, um vielleicht noch den einen oder anderen Gipfel mehr zu erklimmen (siehe Tour 20) oder einfach nur, um das Panorama noch länger wirken zu lassen.

Kurzweiliger Abstieg: bei der Porte de Savigny, dahinter Les Pucelles.

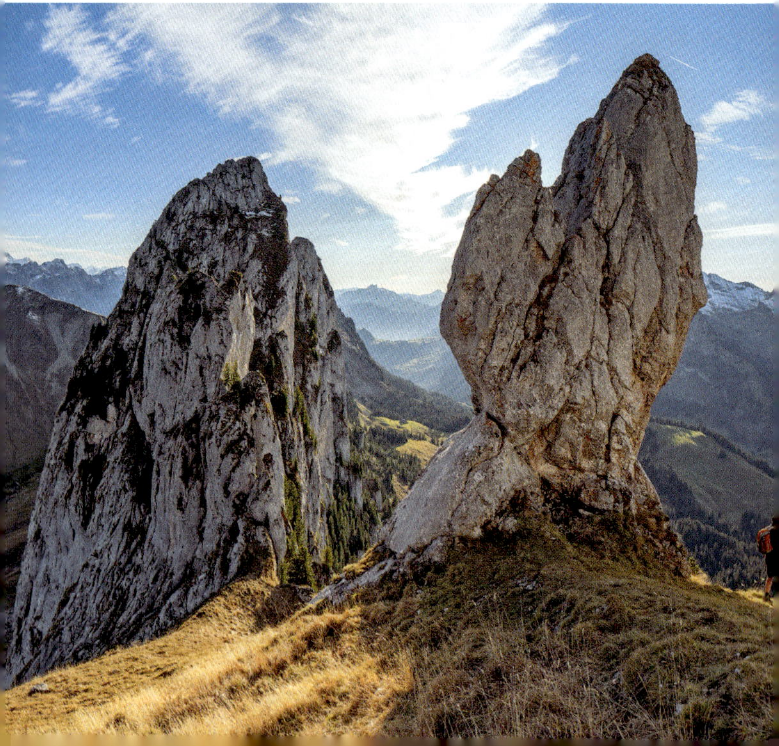

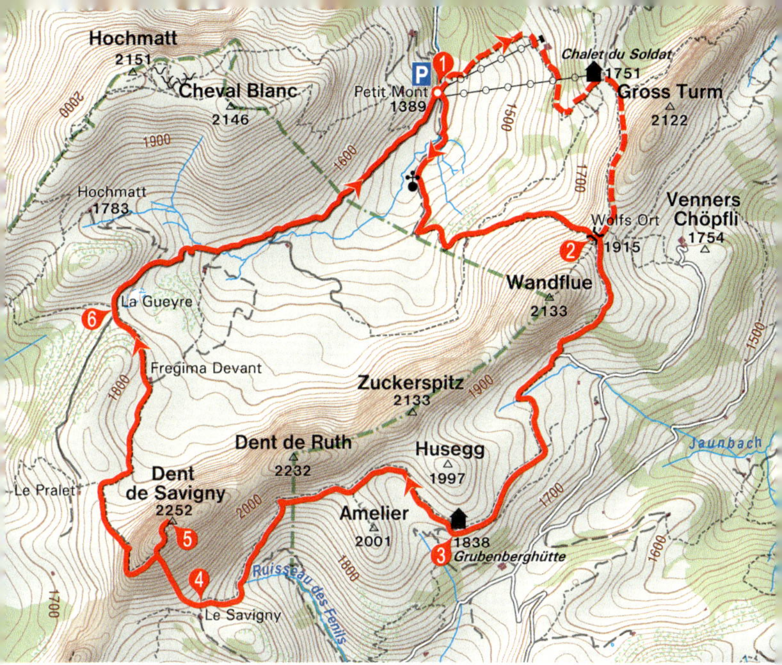

Ausgangs- und Endpunkt: Parkplatz Petit Mont, 1389 m; Abzweigung zu Petit Mont in der Ortschaft Im Fang an der Jaunpass-Straße.
Anforderungen: Wegloser Abschnitt über steiles Wiesengelände. Ein wenig exponierte Kraxelei kurz unterhalb des Gipfels erforderlich, etwas Orientierungssinn auch. T4+.
Einkehr/Unterkunft: Grubenberghütte, SAC, bewartet Mitte Mai bis Ende Oktober jeweils an Wochenenden, übrige Zeit auf Anfrage teilweise, Tel. +41 79 335 27 62.
Variante: Einschluss des Chalet du Soldat in die Runde, 10 Min. länger.
Karte: 253T Gantrisch, 262T Rochers-de-Naye, 263T Wildstrubel; 1226 Boltigen, 1245 Château d'Oex, 1246 Zweisimmen.
Anschlusstour: 16, 17, 20.

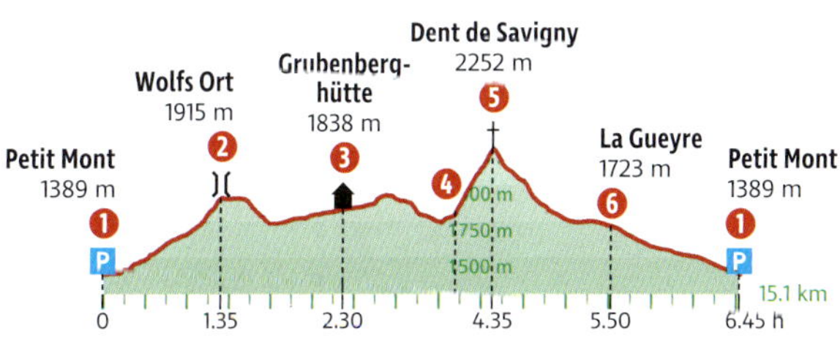

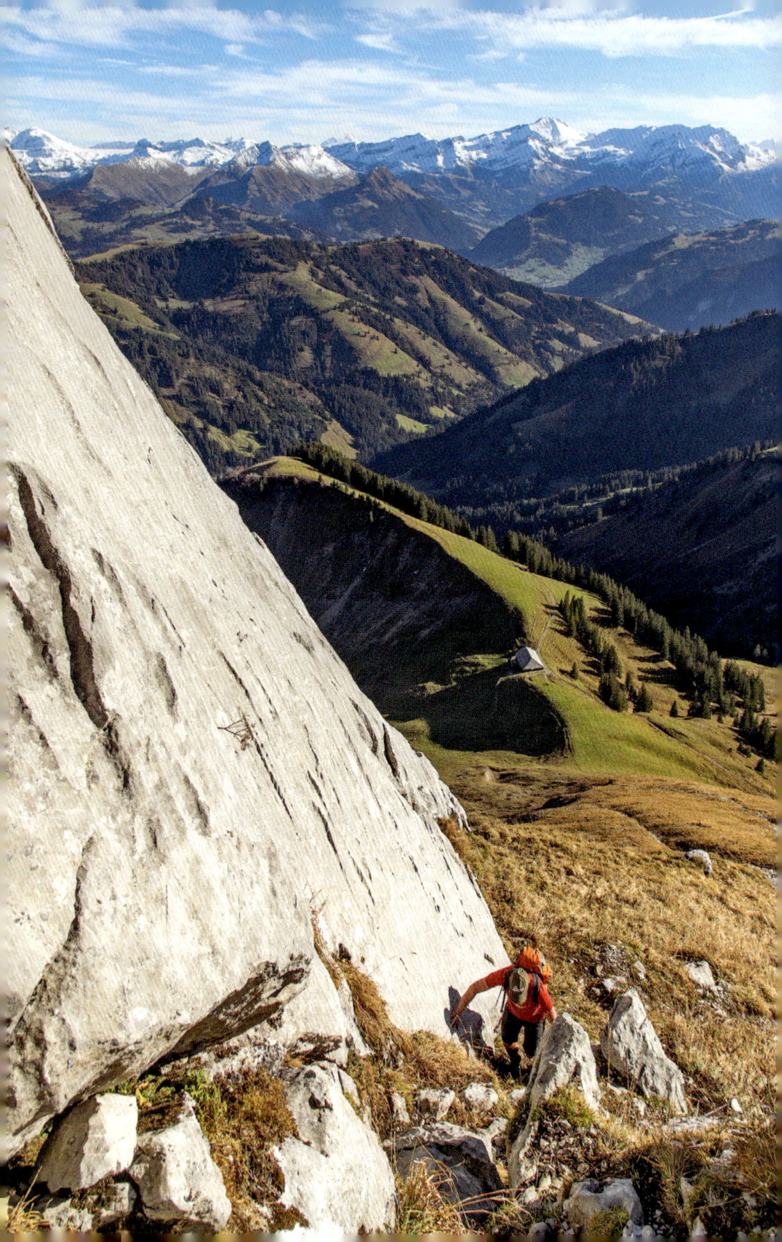

Vom Parkplatz **Petit Mont** ❶ am Klein Montbach entlang nach Schattenhalb und dem Alpsträßchen weiter aufwärts folgen bis zur Alp Stierenritz, 1628 m. Der Beschilderung »Wolfs Ort« nach geht es anfangs auf etwas unscheinbarem Weg, später steil bis zur Passhöhe **Wolfs Ort** ❷, wo uns ein erster schicker Ausblick zu den Berner Alpen empfängt.
Südwärts führt der Weg unter den eindrucksvollen und bei Kletterern beliebten Felswänden der Wandflue nach **Obere Ruedersberg**. Auf einem schönen Wanderweg geht es ohne große Höhenunterschiede durch eine kleine Moorlandschaft zur Husegghütte und weiter zur **Grubenberghütte** ❸ mit den danebengelegenen Alphütten.
Hinter der Hütte führt der rot-weiß markierte Weg ins Tälchen und auf den **Amelier-Sattel**, 1942 m (ohne Namen auf der Landeskarte). Unterhalb des Dent de Ruth leicht abwärts und dann wieder kurz aufwärts bis in den Sattel bei der Alphütte **Le Savigny** ❹. Bereits kurz vor der Hütte kann man sich rechts halten und weglos in den Grashang einsteigen. In Verlängerung des unterhalb liegenden Grates geht es in direkter Linie steil aufwärts. Kurz bevor man auf den in der Landeskarte verzeichneten Pfad stößt, muss man ein wenig zwischen den glatten Steinplatten durchmanövrieren.

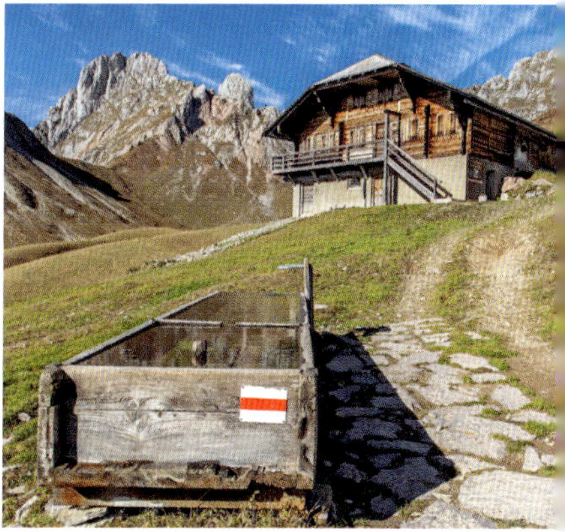

Nahe der Grubenberghütte.

Mit Erreichen des nur schwach ausgeprägten Pfades wendet man sich nach rechts und steuert das markante Felsband an, welches unten zwei parallele Risse aufweist. Entlang des Felsbandes geht es in einer Rinne steil aufwärts, an einigen Stellen muss ein klein wenig geklettert werden. Auf Pfadspuren erreicht man zuletzt den **Dent de Savigny** ❺ mit Gipfelkreuz.
Auf gleichem Weg wieder hinab zum Pfad in der Südostflanke und diesem vorsichtig (da an einigen Stellen etwas ausgesetzt) folgen bis zum Grat bei **Porte de Savigny,** ca. 2047 m, mit dem auffälligen »Herzfelsen«. Nun In der Westflanke des Dent de Savigny auf dem Pfad steil abwärts und zuletzt über einen Gratrücken bis zum Sattel und Wegkreuzung Le Pralet, 1843 m. Rechts hinab bis zur neuen Alphütte bei Fregima Devant, 1752 m, und leicht links haltend auf dem Wanderweg bis zur **Alp La Gueyre** ❻. Rechts haltend auf der Alpstraße abwärts und zurück nach **Petit Mont** ❶.

Hände aus den Hosentaschen: die Einstiegsrinne am Dent de Savigny.

↗ 630 m | ↘ 630 m | 6.9 km

3.15 h

19 Dent de Combette, 2082 m

Kurze, spannende Runde zum höchsten Punkt der Rochers des Rayes

Einsam unterwegs ist man im südlichen Abschluss der langen Gastlosen-Kette – vielleicht weil hier kein namhafter Gipfel vorzufinden ist, ebenso wie Hütten oder sonstige Einkehrmöglichkeiten. Wie auch immer, die Rochers des Rayes sind definitiv einen Besuch wert, da die Besteigung des Dent de Combette eine landschaftlich reizvolle Unternehmung ist und die Aussicht auf die Vanil-Noir-Kette und im Süden von den Gstaader Bergen bis Wildhorn, Diablerets und den Dents du Midi bis zum Mont Blanc reicht.

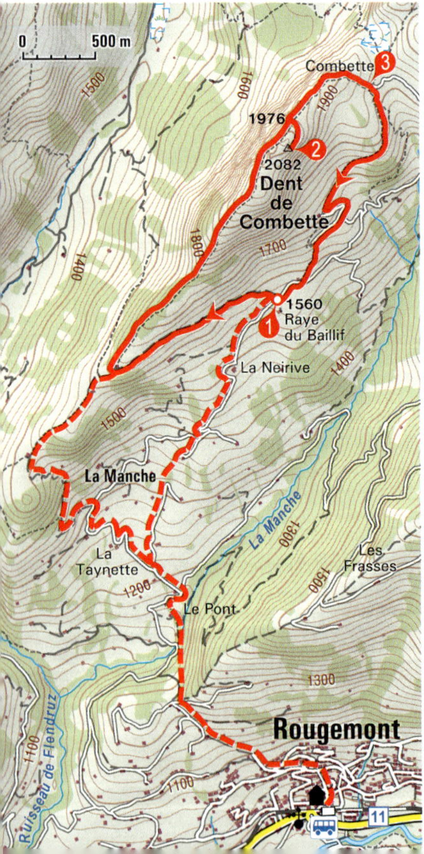

Ausgangs- und Endpunkt: Raye du Baillif, 1560 m; erreichbar mit dem Auto von Rougemont/Flendruz.
Anforderungen: Für den blau-weiß markierten Schlussaufstieg Schwindelfreiheit und Trittsicherheit. T4.
Einkehr/Unterkunft: Verschiedene in Rougemont, am Weg keine.
Variante: Bei Anreise mit ÖV startet man in Rougemont und steigt auf der markierten Wanderroute, leider häufig auf Fahrstraßen, über La Forcla, Le Pont und Belles Combes zum Grat auf, welcher zu den Rochers des Rayes führt. Auf beschriebenem Weg zu Raye du Baillif und auf der Wanderroute über La Manche und wieder Le Pont/La Forcla zurück nach Rougemont (7 Std., 1370 Hm Auf- und Abstieg).
Karte: 3302T Château d'Oex; 1245 Château d'Oex.
Anschlusstour: 20.

Von **Raye du Baillif** ❶ auf der Alpstraße der Beschilderung in Richtung Rochers des Rayes folgen. Bei der Alphütte Montagne aux Manges rechts auf den rot-weiß-rot markierten Weg, welcher meist unmittelbar auf dem Gratrücken aufwärtsführt. Zuletzt über eine Wiese wird die Kuppe P. 2026 der Rochers des Rayes

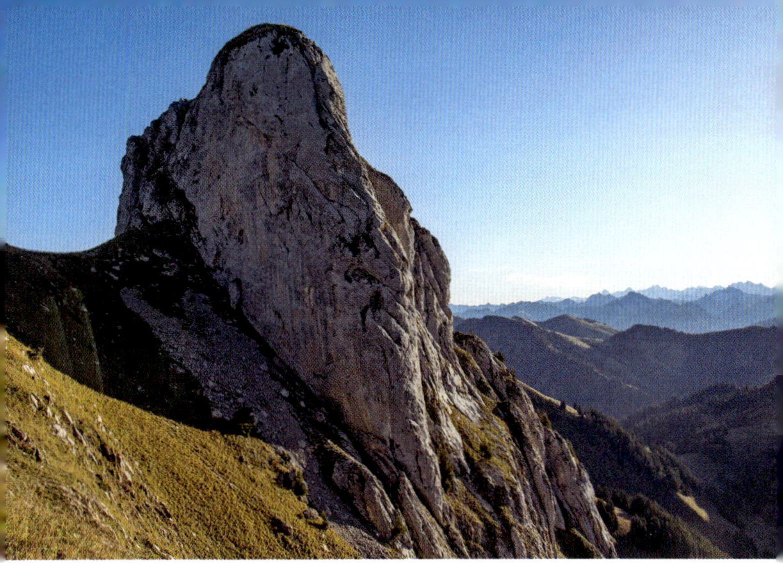

Auf den ersten Blick unnahbar, auf der anderen Seite besteigbar: der Dent de Combette.

erreicht (ein paar Meter abseits des Weges). Hier bekommt man den Dent de Combette zum ersten Mal zu Gesicht, von dieser Seite ein unnahbarer Felsturm.

Im Folgenden wird der Dent de Combette auf seiner Westseite gequert. Nach einem kurzen Abstieg gelangt man bei **P. 1976** wieder zum Grat, wo auch der blau-weiß markierte Weg zum Gipfel abzweigt. Dieser ist vor allem zu Beginn durchaus luftig und erfordert etwas Kraxelei, einige Ketten helfen dabei. Das Gipfelkreuz des **Dent de Combette** ❷ wird schließlich über eine Grasflanke erreicht.

Auf gleichem Weg zurück zu **P. 1976** und weiter auf oder nahe dem Grat. Nach einem Felsen, der links umgangen wird, weisen die rot-weißen Pfosten den Weg über die Wiesen zur Wegkreuzung und der Alphütte bei **Combette** ❸. Auf dem Wanderweg zur Alp Raye au Sex, 1693 m, hier auf Pfadspuren achten, und weiter bis zurück nach **Raye du Baillif** ❶.

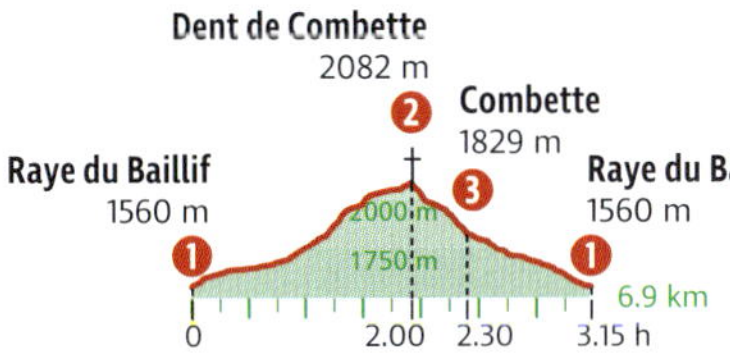

↗ 1840 m | ↘ 1860 m | 24.2 km

20 Entlang der Gastlosen

2 Tage

Zwei-Tages-Tour längs des Felsenriffs der Freiburger Dolomiten

Wie ein von grünen Wellen umbrandetes Riff ragen die Gastlosen aus dem hügeligen Umland. 61 Gipfel (36 Hauptgipfel und 25 Nebengipfel) zählt die 13 km lange Bergkette. Auch wenn viele der Felszacken unnahbar erscheinen, lassen sich einige von ihnen leichter erklimmen, als man aus der Distanz vielleicht denken würde. Gipfelstürmer können den ein oder anderen auf der 2-tägigen Wanderung entlang des gesamten Riffs gut und gerne »mitnehmen«.

Bei Kletterern beliebt: die Wände der Wandflue.

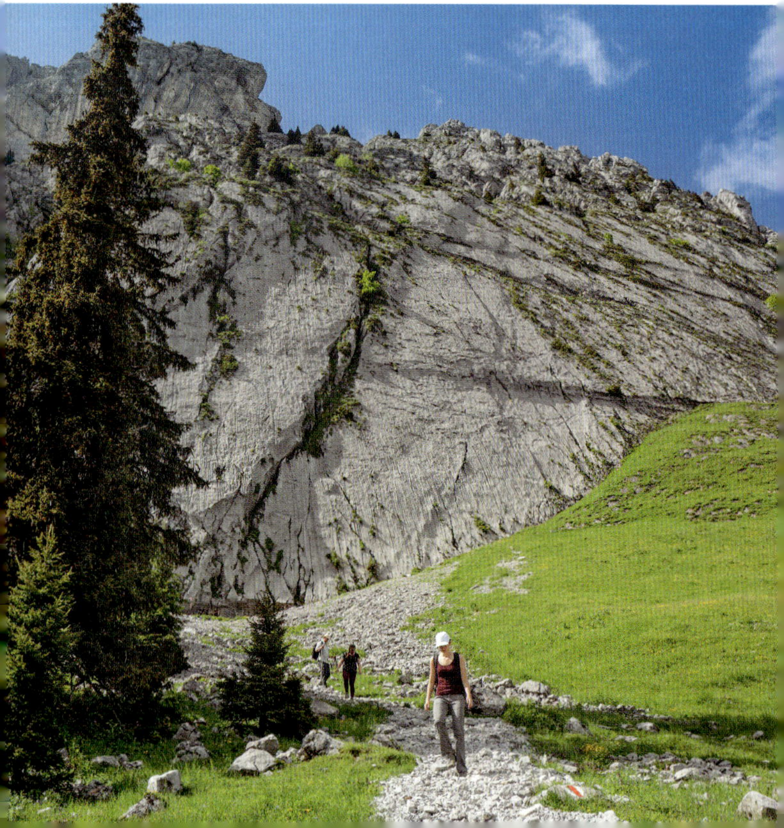

Ausgangspunkt: Jaun, 1016 m; Busse vom Bahnhof Boltigen oder Bahnhof Bulle, Haltestelle Jaun Dorf.
Endpunkt: Bahnhof Rougemont, 992 m.
Anforderungen: Trittsicherheit, besonders im Bereich Wolfs Ort sowie im Bereich der Dent de Combette; zumeist rot-weiß-rot markiert, ein kurzer wegloser Abschnitt am zweiten Tag. T3.
Einkehr/Unterkunft: Buvette des Sattels, Tel. +41 79 725 39 61. Chalet du Soldat; vgl. Tour 17. Grubenberghütte; vgl. Tour 18. Verschiedene Unterkünfte in Jaun und Rougemont.
Varianten: 1. Übergang zur Vanil-Noir-Kette: von Grosse Combe 6 über Pertet a Bovets, 1793 m, in die Talsohle Gros Mont, 1386 m, ab- und zur SAC-Hütte Cabane des Marindes, 1864 m, aufsteigen und weiter über den Col de Bounavalette zur Cabane de Bounavaux (von der Grubenberghütte: bis zu Marindes 4.45 Std.; bis zur Cabane de Bounavaux 6.45 Std.).
2. Folgende Gipfelbesteigungen entlang der Route sind möglich:
a. Wandflue, 2133 m, von der Passhöhe Wolfs Ort (T3, unmarkiert, 210 Hm, 1.15 Std. extra).
b. Zuckerspitz, 2132 m, von der Grubenberghütte über den Südostrücken (T4+, unmarkiert, 360 Hm, 1.45 Std. zusätzliche Gehzeit).
c. Dent de Ruth, 2236 m, vom Amelier-Sattel, 1945 m, durch die gehörig ausgesetzte Südflanke (T5+, II er-Kletterei, Wegspuren und Fixseile, 320 Hm, 1.45 Std. extra).
d. Dent de Savigny, 2252 m, von Le Savigny, 1835 m; vgl. Tour 18 (T4+, 410 Hm, 2 Std. extra).
e. Die Corne Aubert, 2036 m, von Süden (P. 1897) durch steile Grasrinnen (T4+, weglos, 130 Hm, 0.30 Std. extra).
f. Dent de Combette, 2082 m, von P. 1975; vgl. Tour 19 (T4, 110 Hm, 0.30 Std. extra).
Tipp: Wasserfall in Jaun, wo bis zu 6000 Liter Wasser pro Sekunde aus der Karstquelle im Fels stürzen.
Karte: Vgl. Tour 18.
Anschlusstour: 17, 18, 19, 31, 32.

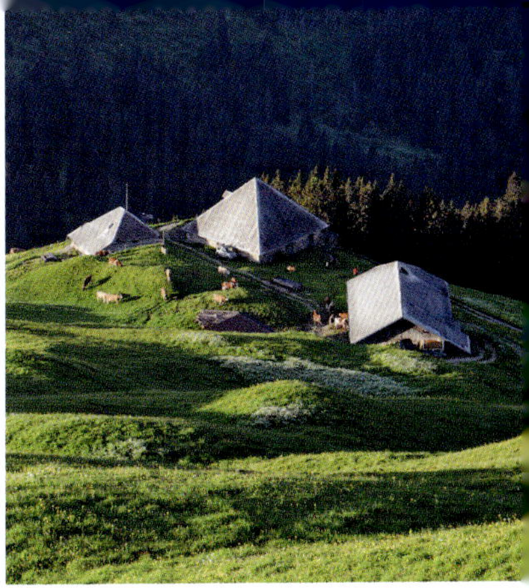
Die Grubenberghütte im Morgenlicht.

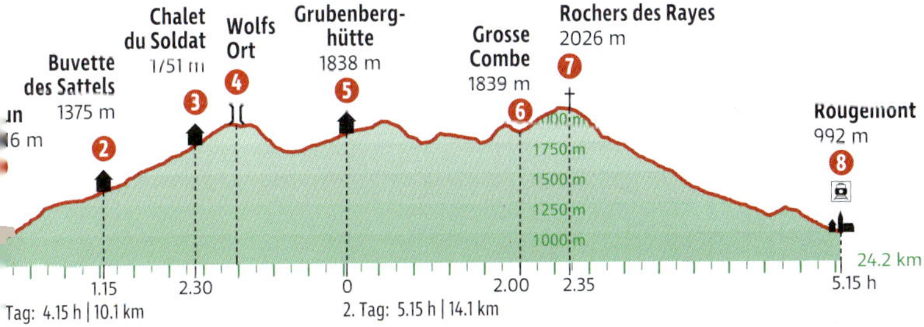

1. Tag: Jaun – Grubenberghütte
4.15 Std., 1140 Hm Aufstieg, 320 Hm Abstieg, 10,1 km
Von **Jaun** ❶ auf dem Wanderweg hinab zum Jaunbach, ihn auf kleinem Steg überqueren und am Sattelbach entlang hinauf zur Straße Richtung Soldatenhaus. Im Bachgraben (P. 1035) wieder links weg und im Wald bergauf. Mehr und mehr öffnet sich der Blick auf die Felstürme der Gastlosen, der Dolomiten-Feeling aufkommen lässt.
Bei P. 1337 stößt man auf eine Fahrstraße, auf ihr nach links und zur **Buvette des Sattels** ❷, einem Alprestaurant mit hübscher Terrasse. Auf der Alpstraße weiter die Alphütten Unter Sattel und Ober Sattel passierend bis zum wunderschön auf einer Passhöhe gelegenen **Chalet du Soldat** ❸, wo man vor dem nächsten Aufstieg den Durst löschen kann. Es folgt ein Schräganstieg, an einigen Höhlen vorbei, zum **Wolfs Ort** ❹ genannten Pass. Weiter zur **Grubenberghütte** ❺; vgl. Tour 18.

2. Tag: Grubenberghütte – Rougemont
5.15 Std., 700 Hm Aufstieg, 1550 Hm Abstieg, 14,1 km
Von der **Grubenberghütte** ❺ bis zur Alphütte Le Savigny, 1835 m; vgl. Tour 18. Nun auf schwachen Pfadspuren unterhalb der Pucelles weiter südwest-

Lockt für eine Pause: die Buvette des Sattels.

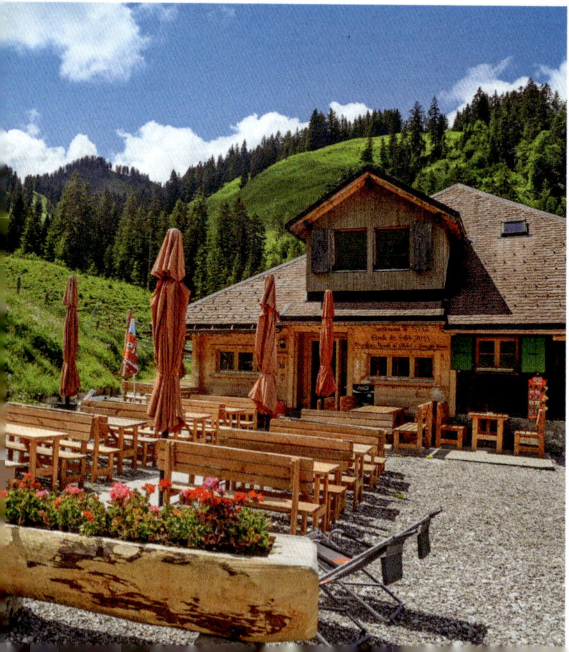

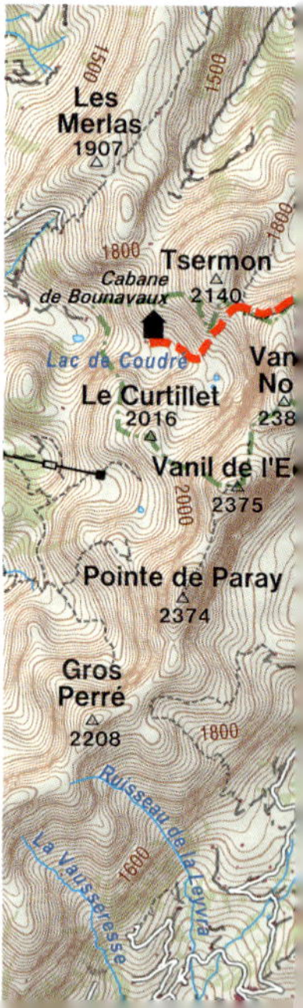

wärts, bis man nahe der Hütte **Les Merzeires** wieder auf einen markierten Wanderweg stößt. Leicht ansteigend geht es in den Sattel P. 1897 und kurz abwärts zur Wegkreuzung **Grosse Combe** ❻. Weiter den Dent de Combette westseitig querend und über die Graskuppe **Rochers des Rayes** ❼ bis zur Alphütte Montagne aux Manges; vgl. Tour 19.
Nun auf dem breiten Rücken auf einer Pfadspur bis zur Alphütte bei P. 1519, von wo es auf der Alpstraße links hinab bis Le Pont, 1173 m, geht. Zum Bachgraben und über die Brücke (P. 1122) über die Manche. Noch ein kurzer Aufstieg zu P. 1208 bei La Forcla und schließlich auf dem Wanderweg hinunter zum Bahnhof **Rougemont** ❽.

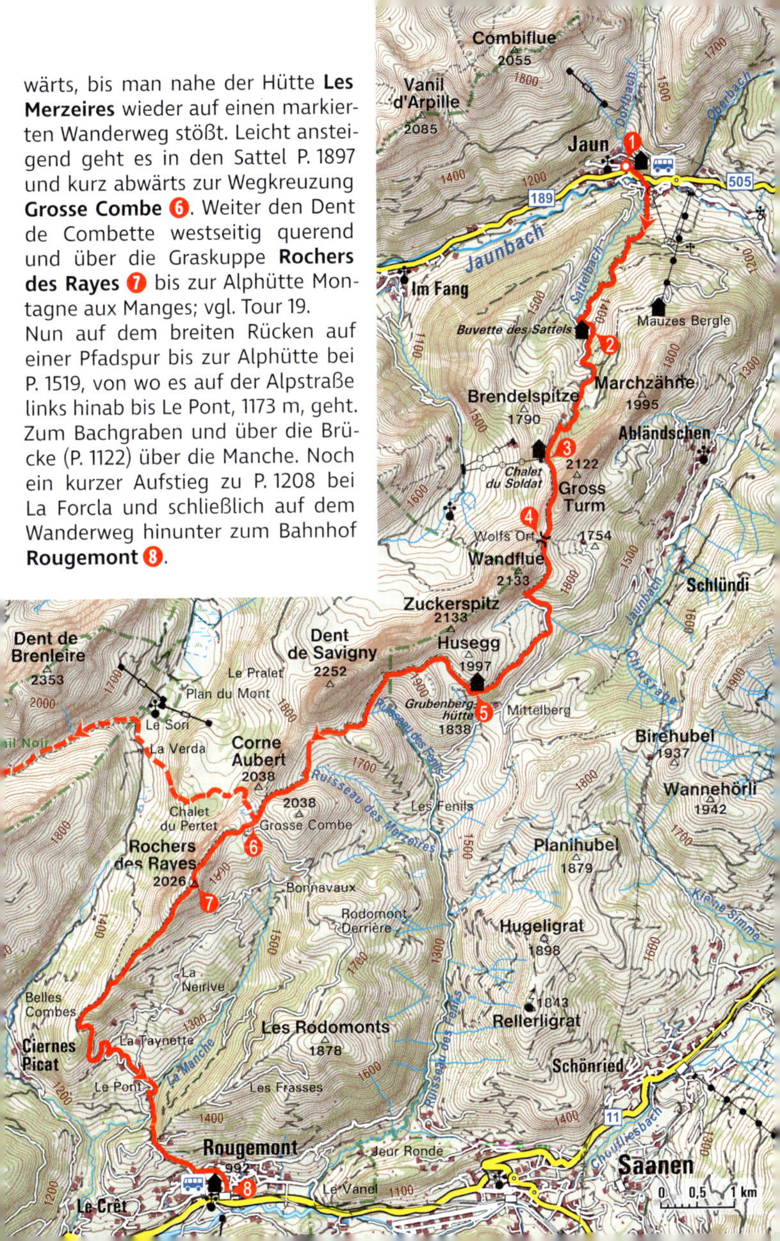

↗ 460 m | ↘ 700 m | 12.4 km

21 Niremont, 1513 m

3.45 h

Kuhberg am Rande der Westalpen

»Lyôba, lyôba, por aryâ./Vinyidè totè, byantsè, nêre,/Rodzè, mothêlè, dzouvenè ôtrè,/Dèjo chti tsâno, yô vo j'âryo,/Dèjo chti trinbyo, yô i trintso,/Lyôba, lyôba, por aryâ.« Verstanden? Natürlich nicht! Dabei ist dies der Refrain eines ganz berühmten Liedes: des Ranz des Vaches, des Kuhreihens, mit dem die Kühe zum Melken angelockt wurden. Das Wort »ranz« stammt aus dem keltischen »rank«, woraus das deutsche »Reihen« wurde. »Lyôba« wiederum kommt vom Dialektwort ayôbo, was »das Vieh rufen« heißt. Die Geschichte erzählt, dass die Melodie des Ranz des Vaches in Les Colombettes am Nordfuß der Alpettes geboren wurde; sie fand übrigens Eingang in Kompositionen von Beethoven, Berlioz, Schumann, Mendelssohn, Rossini, Liszt, Wagner und anderen. Aber was singt dann der Senn im Freiburger Dialekt? »Komm Kuh zum Melken./Kommt alle, die weißen, die schwarzen,/ die roten, die gestirnten, die andern,/unter diese Eiche, wo ich euch melke,/ unter diese Espe, wo ich den Käse mache,/komm Kuh zum Melken.«

Ausgangspunkt: Les Paccots, Ortsteil Les Rosalys, 1107 m; Bus vom Bahnhof Châtel-St-Denis.
Endpunkt: Bahnhof Semsales, 865 m.
Anforderungen: Leicht. Die schönen Weidewege sind nicht immer sehr ausgeprägt. Durchgehend gelb markiert. Bei Nässe meiden, weil zu sumpfig. T1.
Einkehr/Unterkunft: In Les Rosalys: Hôtel-Restaurant les Rosalys, Tel. +41 21 948 80 80. Maison Amis de la Nature Le Moléson in Molliertson, Tel. +41 22 361 04 26 (nur Unterkunft). Bouvette La Goille au Cerf (Mo geschlossen), Tel. +41 79 224 41 17. In Semsales: Restaurant Le Sauvage, Tel. +41 26 918 51 04. Mit Variante 2: Buvette de Rathvel, Tel. +41 21 948 90 17 (nur Einkehr).
Varianten: 1. Eine Rundwanderung erhält man, indem man vom Niremont wieder zum Gros Niremont zurückkehrt und über die Buvette de Rathvel, 1262 m, und La Pudze, 1208 m, nach Les Rosalys zurückwandert (3.30 Std.).
2. Abstecher zum Gipfelkreuz der Alpettes (30 Min.) oder Weiterweg über Les Alpettes, 1412 m, und die Alphütte Les Portes d'en Haut bis nach Bulle (1.45 Std. länger).
Karte: 3302T Château d'Oex; 1224 Moudon, 1244 Châtel-St-Denis.
Tipp: Besichtigung Dorfkäserei Semsales (ab 10 Personen, Tel. +41 26 918 54 15).
Anschlusstour: 24, 25, 26.

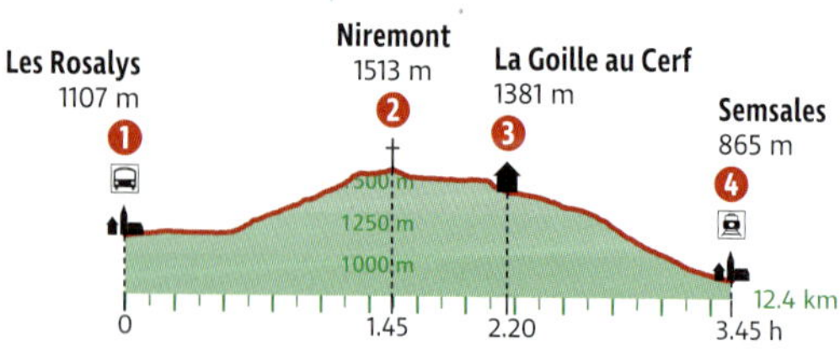

Von **Les Rosalys** ❶, dem östlichen Ortsteil von Les Paccots, auf der Straße taleinwärts, bei der Verzweigung nordwärts nach Molliertson, 1126 m, wo sich die Straße abermals verzweigt. Nun auf dem Wanderweg nordwestwärts am Chalet Molliertson vorbei und durch Feld und Wald zur Alphütte von **Les Rouvena**, 1238 m.

Auf dem geteerten Zubringerweg aufs Niremontsträßchen. Dieses kurz nach links einschlagen, dann auf dem Wanderweg über den Südrücken zur Hütte von Gros Niremont, 1480 m (Skilift-Bergstation). Über den Kamm aufs Gipfelplateau des **Niremont** ❷. Auf einem Weg hinab, am Chalet de Niremont vorbei und weiter zum Waldrand und auf einem künstlich angelegten Holzpfad durchs orchideenreiche Hochmoor. Schließlich wandert man über Wiesen auf einem kurz undeutlichen Weg Richtung Nordosten zur **Buvette Goille au Cerf** ❸.

Auf dem Teersträßchen zu einer Verzweigung (P. 1320) und dort nach links. Über Tiapana, 1064 m, geht es hinab bis zum Bahnhof **Semsales** ❹.

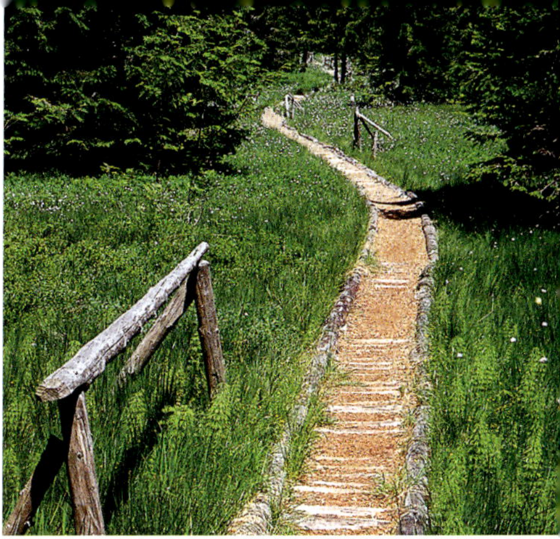

Foto oben: Nicht immer ist der Wegverlauf so klar wie hier.

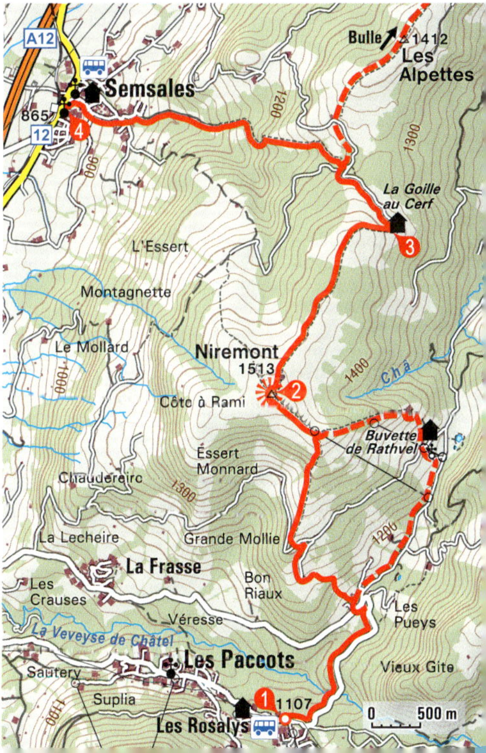

↗ 640 m | ↘ 640 m | 13.5 km

22 Sentier des fromageries

4.00 h

Auf den Spuren des Gruyère und des Freiburger Vacherin

Was wäre ein Wanderführer Gruyère ohne eine Wanderung zum Gruyère? Mit Start in Gruyères natürlich. Verwirrend, nicht wahr? Also: Das Städtchen Gruyères schreibt sich mit »s«, die Landschaft »la Gruyère« ohne, und essen tut man »le Gruyère«. Der Name leitet sich übrigens von »la grue« ab, dem französischen Wort für Kranich. Und der ist auch das Wappentier der Flagge des Greyerzerlandes. Greyerzer sagt man in der Deutschschweiz zu diesem weltberühmten Hartkäse. Wie er fabriziert wird und wie er schmeckt, erfährt man auf dem Käsereienweg. Wobei das Zuschauen und Zubeißen besser mundet als das Wandern an sich, denn es gibt schönere Wanderwege, aber eine so schöne und saubere Sennhütte wie im Retortendorf Moléson findet sich selten im Land des Gruyère.

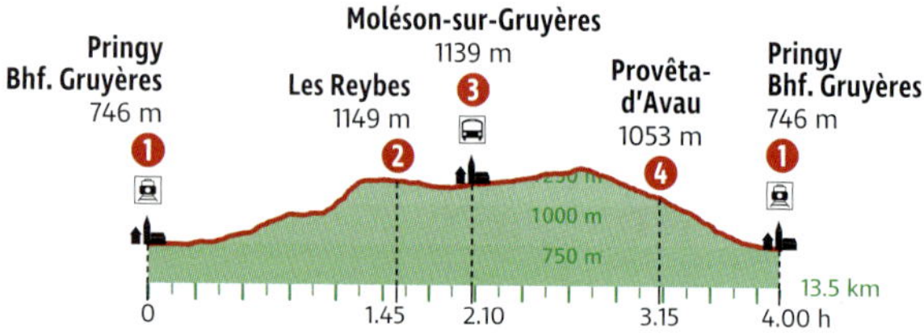

Ausgangs- und Endpunkt: Bahnhof Gruyères, 746 m, in Pringy; ein Bus fährt noch weiter nach Moléson-sur-Gruyères. **Anforderungen:** Keine. Markiert, auch mit Tafeln zur Geschichte und Herstellung des Gruyère. T1.
Einkehr/Unterkunft: Moléson-sur-Gruyères: La Pierre à Catillon, Tel. +41 26 921 10 41. Verschiedene in Gruyères.
Karte: 3302T Château d'Oex; 1225 Gruyères, 1245 Château-d'Oex.
Tipps: 1. In Gruyères; vgl. Tour 11.
2. In Gruyères-Pringy: La Maison du Gruyère (mit Ausstellung, Schaukäserei und Marché gruérin), täglich offen 9–18 Uhr.
3. Moléson-sur-Gruyères: Fromagerie d'alpage, täglich geöffnet von Mitte Mai bis Mitte Oktober, mit Käsefabrikation um 9.45 und 14.45 Uhr; zur Verdauung bieten sich neben dem Wandern eine Sommerrodelbahn und eine kleine Bergkarting-Strecke an, täglich 10–18 Uhr.
4. In den Hütten von Les Reybes und Provêta d'Avau kann am Morgen beim Käsen zugeschaut werden.
5. Essenswertes: Gruyère, Vacherin Fribourgeois, Rebibes (Hobelkäse), Fondue.
6. Gut geeignet auch für das Bike.
Anschlusstour: 11, 23, 24.

Vom Bahnhof **Gruyères** ❶ durchs Dorf **Pringy**, nach links und schon bald an der Bahnlinie entlang nach Le Pas, 737 m. Hier nach rechts und auf Sträßchen, später auf Wegen durch Wald und Feld Aufstieg über Le Mongeron zur Sennhütte **Les Reybes** ❷. Sanfter Abstieg zur Straße und auf die-

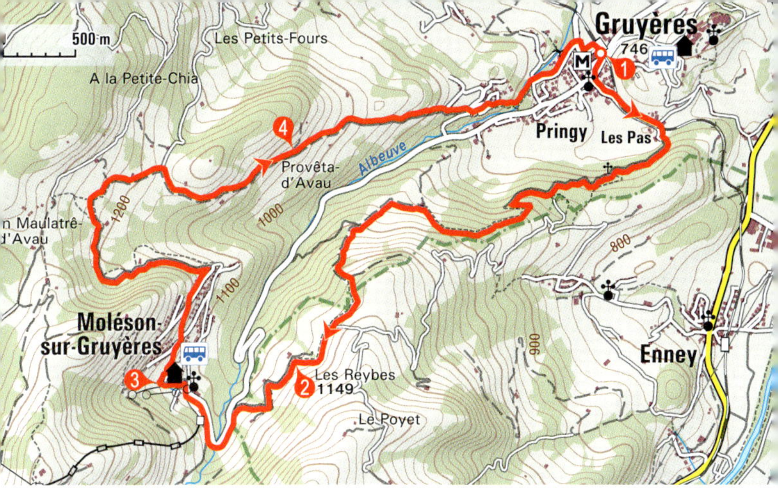

ser in den modernen Ort **Moléson-sur-Gruyères** ❸ mit der 1686 erbauten Fromagerie d'alpage. Durch die Siedlung und wieder zurück auf die Straße, erst nord-, dann westwärts nach Le Pènî, 1205 m, auf Wegen an- und absteigend in einen Pass (P. 1170).

Auf Fahrwegen an den Alphütten **Provêta-d'Avau** ❹ vorbei in ein verstecktes Quartier mit Einfamilienhäusern. Auf einem Weg hinab zum Bach L'Albeuve, über ihn und an ihm entlang weiter abwärts, dann rechts haltend zurück zum Maison du Gruyère und Bahnhof **Gruyères** ❶.

Die Welthauptstadt des Käses: das Dorf Gruyères.

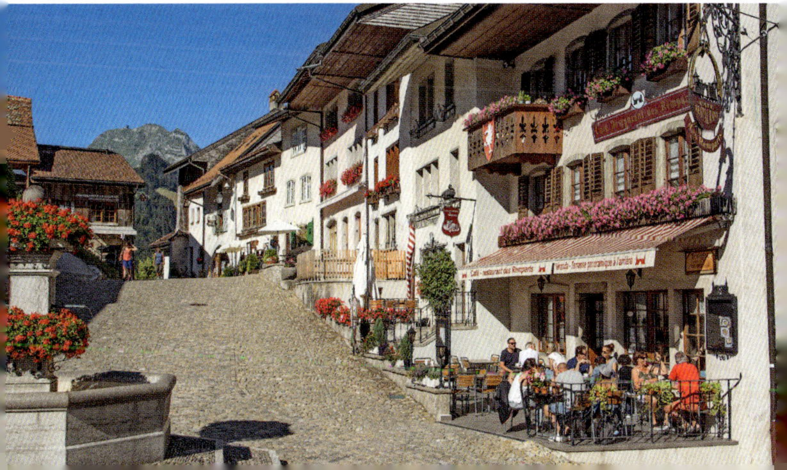

TOP

23 Le Moléson, 2002 m

↗ 1540 m | ↘ 320 m | 9.5 km

4.30 h

Von Käse und Gipfeln – von Gruyères auf den Moléson

Der Moléson ist nicht der höchste, dafür jedoch bekannteste und weil am Rande stehend auch auffälligste Berg der Freiburger Alpen. Ein richtiger Stock, an dessen Nordostfuß das mittelalterliche Städtchen Gruyères auf einem grasigen Hügel thront. In diesem weltberühmten Käsedorf starten wir mit der Gipfeltour und lassen uns am Ende des langen Aufstieges mit der Bahn knieschonend zu Tale befördern. Die Bahnen sind im Sommer übrigens bis 23 Uhr geöffnet, sodass der Moléson geradezu prädestiniert ist, sich den Sonnenuntergang zu Gemüte zu führen, am besten bei Käsefondue im Gipfelrestaurant – selbstverständlich mit Gruyère.

Gelb blüht der Enzian: auf dem Grat zum Moléson.

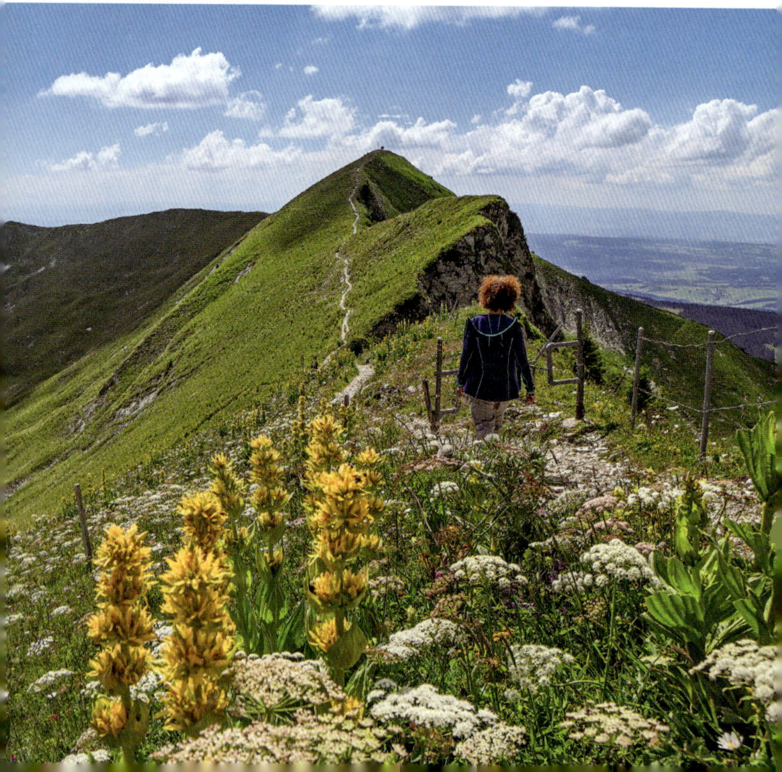

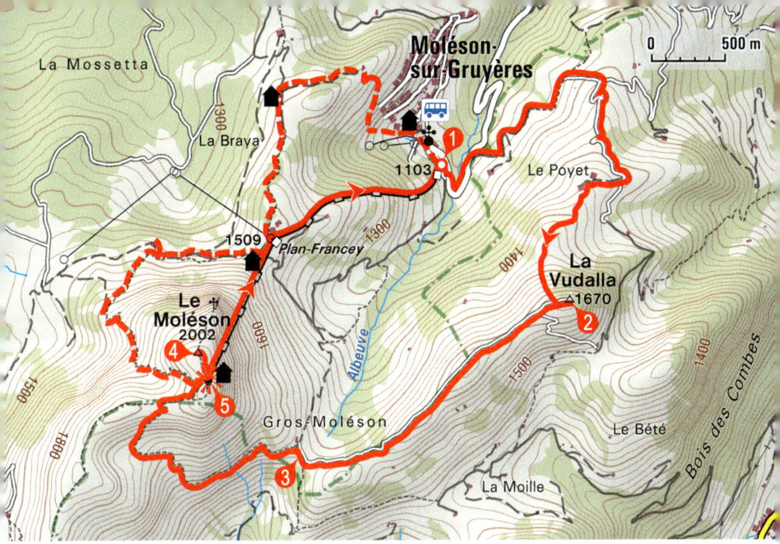

Ausgangspunkt: Moléson-sur-Gruyères, Talstation der Standseilbahn, 1103 m; Bus vom Bahnhof Gruyères.
Endpunkt: Bergstation der Moléson-Seilbahn, 1982 m.
Anforderungen: Trittsicherheit und Aufstiegskondition. T2.
Einkehr/Unterkunft: Restaurant Le Sommet bei der Bergstation, Tel. +41 26 921 29 96. Plan-Francey bei der Umsteigestation der Seilbahnen, Tel. +41 26 921 10 42. Variante Abstieg nach Moléson-sur-Gruyères: Chalet des Clés, 1349 m, an Wochenenden bewartet, Tel. +41 79 625 17 07.
Varianten: 1. Alternativ zur Bahn Abstieg bis zur Mittelstation Plan-Francey, 1518 m, 1 Std.; oder auch noch weiter über Grosses-Clés bis Moléson-sur-Gruyères, 1103 m (0.45 Std.).
2. Rundtour ab Plan-Francey über Gros-Moléson, Gipfel Le Moléson und Petit-Plané (3.15 Std.).
Karte: 3302T Château d'Oex; 1225 Gruyères, 1244 Châtel-St-Denis, 1245 Château-d'Oex.
Tipp: Astronomie-Nacht im Observatoire bei der Bergstation; Auskunft und Anmeldung Tel. +41 26 921 29 96.
Anschlusstour: 11, 22, 24.

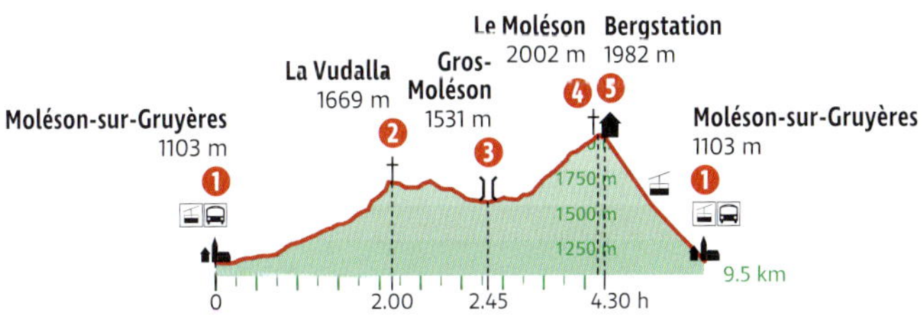

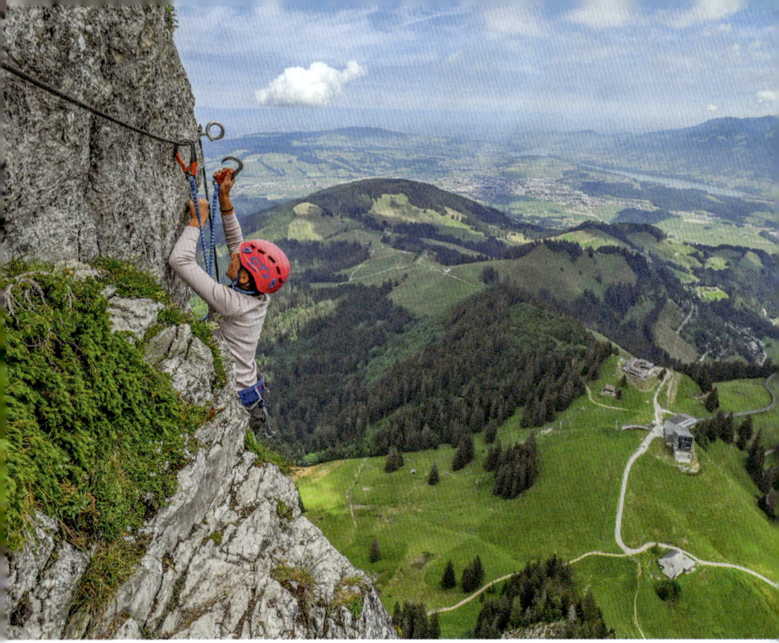

Die luftig-sportliche Variante auf den Moléson, unten Plan-Francey.

Von der Bushaltestelle **Moléson-sur-Gruyères** ❶ bei der Talstation folgt man der gelb markierten Wanderroute in Richtung »La Vudella par Les Crosets« – diese führt ein kurzes Stück entlang der Fahrstraße, zweigt dann rechts ab und passiert ein paar Alphütten. An der nächsten Abzweigung rechts über eine Wiese hoch und auf einem Teersträßchen weiter auf eine Schulter (P. 1332).

Westwärts auf einem Weg zum **Chalet le Poyet**, 1346 m, des Ski-Clubs Vudallaz und südwestwärts zum grasigen Steilhang der Vudalla (einst eine Piste, als der Gipfel noch durch einen heute demontierten Sessellift und ein Restaurant erschlossen war). Anstatt den weit ausholenden Wanderweg über Les Traverses zu nehmen, steigt man bei trockenem Gras schneller direkt über den Nordhang hinauf; nach vorne zum Gipfel der **Vudalla** ❷. Nun den Graskamm nach Südwesten überschreiten bis in den Sattel bei **Gros-Moléson** ❸.

In ständigem Auf und Ab durch die abschüssige Südostflanke des Moléson bis in die große Südmulde, durch die der Aufstieg vorbei den Stall von Tsuatsau erfolgt. Zuletzt direkt zum Gipfel des **Moléson** ❹ mit dem Triangulationssignal und in wenigen Schritten zur **Bergstation** ❺ mit dem Restaurant Le Sommet.

↗ 250 m | ↘ 1120 m | 8.2 km

3.15 h

Le Moléson, 2002 m – Teysachaux, 1909 m

24

Gratwandern vom Feinsten: über die Crête de Moléson

Von Käserei zu Käserei, von Skigebiet zu Skigebiet, von Tourismusstation zu Tourismusstation, von der Sarine, die Richtung Nordsee fließt, zur Veveyse de Châtel, die ins Mittelmeer mündet. Und dazwischen, wie immer beim Gehen über einen Kamm, viel Aussicht rundherum und ein wenig Luft unter den Wanderschuhen.

Wegen der Moléson-Seilbahn beliebt: Gleitschirmflieger mit dem Teysachaux darunter.

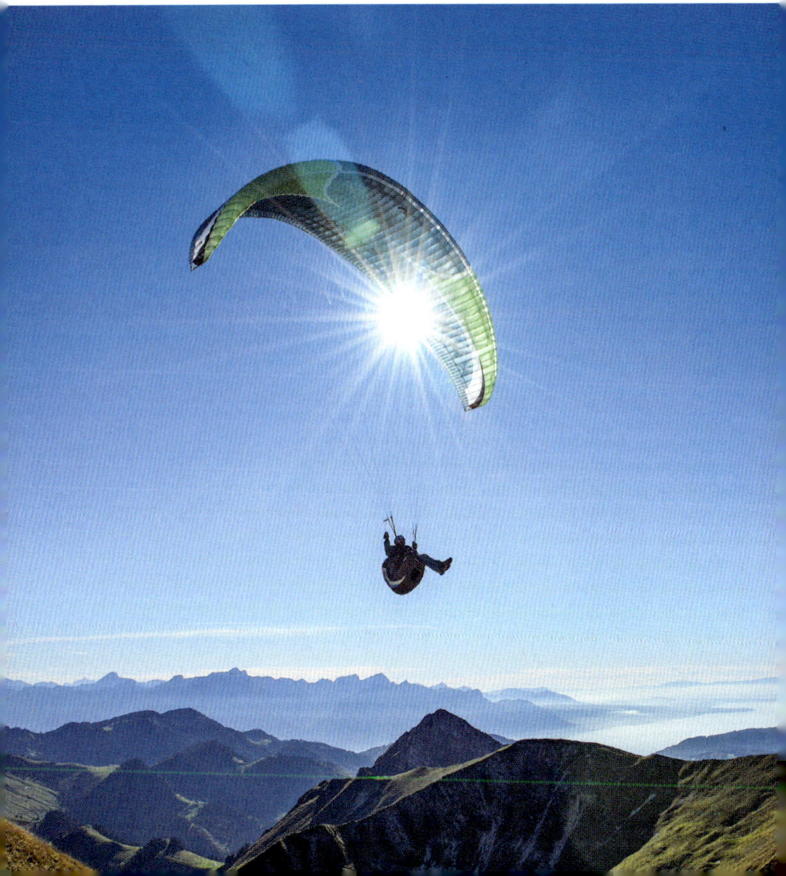

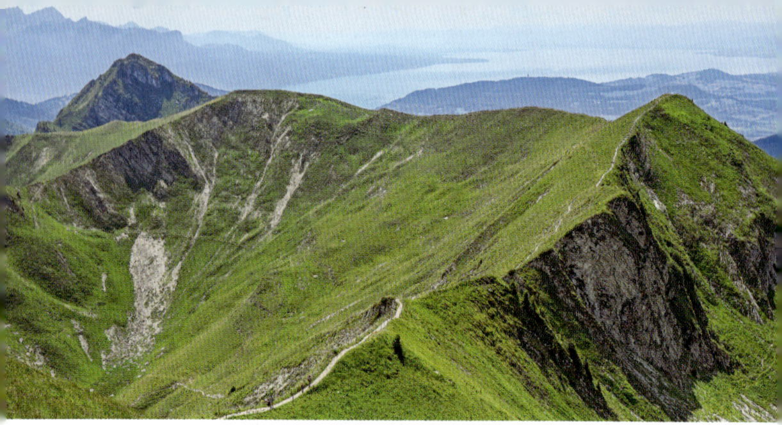

Ausgangspunkt: Bergstation der Moléson-Seilbahn, 1982 m; vgl. Tour 23.
Endpunkt: Les Paccots, Ortsteil Les Rosalys, 1107 m; Bus zum Bhf. Châtel-St-Denis.
Anforderungen: Trittsicherheit und Schwindelfreiheit für den Gipfelaufbau des Teysachaux sind Voraussetzung; bei entsprechender Vorsicht auch für Kinder geeignet. Rot-weiß-rot markiert. T3.
Einkehr/Unterkunft: Restaurant Le Sommet bei der Bergstation, Tel. +41 26 921 29 96. Buvette le Vuipay, Tel. +41 21 948 04 32. Buvette d'Alpage Incrota, Tel. +41 21 948 70 85. Auf Plan-Francey; vgl. Tour 23. In Les Rosalys: vgl. Tour 21.
Varianten: 1. Schön ist auch der Aufstieg von der Mittelstation Plan-Francey, 1518 m, bis auf den Gipfel des Moléson (1.30 Std. zusätzlich).
2. Aufstieg von Plan-Francey über eine der beiden Ferratas »Le Pilier« (K4) oder »La Face« (K5) auf den Moléson (ca. 2.30 bis 3 Std.). Nur für erfahrene Klettersteiggeher! Klettersteigmaterial kann auf Plan-Francey gemietet werden.
3. Möchte man wieder zurück zum Ausgangspunkt, kann man vom Teysachaux 3 über den Südwestgrat und statt links nach rechts über die Buvette d'Alpage Incrota, 1393 m, Le Villard, 1459 m, und die Buvette du Gros Plané, 1477 m, nach Plan-Francey wandern (3.30 Std.).
Karte: 3302T Château d'Oex; 1244 Châtel-St-Denis, 1245 Château-d'Oex.
Tipp: In einer Buvette die lokale Spezialität Gâteau à vin cuit probieren – nein, kein eingekochter Wein, sondern Kuchen mit dunkelbraunem Birnendicksaft gemacht!
Anschlusstour: 22, 23, 25, 26.

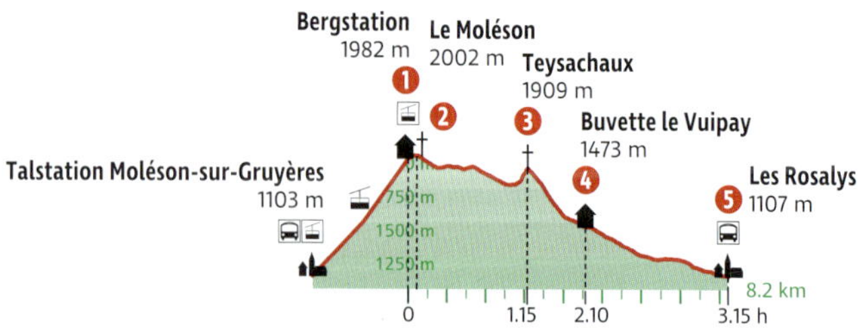

Von der **Bergstation** der Moléson-Seilbahn ❶ lohnt sich unbedingt noch der kurze Abstecher zum höchsten Punkt des **Moléson** ❷.

Auf dem Runterweg dann die Bergstation links liegen lassen und auf dem Gratweg – die erste Erhebung (P. 1938) direkt überschreiten – bis in einen Sattel (P. 1786), wo ein Weg von Norden einmündet. Weiter am Grat entlang zum Fuß des Ostgrats des Teysachaux. Der teilweise ausgesetzte Pfad zickzackt über den grasigen, oben felsigen und zuletzt wieder grasigen Grat zum metallenen Gipfelkreuz des **Teysachaux** ❸.

Abstieg auf einem Pfad über den schmalen, oben felsdurchsetzten Südwestgrat. Ab ca. 1750 m wird der Grat grasig; hier wird der Pfad undeutlich. Man stößt auf den Höhenweg von La Chaux nach Belle Chaux. Ihn queren und hinab über P. 1522 zur **Buvette le Vuipay** ❹. Südwärts über Weiden hinunter nach Vuipey rechts haltend, zuletzt durch Wald, zur Brücke über die Veveyse de Châtel (P. 1226). Kurz hinauf auf ein Sträßchen und dem gelb markierten Weg bis **Les Rosalys** ❺ folgen, dem hinteren Ortsteil von **Les Paccots**.

Foto links: Aussichtsreich: der gesamte Grat vom Moléson zum Teysachaux.

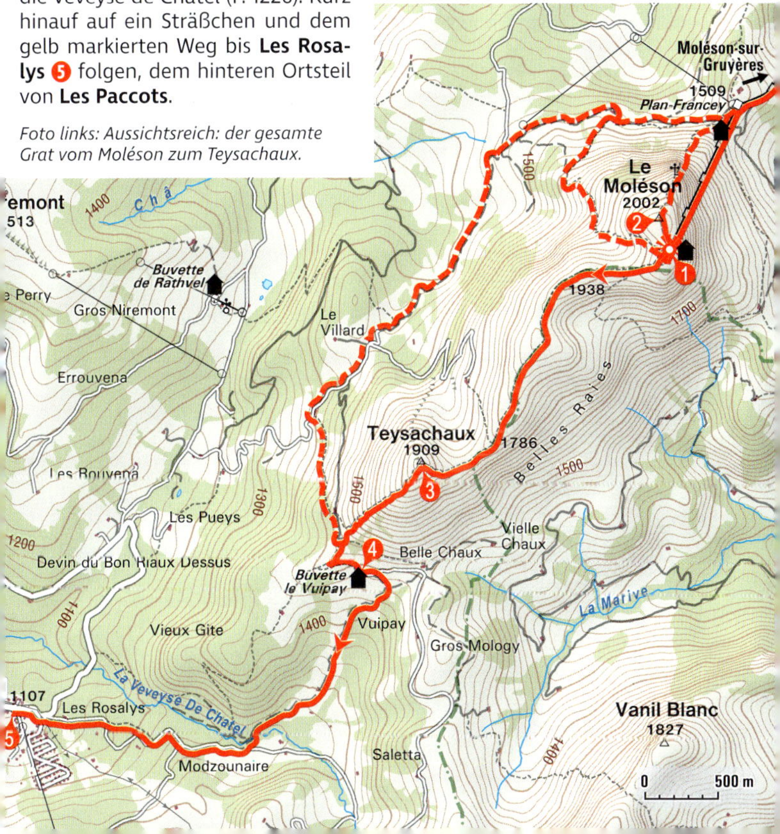

↗ 980 m | ↘ 1300 m | 13.3 km

25 Dent de Lys, 2014 m

5.30 h

Alte Wege, neue Straßen, schöne Chalets, ein stolzer Zweitausender

»Là-haut, sur la montagne,/L'était un vieux chalet.« So beginnt eines der berühmtesten und schönsten Berglieder der Schweiz. Es erzählt vom Älper Jean und seiner schindelgedeckten alten Alphütte unterhalb des Dent de Lys, welche durch Steinschlag und Lawinen beschädigt wurde; aber Jean lässt sich nicht entmutigen und baut die Hütte wieder auf, schöner als die alte. »Là-haut, sur la montagne,/L'est un nouveau chalet.« Und damit Jean die Hütte und das Land drumherum heute überhaupt noch bewirtschaften kann, baute der Staat ihm – und anderen Bergbauern – eine Alpstraße. Verschwunden sind dafür viele alte Alpwege. Die Gipfelpfade wenigstens sind geblieben. In diesem Sinne: Là-haut, sur les montagnes!

Auf dem Südwestgrat des Dent de Lys. Links die zwei Zacken der Tour des Leysin, rechts der Genfersee.

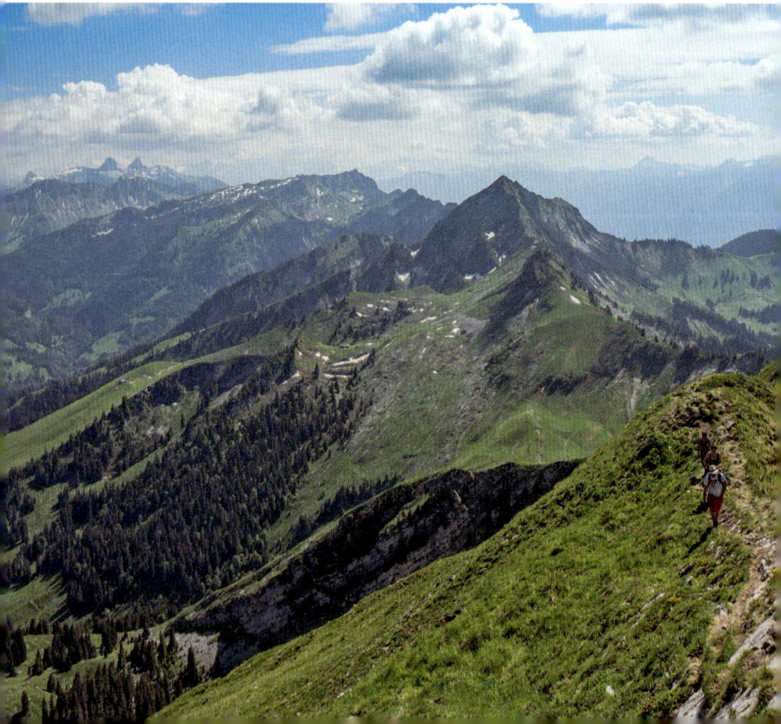

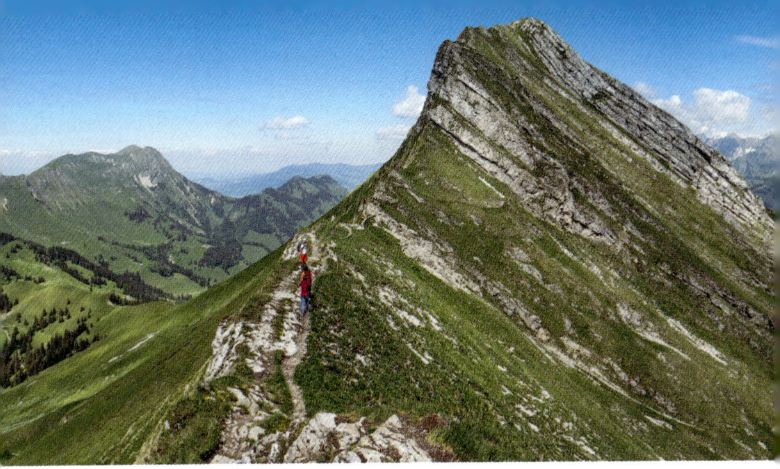

Der Gipfelaufbau des Dent de Lys, links Teysachaux, Moléson und Vudella (Tour 23, 24).

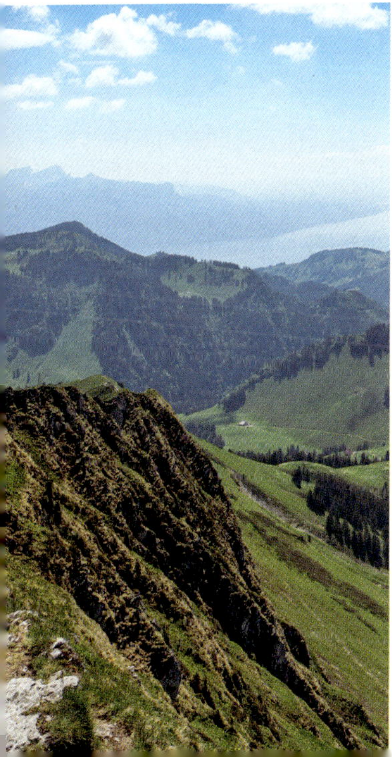

Ausgangspunkt: Les Paccots, Ortsteil Les Joncs, Haltestelle La Borbuintse, 1196 m; Bus vom Bhf. Châtel-St-Denis.
Endpunkt: Bhf. Les Sciernes, 880 m.
Anforderungen: Trittsicherheit und Schwindelfreiheit für den Gipfelaufstieg; Schlüsselstelle ist eine kettengesicherte Passage am Gipfelgrat (I). Markiert. T4+.
Einkehr/Unterkunft: Auberge du Lac des Joncs, Tel. +41 21 948 71 23. In Rosalys; vgl. Tour 21. Chalet de La Borbuintse, Tel. +41 79 843 03 80 (nur Unterkunft). In Les Sciernes d'Albeuve: Restaurant Auberge des Préalpes, Tel. +41 26 928 11 52; BnB La Pinte de Lys, Tel. +41 79 551 91 57 (nur Unterkunft).
Variante: Beim Aufstieg von Les Rosalys kommen nochmal rund 25 Min. hinzu (der Bus nach Les Joncs fährt nur im Hochsommer).
Karte: 3302T Château d'Oex; 1244 Châtel-St-Denis, 1245 Château-d'Oex.
Tipp: Vom Ausgangspunkt ist es nur ein kurzer Abstecher von wenigen Minuten zum kleinen Bergsee Lac des Joncs mit der Auberge.
Anschlusstour: 21, 24, 26.

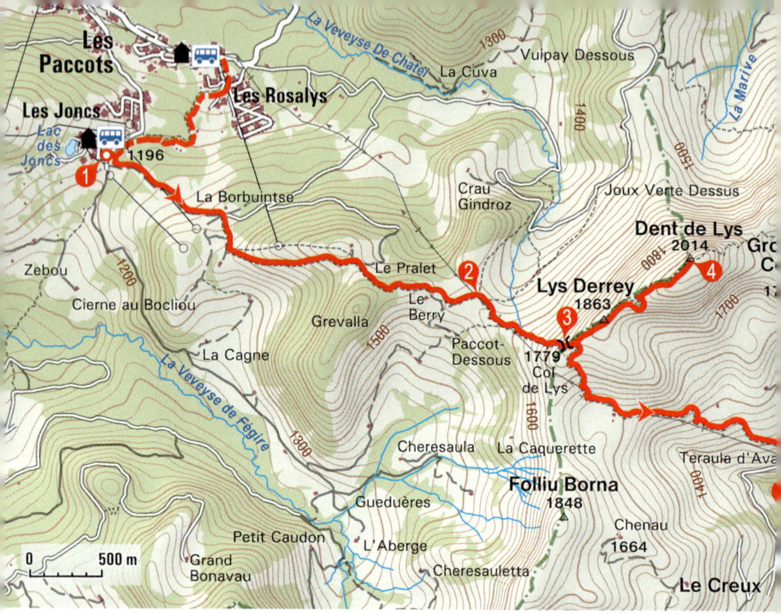

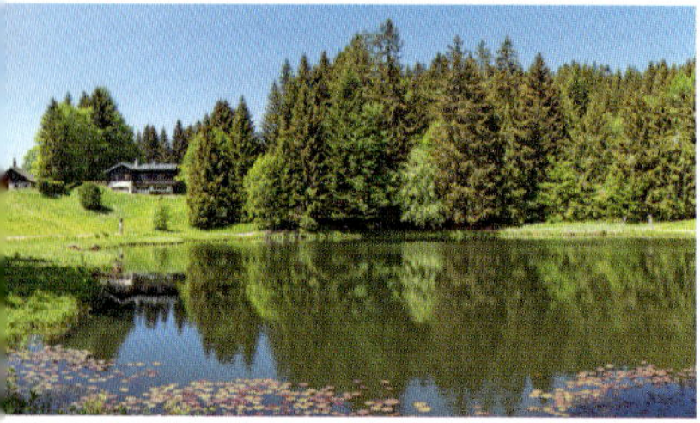

Von **Les Joncs** ❶ südostwärts auf einem Weg durch Skigelände hinauf zum Chalet von La Borbuintse. Hinüber zu dem von Grevalla-Dessus, durch den Südhang des Pralet in einen Sattel und durch den Nordhang des Barlattey zu den Chalets von Le Berry und **Paccot-Dessus** ❷. Ein Grasrücken zieht in den **Col de Lys** ❸ hinauf.

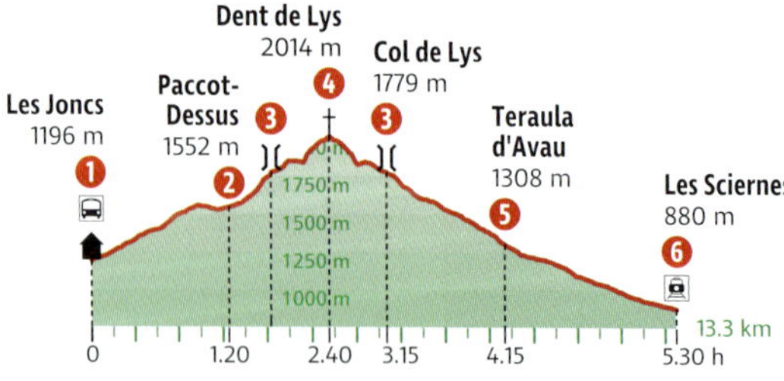

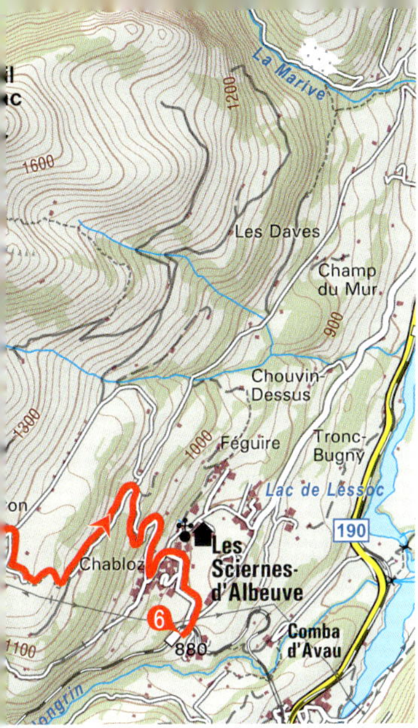

Der Pfad folgt dem Südwestgrat über **Lys Derrey**, 1863 m, zu einer Steilstufe. Diese kann man überwinden, indem man nach rechts rund 50 m absteigt und anschließend links haltend über eine felsig-grasige Rinne mithilfe von fixen Ketten wieder den Grat erklettert. Auf diesem geht es zum Gipfelkreuz des **Dent de Lys** ❹.

Zurück in den **Col de Lys** ❸. Auf dem Alpweg über das Chalet En Lys hinab zum **Chalet Teraula d'Avau** ❺ und zum Alpsträßchen. Auf ihm hinab ins Hochtal Prés d'Albeuve zur ersten Wegverzweigung, nach rechts am Chalet du Ski-Club vorbei hinab nach Les Planis, 1039 m.

Weiter auf der Straße nach **Les Sciernes-d'Albeuve** ❻ und zu der unterhalb des Dorfes liegenden Haltestelle.

Beim Lac des Joncs, rechts im Bild der Dent de Lys.

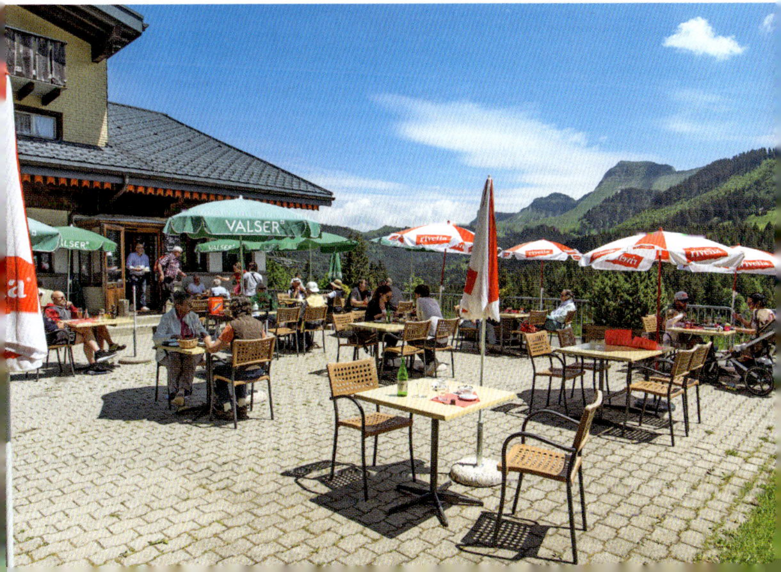

↗ 640 m | ↘ 470 m | 10.6 km

26 Les Pléiades, 1362 m

3.45 h

Aus dem Freiburger Hochland an die Waadtländer Riviera

Eine entspannende Wanderung erwartet uns auf den Wegen nach Süden in Richtung Genfersee. Sind wir schon in der zweiten Maihälfte unterwegs, kommen wir kurz vor dem Finale Les Pléiades in den Genuss, durch weiße Blütenteppiche aus Bergnarzissen zu wandeln. Genießen kann man auch die atemberaubende Aussicht von der Sonnenterrasse des Restaurants oder von der Gipfelweide der Pléiades. Bei klarer Sicht zeigt sich der Mont Blanc zum Greifen nah, und manchmal ist die Vallothütte am Gipfelgrat der höchsten Erhebung der Alpen mit bloßem Auge erkennbar. Auf dieses Spektakel in dieser Landschaft, in der der Genfer Schriftsteller und Philosoph Jean-Jacques Rousseau 1761 seine Helden lieben und sterben ließ, stoßen wir an. Mit einem Zweierli (2 dl) der Appellation Vevey-Montreux, bien-sûr.

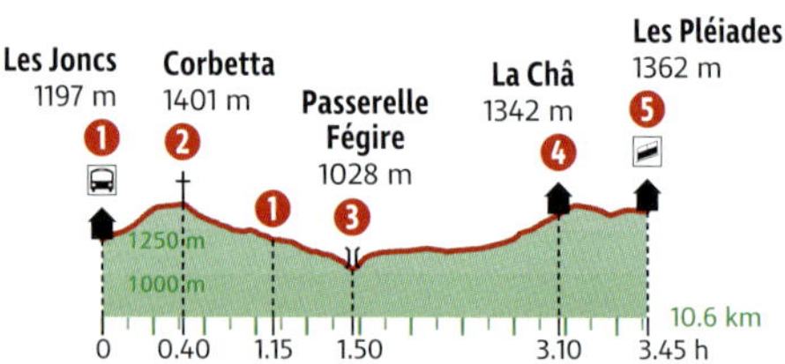

Ausgangspunkt: Les Paccots, Ortsteil Les Joncs, Haltestelle La Borbuintse, 1196 m; Bus vom Bahnhof Châtel-St-Denis.
Endpunkt: Bahnhof Les Pléiades, 1362 m; Zahnradbahn hinunter nach Vevey.
Anforderungen: Wer sich unter »blauen« Touren bloß Uferpromenaden vorstellt, kommt beim Durchstieg durch die Fégire-Schlucht ins Trudeln. Doch schwierig und gefährlich ist's nirgends. Gelb markierte Wege. Ein kurzer Abschnitt bei der Passerelle Fégire T2, ansonsten T1.

Einkehr/Unterkunft: Auberge du Lac des Joncs, Tel. +41 21 948 71 23. Restaurant La Châ, Tel. +41 21 943 14 76. Bergrestaurant Les Pléiades, Tel. +41 21 926 80 70.
Karte: 262T Rochers de Naye; 1244 Châtel-St.-Denis, 1264 Montreux.
Tipps: 1. Die Museumsbahn (mit Dampflokomotiven) Blonay–Chamby, an Wochenenden von Mai bis Okt.; Tel. +41 21 943 21 21, www.blonay-chamby.ch.
2. Der Lehrpfad Astropléiades am Endpunkt.
Anschlusstour: 21, 24, 25.

Von der Bushaltestelle **La Borbuintse** ❶ kurz hinauf zum kleinen, aber feinen **Lac des Joncs** – das lohnt sich, auch, wenn man die Corbetta-Runde auslassen möchte. Von der Nordseite der Auberge du Lac des Joncs auf dem Wanderweg hoch bis zum Kamm und diesem bis zur sanften Kuppe der **Corbetta** ❷, von wo man einen guten Überblick auf den bevorstehenden Weg bis Les Pléiades hat. Geradeaus hinab zur Hütte Vuichouda und links halten, um wieder zur Haltestelle **La Borbuintse** ❶ zu gelangen.

Nun der Beschilderung in Richtung Les Pléiades folgen, welche auf schönem Weg abwärts zur **Passerelle Fégire** ❸ über die Veveyse de Fégire führt. Steil auf dem Pfad hinauf zum Forstweg und geradeaus nach Fontanna David. Weiter auf einem Sträßchen westwärts an dem Häuschen Les Mossettes vorbei. Am nächsten Waldrandabschnitt (der Wald rechts, die Wiesen links) zweigt links ein Sträßchen zur Alp Prantin, 1211 m, ab. Beim Steinhaus der Alp rechts, am Zaun entlang und auf dem Pfad über blühende Wiesen, bis man auf den breiten Weg trifft, welcher sanft ansteigend entlang des Bergrückens zum Restaurant **La Châ** ❹ führt. Weiter auf dem Weg südwärts bis zur Bahnstation **Les Pléiades** ❺. Hier kann man noch eine kleine Runde anschließen: über die Gipfelwiese mit Panoramatafel und dem Lehrpfad **Astropléiades** zum Restaurant (mit schicker Seesicht von der Terrasse) und wieder zur Bahnstation.

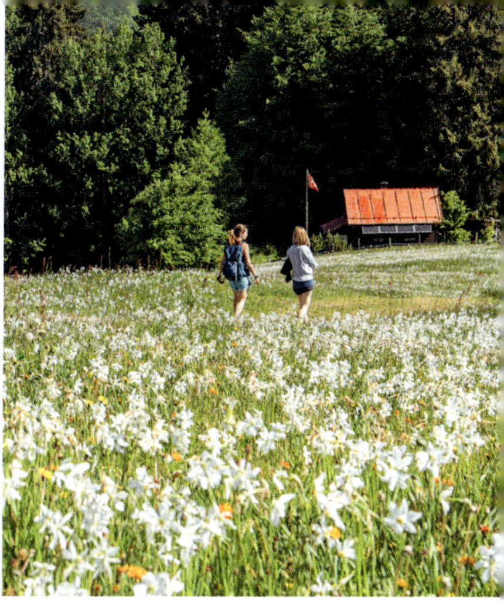

Wandern im Maienschnee.

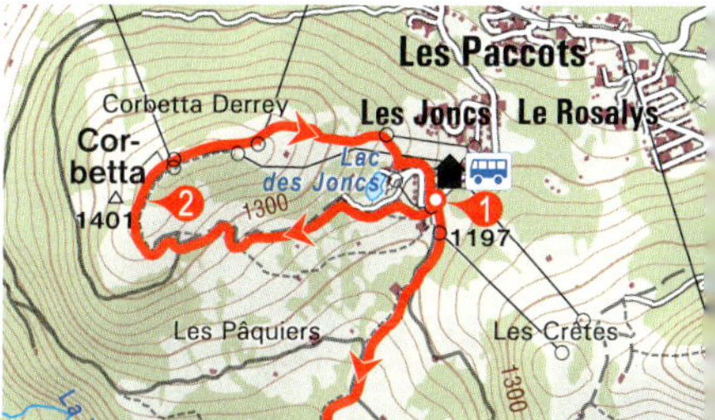

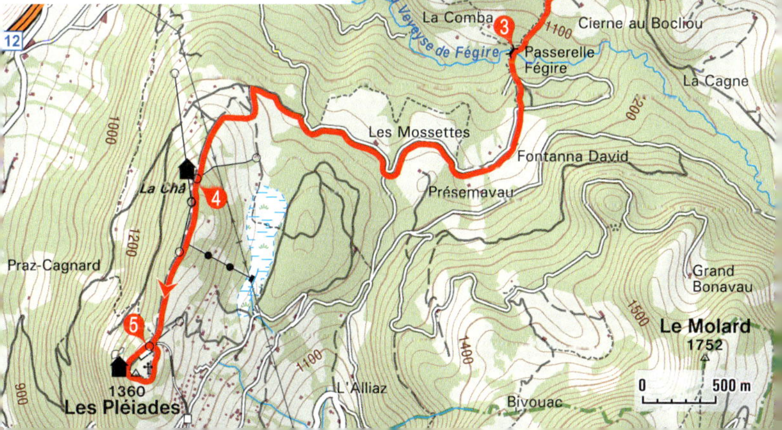

TOP

27

Dent de Jaman – Rochers de Naye, 2042 m

↗ 570 m | ↘ 1250 m | 9.6 km

4.15 h

Spannende Pfade auf und durch die berühmten Léman-Zinnen

Die Zahnradbahn rattert schon seit 1892 durch Tunnels bis auf die etwa 1600 Meter über Montreux gelegenen Rochers de Naye. Warum nicht auch beim Wandern statt über den Berg einmal durch den Berg gehen? Eine spannende Sache auf dem teilweise versicherten Höhlenweg durch die Grottes de Naye. Und oben erwarten uns putzige Murmeltiere, die in einem großen Außengehege angesiedelt wurden. Aber vorher noch auf den Dent de Jaman kraxeln, wo ringsum die Wände abfallen; wer zuvorderst sitzt, scheint die Schuhe in den blauen See zu tauchen.

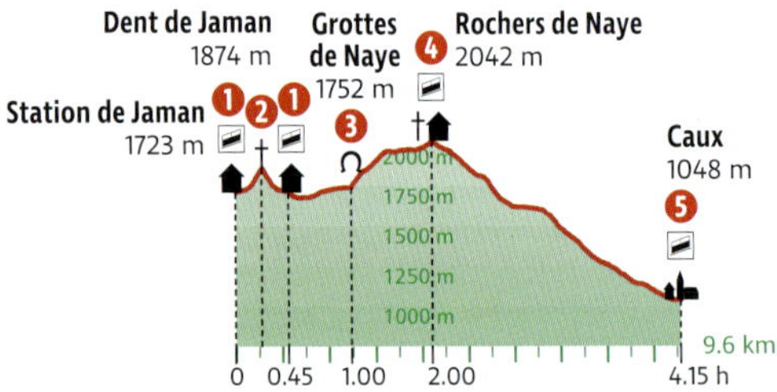

Ausgangspunkt: Station de Jaman, 1723 m, der Zahnradbahn von Montreux. **Endpunkt:** Station Caux, 1048 m. **Anforderungen:** Für die Grottes de Naye braucht es neben einer Stirnlampe sehr gute Trittsicherheit für den steilen und feuchten Aufstieg (teilweise entlang von Drahtseilen). Höhle ist nur begehbar,

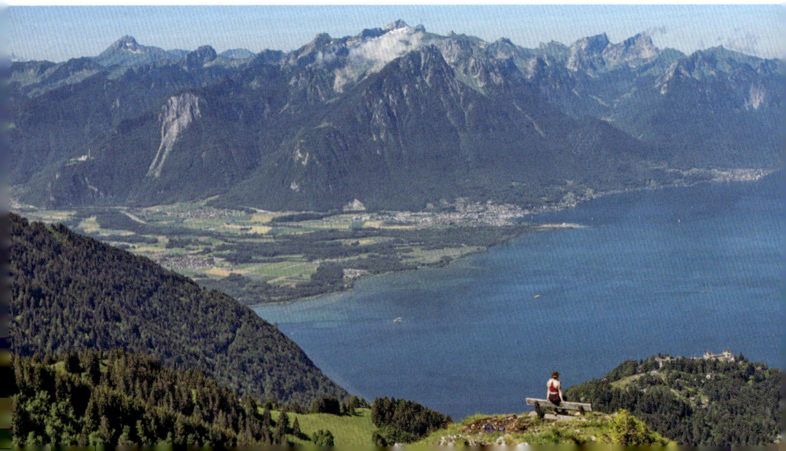

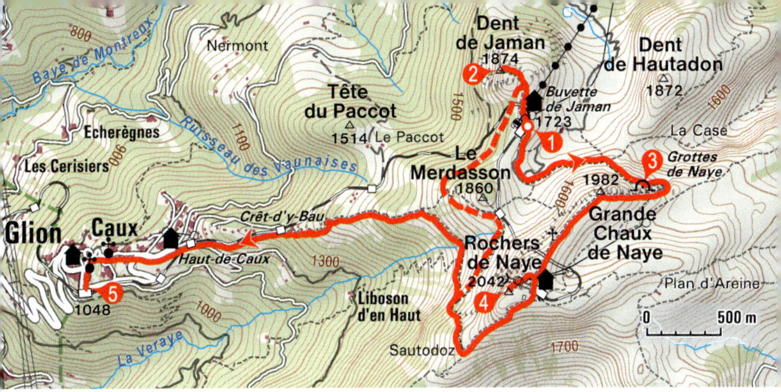

wenn Ein- und Ausgang schneefrei sind. Leuten mit Platz- und Höhlenangst ist von einer Begehung abzuraten. T4. Ohne Höhlengang (s. »Variante«) T2 bis T3.
Einkehr/Unterkunft: Buvette de Jaman, Tel. +41 21 963 50 40. Bei der Bergstation: Restaurant Rochers de Naye, Tel. +41 21 963 74 11. In Caux: Le Coucou Hotel-Restaurant, Tel. +41 21 961 25 91.
Varianten: 1. Umgehung der Grottes de Naye auf einem kurzen, mit Alutreppen angelegten Weg. – 2. Vom Kessel (P. 1702) über die kurze, aber schwere Via Ferrata direkt zum Grat der Rochers de Naye aufsteigen (K5–). – 3. Von der Station de Jaman um den Merdasson herum zur Station la Perche und via Sautodoz auf die Rochers de Naye. – 4. Von der Bergstation oder beim Abstieg bereits in Crêt d'y Bau, 1284 m, oder in Haut de Caux, 1172 m, die Zahnradbahn nehmen.
Karte: 262T Rochers de Naye, 3302T Château d'Oex; 1264 Montreux.
Tipps: 1. Bei der Bergstation Rochers de Naye der 1896 kreierte Alpenblumengarten La Rambertia (mit über 1000 Arten). 2. Mehr über die Grandhôtels am Genfersee in »Hotelträume zwischen Gletschern und Palmen« von Roland Flückiger-Seiler.
Anschlusstour: 28.

Logenplatz über dem Genfersee: auf dem Dent de Jaman.

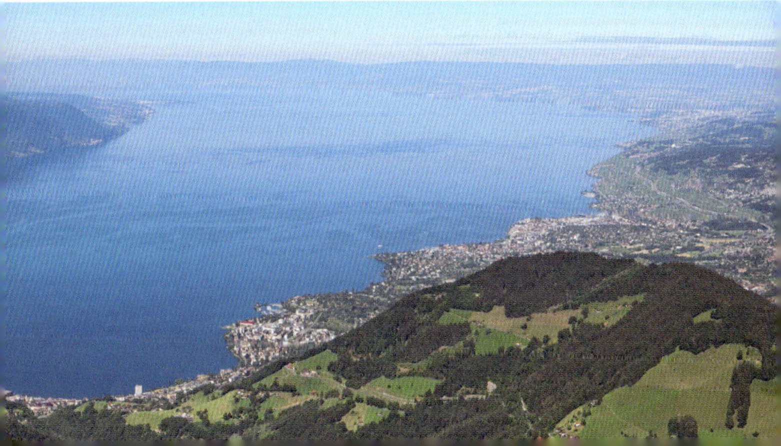

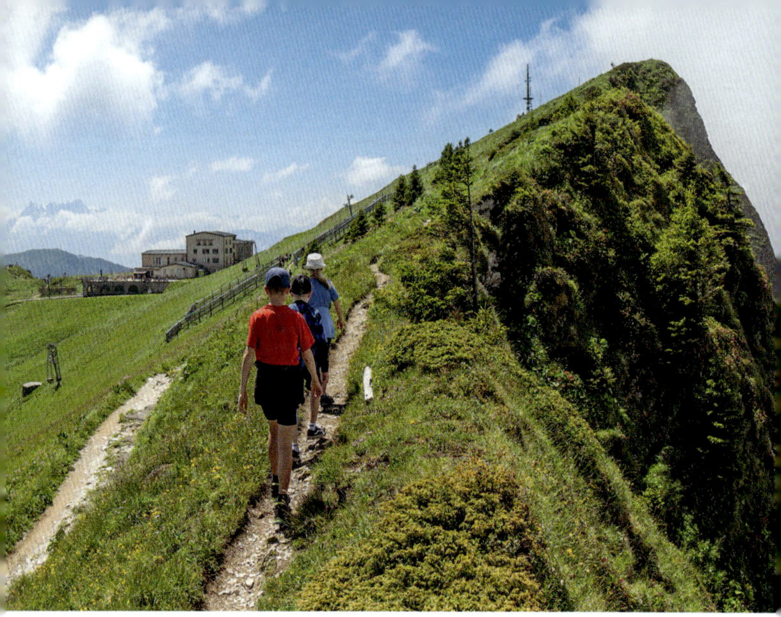

Am Grat zum Gipfel der Rochers de Naye. Links die Bergstation und die Dents du Midi.

Von der **Station de Jaman** ❶ nordwärts und auf einem felsdurchsetzten Pfad in der Südostflanke auf den **Dent de Jaman** ❷. Zurück zur **Station de Jaman** ❶. Von hier leicht ab- und aufsteigend durch einen Kessel (P. 1702) in den Col de Bonaudon. Direkt vom Pass auf einem Geröllpfad auf fast konstanter Höhe den Hang queren bis zum Eingang der Höhle – dieser wird nach rechts über eine kleine Felsstufe erreicht; Hinweistafel. Hinein und anfangs in stark gebückter Haltung aufwärts durch die **Grottes de Naye** ❸; ein paar reflektierende Markierungen am Boden sowie ein paar Leitern, Treppen und Versicherungen führen teils steil durch die Höhle hinauf und zurück ans Tageslicht.
Anschließend auf dem steilen Wanderweg auf den Ostgrat der Grande Chaux de Naye, direkt über den Grasgrat auf diesen Gipfel, 1983 m, und weiter über den Verbindungsgrat zum antennenbesetzten Hauptgipfel der **Rochers de Naye** ❹ mit seiner überragenden Aussicht auf den Genfersee und zum Mont-Blanc-Massiv. Hinab zum Berghotel und kurz hinauf in einen Sattel. In der jähen Südflanke unterhalb des Südwestgrats hinunter nach **Sautodoz**. Nordwärts absteigen, dann auf dem Höhenweg hinüber nach Chamossale, 1548 m. Über den Rücken des Merdasson gegen den Lac Léman hinuntertauchen. Von Haut de Caux auf dem Chemin de l'Impératrice zum charmanten Bahnhof von **Caux** ❺.

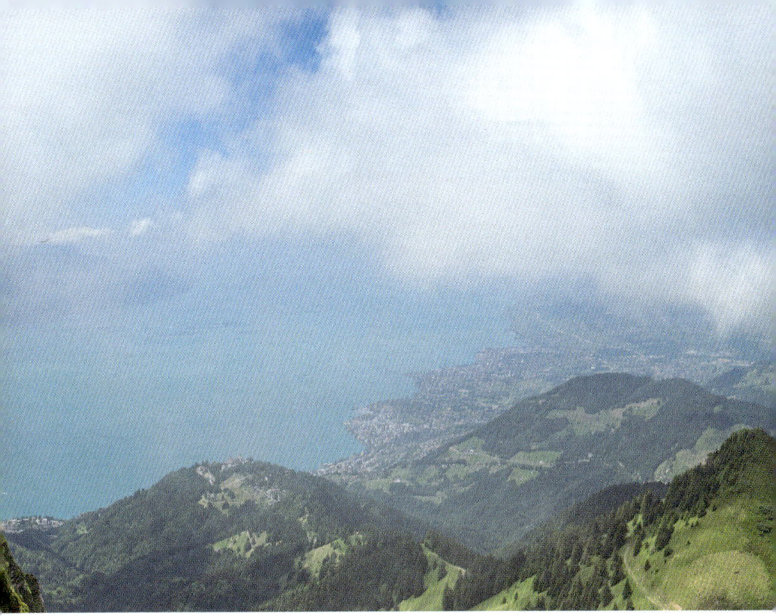

Das Warnschild für die Grottes de Naye ist durchaus sehr ernst zu nehmen.

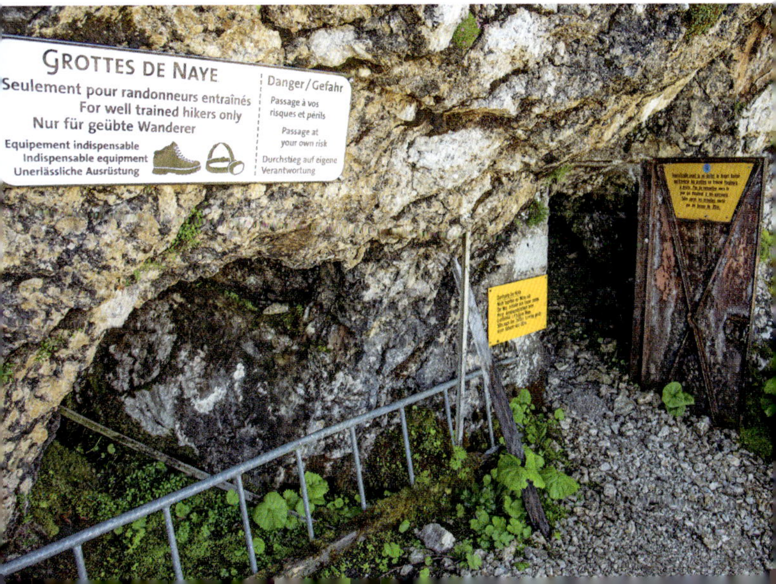

↗ 690 m | ↘ 2280 m | 14.9 km

28 Rochers de Naye, 1967 m – Malatraix, 1767 m

6.15 h

Der lange, aber perfekte Abstieg zum Genfersee

Groß ist meist der Trubel auf dem Gipfel der Rochers de Naye, schließlich lockt die reizvolle Fahrt mit der Zahnradbahn auf den Aussichtsgipfel über dem Genfersee viele Besucher an. Begibt man sich im Abstieg in Richtung Col de Chaude, lässt man schnell die Massen hinter sich. Einfach nur wunderbar ist der Weiterweg auf dem langen Grat zum Felsvorsprung des Malatraix. Die Aussichten auf dem Grat und vom Malatraix sind schlicht perfekt – und man kann sie zumeist in Einsamkeit genießen. Ist man zwischen Mitte Juni und Ende Juli unterwegs, wird der lange Abstieg vom Malatraix von unzähligen Walderdbeeren am Wegesrand versüßt. Die heiß gelaufenen Füße dürfen anschließend im Genfersee abgekühlt werden.

Mit Rother unterwegs: Gipfelfreude auf dem Malatraix.

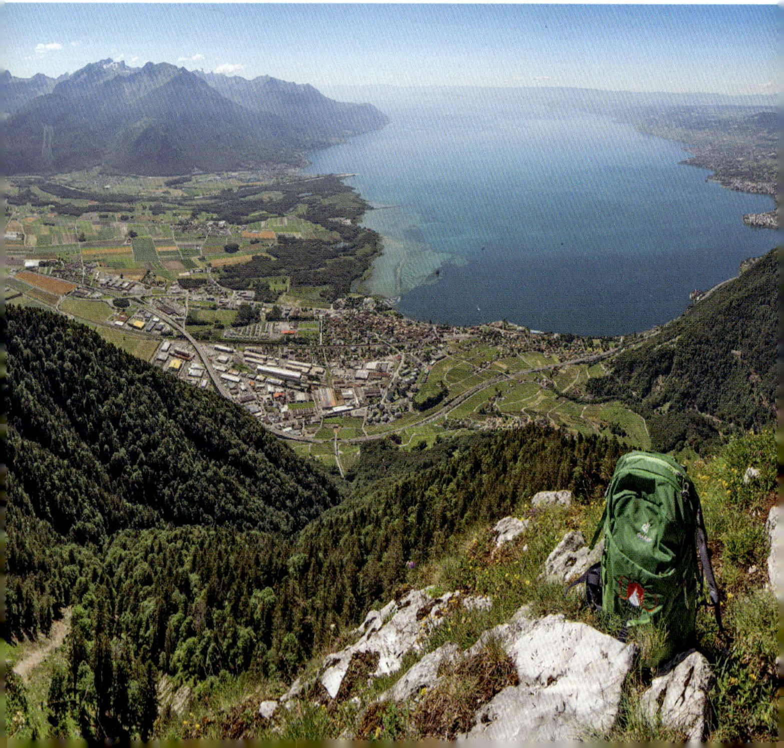

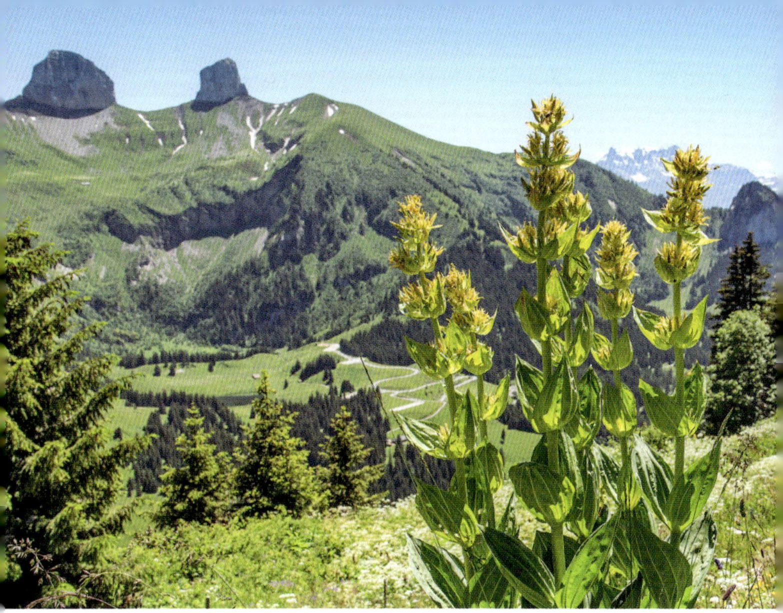

Zwischen Pertuis d'Aveneyre und Malatraix, im Hintergrund die Türme von Leysin.

Ausgangspunkt: Bergstation Rochers de Naye, 1967 m, der Zahnradbahn Montreux–Rochers de Naye.
Endpunkt: Bahnhof Villeneuve, 375 m.
Anforderungen: Zumeist einfach zu begehende Wanderwege. Im Abstieg vom Malatraix braucht es auf den ersten Metern Trittsicherheit und gute Kondition. T3.
Einkehr/Unterkunft: Am Rochers de Naye; vgl. Tour 27. Verschiedene in Villeneuve.
Karte: 262T Rochers de Naye; 1264 Montreux.
Anschlusstour: 27.

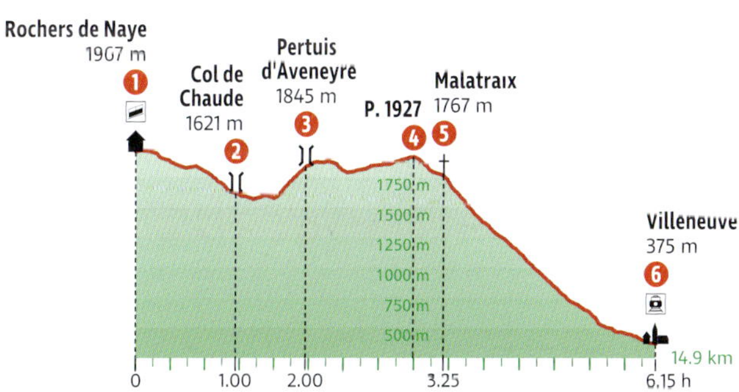

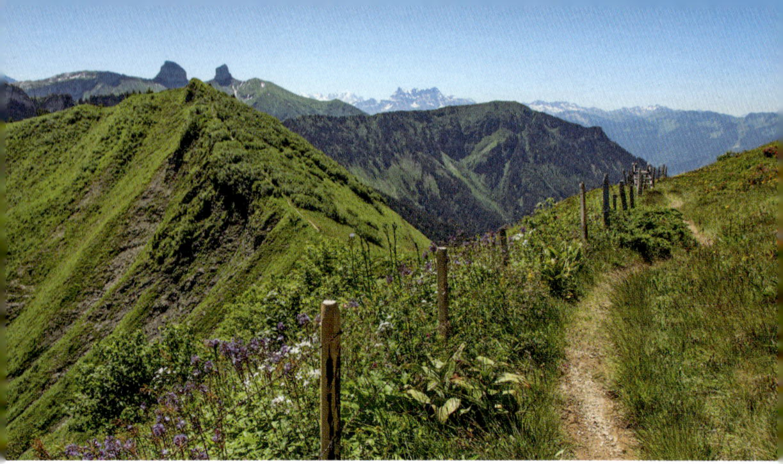

Wunderbarer Wanderweg: links Tour de Mayen und Tour d'Aï, in der Bildmitte die Dents du Midi.

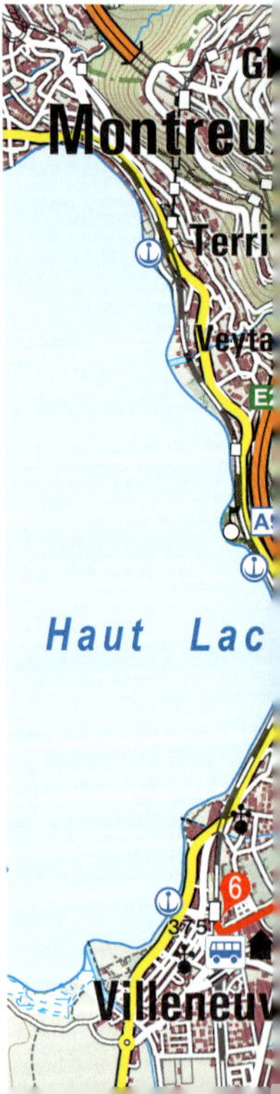

Wer möchte, geht anfangs noch in wenigen Minuten von der Bergstation **Rochers de Naye** ❶ zum **Gipfel** hinauf. Da man aber ohnedies noch eine aussichtsreiche Wanderung vor sich hat, kann man auch direkt losmarschieren, am Alpengarten vorbei und hinab zur Alphütte Plan d'Areine. Auf einem ersten Gratabschnitt geht es über P. 1852 hinab in den **Col de Chaude** ❷. Der Fahrstraße nach Südwesten folgen bis zur ersten Kehre, dort auf dem Wanderweg Richtung Malatraix bis zur Wegkreuzung Grand Tour, 1630 m. Links in gut 30 Min. hinauf zur Passhöhe **Pertuis d'Aveneyre** ❸. Rechts halten und aufmerksam auf den nicht immer sofort zu erkennenden Weg und seine Markierungen achten. Im Juni und Juli wandert man im Folgenden durch eine äußerst üppig blühende Alpenflora. Nachdem die Pointe à l'Aiguille umgangen wurde, folgt ein kurzer Abstieg bis P. 1789, danach geht es aber wieder sanft hinauf, und bald erreicht man die Gratschneide. Traumhaft ist der Abschnitt, welcher bis zu den namenlosen Graskuppen **P. 1929** und **P. 1927** ❹ führt. Die letztere, westlicher gelegene Kuppe ist ein verlockender Ort für eine Pause, um das überragende Panorama von den Waadtländer Felstürmen Tour de Mayen und Tour d'Aï über Dents du Midi und Mont Blanc bis weit über den Genfersee zu bestaunen.

Schnell hinab in den Sattel **Pas à l'Ane**, 1741 m, und geradeaus in wenigen Schritten auf die Kuppe des **Malatraix** 5, einen weiteren Ort einfach nur zum Verweilen. Aber Achtung: Nur wenige Meter vom höchsten Punkt weg fallen die Felswände senkrecht in die Tiefe. Zurück am **Pas à l'Ane** verlassen wir den markierten Wanderweg und begeben uns nach links (Norden) in den Abstieg. Die ersten steilen und wohl oft feuchten Meter sind noch mit Vorsicht zu bewältigen, doch recht bald erweist sich der weitere Abstieg als ein erstaunlich angenehm zu begehender Weg. Zur richtigen Jahreszeit ist nach der **Cabane de la Braye** bei P. 1431 der Weg über eine weite Strecke von leckeren Walderdbeeren nur so gesäumt.

Bei P. 1019 stößt man wieder auf die markierte Wanderoute, welche hinab nach Gotale, 703 m, führt. Nun auf der Straße in den Ortsteil Valleyre, 483 m, und der Beschilderung folgend in 20 Min. bis zum Bahnhof **Villeneuve** 6. Hat man noch etwas Zeit (und gar eine Badehose) mitgebracht, ist ein Sprung in den See gerade mal 3 Min. entfernt; nochmal gut 5 Min. nach rechts am See entlang liegt das (kostenlose) **Strandbad**!

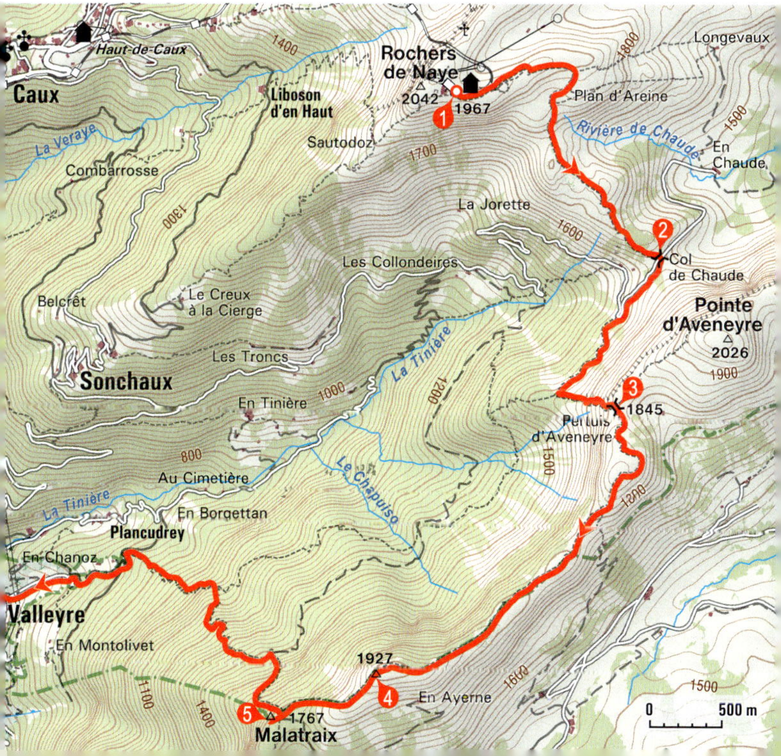

↗ 1180 m | ↘ 1180 m | 12.9 km

29 Dent de Corjon, 1966 m

6.30 h

Anspruchsvolle Überschreitung eines steilen Zahns

Obwohl nicht mal 2000 Meter hoch, überblickt man vom Dent de Corjon – zwischen den Flüssen Hongrin und Sarine aufragend – einen schönen Teil der Freiburger und Waadtländer Alpen. Einerseits beherrscht der Dent de Corjon das schmucke Dorf Rossinière im Pays-d'Enhaut, andererseits markiert er den zackigen Hintergrund der Haute-Gruyère. Um diese Aussicht genießen zu dürfen, braucht es eine gute Portion Bergerfahrung in steilem und weglosem Gelände – wenn man diese Voraussetzungen erfüllt, eine uneingeschränkt empfehlenswerte Tour.

Ausgangs- und Endpunkt: Bahnhof La Tine, 849 m.
Anforderungen: Sehr gute Trittsicherheit, Schwindelfreiheit, Orientierungssinn. Kurze, leichte Kletterstellen (I) und steiles Grasgelände im Aufstieg. Bei Nässe meiden! T5+.
Einkehr/Unterkunft: In La Tine: B&B Graines d'Aventures, Tel. +41 77 927 86 66. Verschiedene in Rossinière.
Tipp: Das Grand Chalet in Rossinière, größtes Holzgebäude in den Alpen mit allein 113 Fenstern. 1754 errichtet, war es später ein Hotel, wo unter anderen Victor Hugo logierte. 1976 erwarb es der 2001 verstorbene Maler Balthus. Das Grand Chalet ist im Privatbesitz und kann nicht besichtigt werden.
Karte: 3302T Château d'Oex; 1265 Les Mosses.

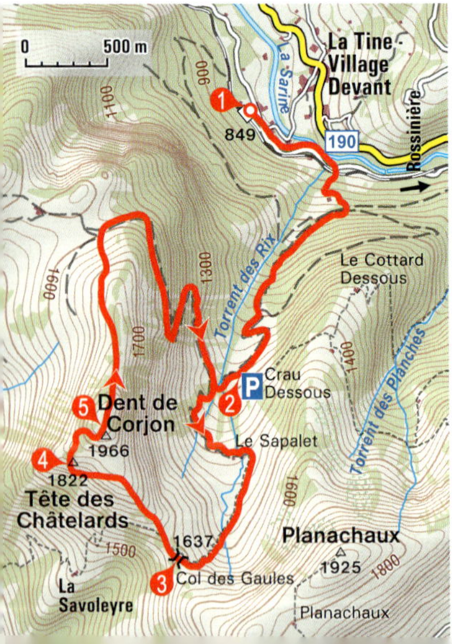

Vom Bahnhof **La Tine** ❶ auf der Straße taleinwärts, bis schon bald der Wanderweg nach rechts abzweigt. Auf diesem die Alphütten **Crau Dessous** ❷ und Crau Dessus passierend hoch bis in den **Col des Gaules** ❸. Von hier auf einer Pfadspur entlang des Grates (an einer Stelle weicht man am besten ein kurzes Stück nach links aus) bis auf eine Höhe von grob 1750 m. Nun wird der steile Hang nach links gequert zum – von Weitem gut ersichtlichen – Couloir unmittelbar rechts neben der Tête de Châtelards, welches den Durchstieg Richtung Gipfel ermöglicht. Diese Querung über steile Grashalden sowie der kurze Abstieg über anspruchsvolles Geröllfeld verlangt gute Trittsicher-

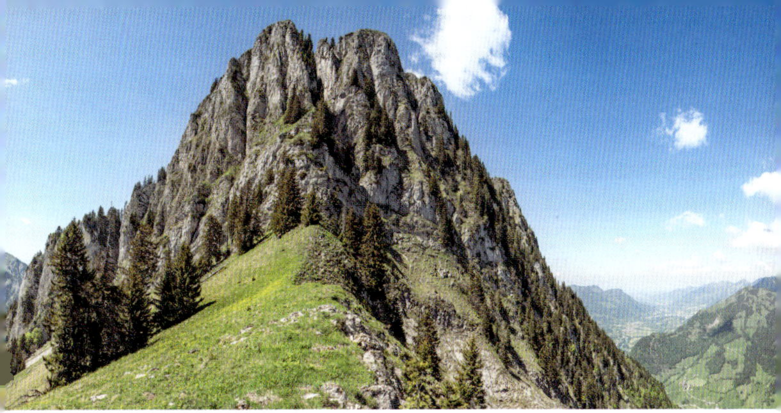

Der Gipfelaufbau des Corjon gesehen vom Südostgrat, das Couloir ist auf der linken Seite oberhalb der Tannen zu erahnen.

heit. Eine Pfadspur führt zum Einstieg in das **Couloir** ❹. Ein installiertes Fixseil hilft bei der Überwindung dieser beträchtlich steilen Rinne.
Nach dem Ausstieg erfolgt eine weitere Querung durch den sehr steilen, abschüssigen, feuchten Grashang – auch hier ist hohe Konzentration erforderlich. Nun muss der Aufstieg im gleichermaßen steilen und anspruchsvollen Schrofengelände fortgesetzt werden. Erst ab dem unteren Abschnitt des Gipfelgrates, wo sich luftige Ausblicke über die Westflanke auftun, findet man wieder einigermaßen akzeptables Gehgelände. Genussvoll gestaltet sich nun der finale Anstieg zum aussichtsreichen **Dent de Corjon** ❺.
Der Abstieg erfolgt über den Nordgrat mit der kurz ausgesetzten Überwindung der Scharte zwischen Haupt- und Vorgipfel. Die Schlüsselstelle im Abstieg ist das Abklettern eines etwa 4 m hohen Kamins mit guten Griffen deutlich westlich des Gratverlaufs. Auf einer deutlichen Pfadspur auf dem Grat bzw. meist westlich davon abwärts bis zum rot-weiß-rot markierten Wanderweg nahe der Alp Corjon. Auf der Wanderroute absteigen bis zur **Crau Dessous** ❷ und auf bekanntem Weg zurück nach **La Tine** ❶.

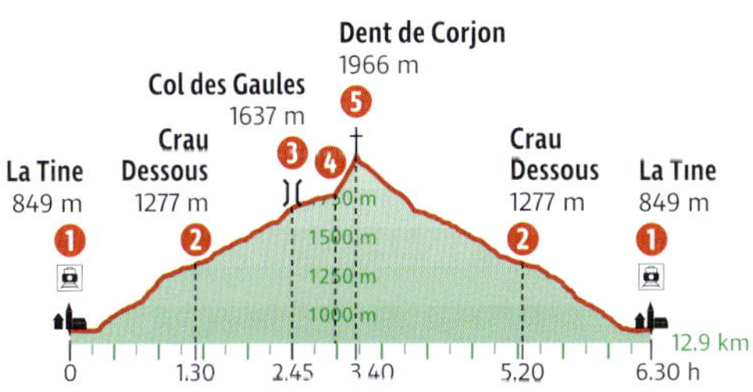

↗ 1300 m | ↘ 1190 m | 10.9 km

30 Rocher du Midi, 2096 m

6.00 h

Ruhige Gipfelüberschreitung hoch über Château-d'Oex

Seit die Seilbahn Château-d'Oex – La Montagnette ihren Betrieb eingestellt hat, ist es um den Rocher du Midi deutlich ruhiger geworden. Nicht wenige Höhenmeter müssen unter die Füße genommen werden, um das herrliche Panorama vom grasigen Gipfel genießen zu dürfen. Doch es lohnt sich: Man ist unterwegs in einer einsamen Gegend, darf sich auf eine spannende Besteigung über die Nordflanke freuen, auf ein Gipfelpicknick im Gras mit herrlicher Aussicht auf das Gummfluh-Massiv und auf eine kulinarische Köstlichkeit mit dem nussigen L'Etivaz bei Ankunft im gleichnamigen Ort.

Ausgangspunkt: Haltestelle Les Communailles, 1026 m, bei Les Moulins; Bus vom Bahnhof Château-d'Oex.
Endpunkt: L'Etivaz, 1140 m; Bus zum Bahnhof Château-d'Oex, Haltestelle anc. poste. In gerade mal 6 Min. mit dem Bus ist der Ausgangspunkt wieder erreicht.
Anforderungen: Steiler und exponierter Aufstieg ab La Montagnette (Kletterstellen I), gut blau-weiß-blau markiert. T4.
Einkehr/Unterkunft: In L'Etivaz: Hôtel du Chamois, Tel. +41 26 924 62 66. BnB Hôtel des Bains, Tel. +41 26 924 41 91.
Varianten: 1. Eine leichtere Runde lässt sich gestalten, indem man von Le Devant de l'Etivaz, 1096 m, über Le Daillex, 1292 m, und Col de Base ❹ zum Rocher du Midi ❸ aufsteigt; Abstieg wie beschrieben (5.30 Std.; T3).
2. Eine kleinere Runde kann man bei Anreise mit dem Auto machen, indem man von Gérignoz bis kurz vor die Alp Rodosex-Dessus, 1438 m, fährt; dann von Rodosex nach La Montagnette ❷ und vom Col de Base ❹ bis Les Paccots, 1240 m, und wieder hoch nach Rodosex (4.30 Std.).
Karte: 3302T Château d'Oex; 1245 Château-d'Oex, 1265 Les Mosses.
Tipp: Unbedingt noch in den Käseladen Maison de L'Etivaz schauen, 7 Tage die Woche geöffnet, mit Möglichkeit einer Führung durch die Käsekeller (+Verkostung), Tel. +41 26 924 70 60. Der berühmte L'Etivaz erhielt übrigens als erster Schweizer Käse das Label AOC (appellation d'origine contrôlée).
Anschlusstour: 36.

Perfekt für eine Rast: der grasige Gipfelgrat des Rocher du Midi.

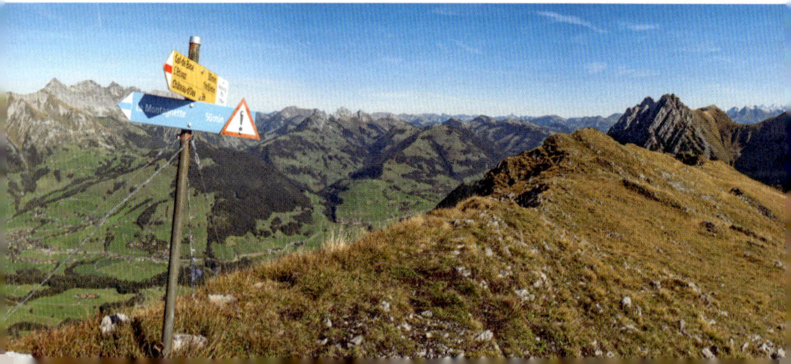

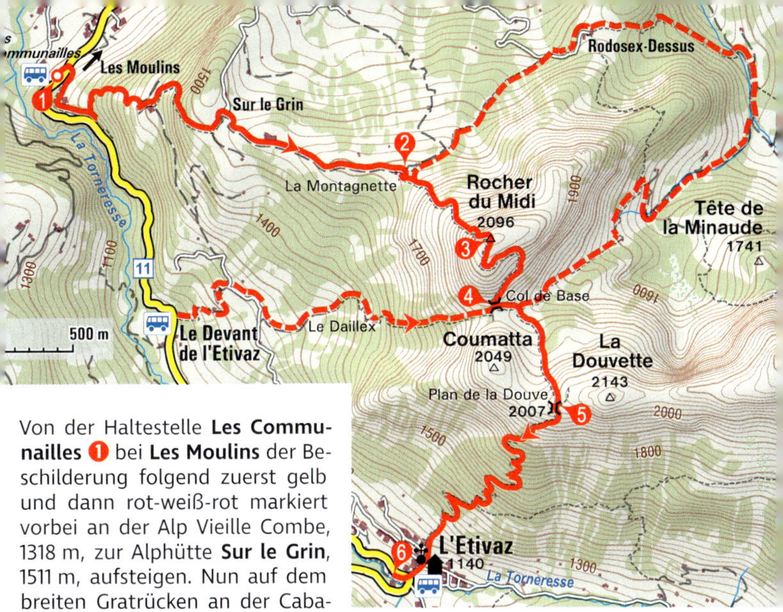

Von der Haltestelle **Les Communailles** ❶ bei **Les Moulins** der Beschilderung folgend zuerst gelb und dann rot-weiß-rot markiert vorbei an der Alp Vieille Combe, 1318 m, zur Alphütte **Sur le Grin**, 1511 m, aufsteigen. Nun auf dem breiten Gratrücken an der Cabane de la Sarouche, 1568 m, vorbei wieder gelb markiert sanft aufwärts zur stillgelegten Bergstation **La Montagnette** ❷.

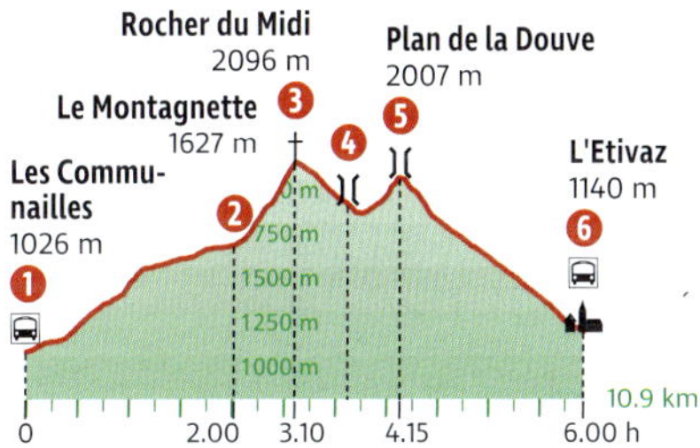

Den blau-weißen Markierungen nach auf den kleinen Rücken, der sich direkt über der Bergstation erhebt, und weiter steil aufwärts. Über Wiesengelände bis auf eine Schulter und auf einem Grasrücken unter den Gipfelaufbau. Über einen felsigen Abschnitt kraxeln (Schlüsselstelle), anschließend auf einer Rampe von rechts nach links aufsteigen und gleich wieder über ein Band nach rechts. In wenigen Minuten ist die grasige Gipfelkuppe des **Rocher du Midi** ❸ erreicht.

Beim Abstieg zuerst südwärts, oberhalb von Felsen nach links und auf dem nun gut ausgetretenen Weg in einer weiten Schlaufe ostwärts ausholend zum **Col de Base** ❹ hinunter. Von dort kurz ostwärts hinab zu La Case, 1799 m, und schließlich südwärts nochmals ansteigend bis in den Sattel **Plan de la Douve** ❺, 2007 m. Nun im Zickzack abwärts geht es zumeist im Wald – auf ca. 1780 m wird die Schutzhütte Refuge de la Douve passiert – bis **L'Etivaz** ❻.

↗ 220 m | ↘ 220 m | 1.4 km

31 Le Rubli, 2284 m

1.45 h

Ein klasse Aussichtsberg mit Eisenwegen

Von Norden und der Gstaader Seite aus sieht das Rüeblihorn, Rüebli oder Le Rubli mit seinen steilen Felswänden unnahbar aus. Doch auch von der anderen Seite findet sich kein wirklicher Wanderweg auf den Gipfel des Felskolosses. Dafür bieten sich Klettersteigfreunden gleich drei Eisenwege zur Besteigung, »Via ferrata de la Videmanette« genannt. Der mittelschwere Steig ist noch für Einsteiger geeignet, der schwere ist dann wirklich was für Könner. Über den leichten Steig mit ein paar Drahtseilsicherungen kann der Gipfel auch ohne Klettersteigerfahrung erreicht werden – aus der Sicht der Wanderskala aber dann doch nicht ganz so einfach. Welche Variante auch immer man nimmt, die meisten Höhenmeter aus dem Tal lassen sich bequem mit der Gondelbahn zurücklegen.

Ausgangs- und Endpunkt: Bergstation La Videmanette, 2150 m, der Luftseilbahn von Rougemont; vom Bahnhof in 5 Min. zu Fuß zur Talstation.
Anforderungen: Drei Klettersteige sehr unterschiedlicher Schwierigkeit (Via Ferrata 1: K1; Via Ferrata 2: K3; Via Ferrata 3: K5). Die leichteste Via Ferrata (welche bei den anderen Varianten als Abstiegsweg dient) liegt im Bereich T4; auch hier kann ein Klettersteigset schon hilfreich sein. Da die Länge der einzelnen Steige überschaubar ist, kann man auch gut alle Steige verbinden (Via Ferrata 2 hinauf, 1 ab, 3 auf, 1 ab; ca. 3.30 Std.). Die Steige 1 und 2 sind aufgrund der Kürze auch für geübte Kinder mit Klettersteigerfahrenen Eltern machbar.

Auf der mittelschweren Via Ferrata 2.

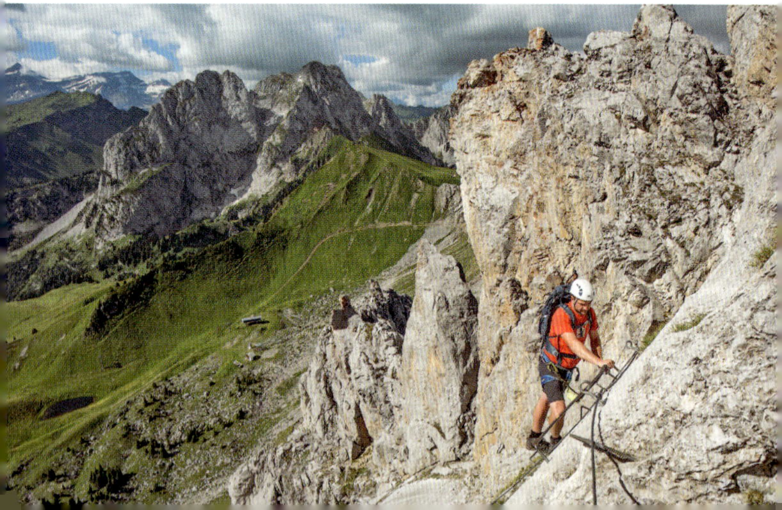

Einkehr/Unterkunft: Bergrestaurant La Videmanette, Tel. +41 33 748 95 79. Diverse Unterkünfte in Rougemont.
Variante: Zur Bergstation kommt man auch auf Wanderwegen von der Talstation, entweder über Martigny, 1522 m, auf der Westseite oder über Les Planards, 1354 m, und Ruble, 1758 m, auf der Ostseite (jeweils ca. 3.30–3.45 Std. auf oder 2 Std. ab).
Tipp: In Rougemont romanische Kirche aus dem 11. Jh. und Schloss aus dem 16. Jh.
Karte: 3302T Château d'Oex; 1265 Les Mosses.
Anschlusstour: 20, 32.

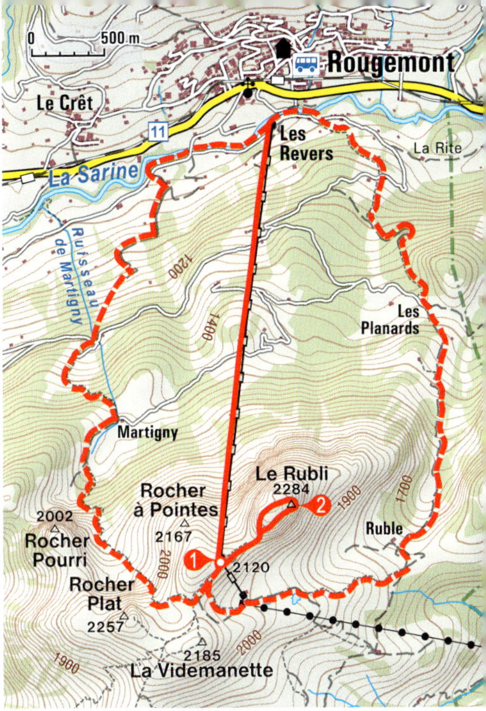

Von der Bergstation **La Videmanette** ❶ hält man direkt auf den Gipfelaufbau zu und kommt so in einen Sattel (P. 2120). Nach links zweigt hier die schwere und mit Abstand luftigste Variante **(Via Ferrata 3)** ab, welche durch die Westwand zieht. Sonne gibt es hier erst gegen Mittag.
Die leichteren Varianten führen geradeaus und dann über die erste Felsstufe hinweg. Ansteigend geht es in die Südostflanke hinein (daher hat es hier am Morgen schon Sonne), erst in der Südflanke verzweigen sich dann die beiden Wege. Während die leichte **Via Ferrata 1** weiterhin geradeaus verläuft, zieht die mittelschwere **Via Ferrata 2** nach links, überwindet eine steile Felsplatte und kommt beim östlichen Vorgipfel heraus – so wie auch die **Via Ferrata 3**. Über den Gipfelgrat ist der Westgipfel des **Rubli** ❷ mit Gipfelkreuz schnell erreicht. Von hier steigt man dann auch über die **Via Ferrata 1** wieder ab.

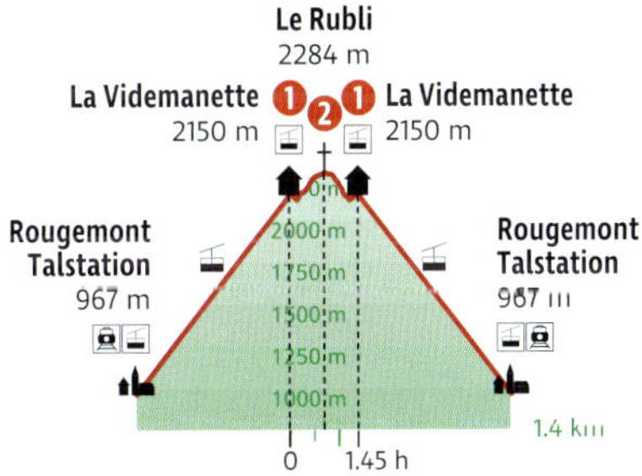

↗ 940 m | ↘ 940 m | 8.8 km

32 Gummfluh, 2457 m

5.15 h

Bergtour zum dominierenden Gipfel im Naturreservat La Pierreuse

Die Gummfluh steht mitten im 34 km² umfassenden, stark zerklüfteten Naturreservat La Pierreuse. Der sehr harte Kalkstein des Gummfluh-Massivs bildet auf der Nordseite schwindelerregende Felswände. Der Südhang der Gummfluh ist weniger steil. Günstig exponierte Grashänge ernähren Gämsen und Steinböcke sogar im Winter. Auch Rehe, Hirsche, Wildschweine, Adler und Luchse haben die Höhen und Wälder wieder besiedelt. Einige seltene bergwaldspezifische Arten wie Waldhuhn, Raufußkauz, Waldschnepfe und Auerhahn kommen ebenfalls vor. Ein Grund dafür liegt vielleicht darin, dass der Gipfel nicht allzu häufig besucht wird. Schließlich erfordert dessen Besteigung ein gutes Maß an Trittsicherheit – über die hier beschriebene Aufstiegsvariante sogar den erfahrenen Bergsteiger.

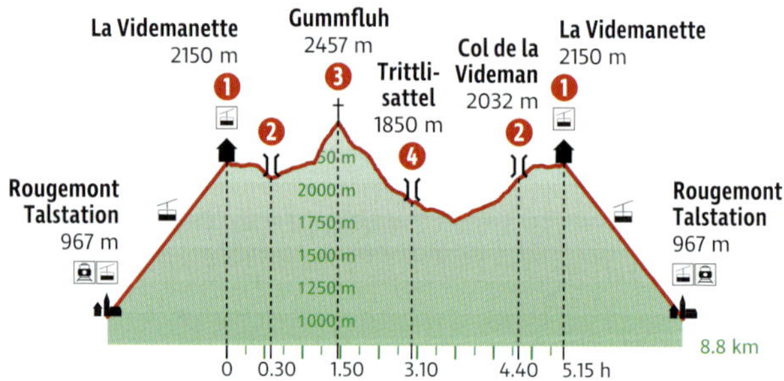

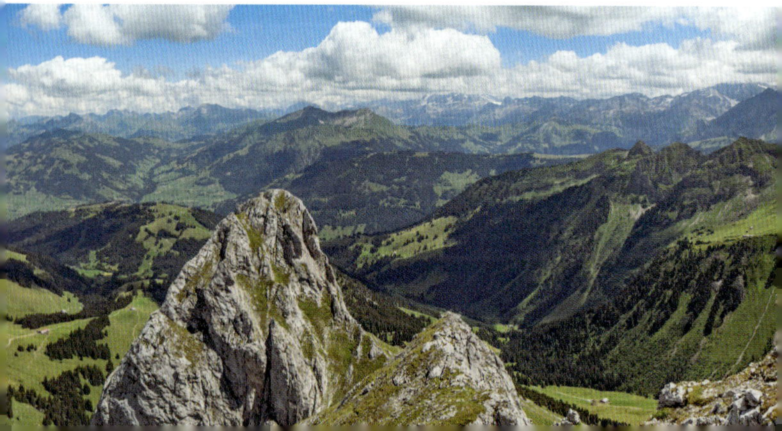

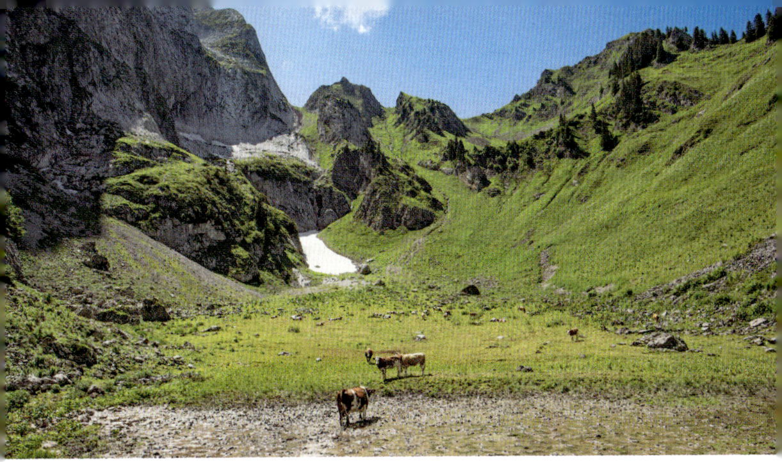

Durchgehend landschaftliche Abwechslung garantiert: hier bei Gour de Comborsin.

Ausgangs- und Endpunkt: Bergstation La Videmanette, 2150 m; vgl. Tour 31.
Anforderungen: Die schwerste Tour in diesem Führer, nur für Trittsichere und Schwindelfreie. Längere Kletterpassagen (bis II); in der Nordwand durchgehend Sicherungsmöglichkeit an Bohrhaken. T6–. Abstieg leichter (T4).
Einkehr/Unterkunft: Bergrestaurant La Videmanette, Tel. +41 33 748 95 79. Alp Vorder Eggli, Tel. +41 79 625 09 66 (Variante). Diverse Unterkünfte in Rougemont.
Variante: Vom Trittlisattel 4 kann man auch über die Passhöhe Wilde Bode, Muttehubel und die Alp Vorder Eggli nach Gstaad absteigen (1 Std. länger).
Tipp: Steinbock-Kolonie auf der Südseite der Gummfluh.
Karte: 3302T Château d'Oex; 1265 Les Mosses.
Anschlusstour: 20, 31.

Gipfel zählen: auf der Gummfluh.

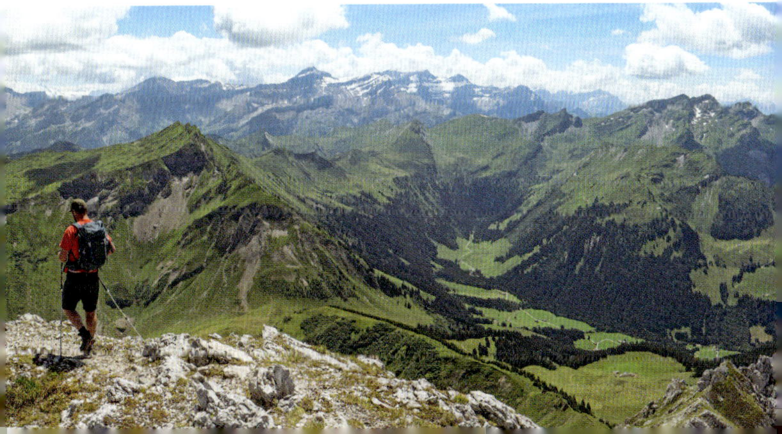

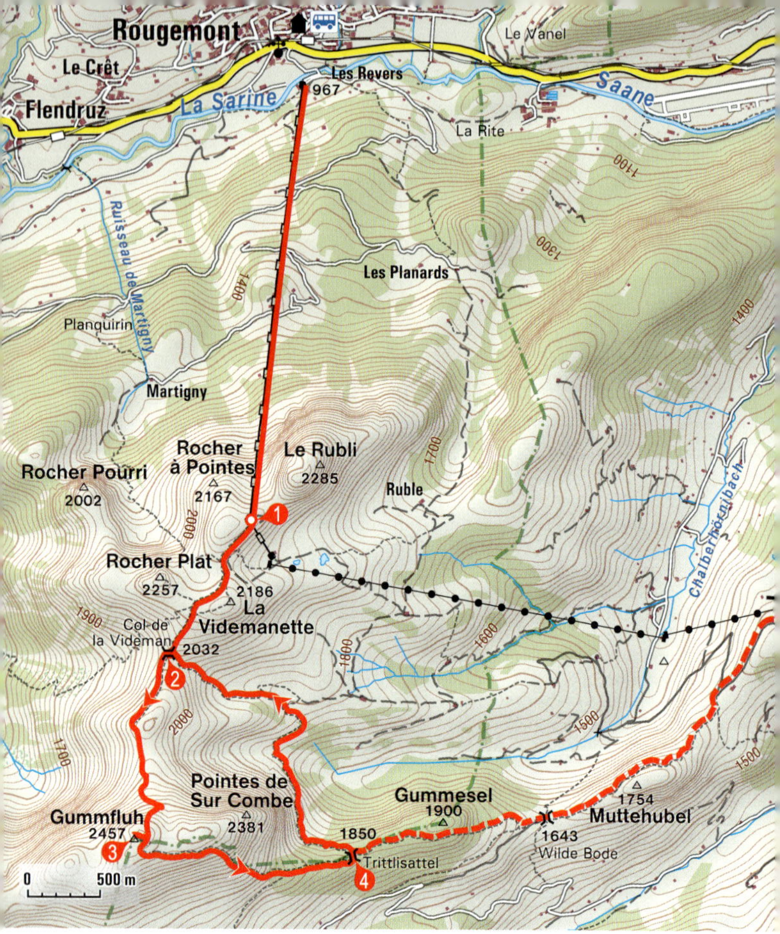

Von der Bergstation **La Videmanette** ❶ südwestwärts an der geschlossenen Cabane de la Videmanette vorbei in den Sattel (P. 2129) nördlich des Grasgipfels der Videmanette (P. 2186) absteigen. Diesen in der Südwest-Flanke umgehen (oder auch überschreiten), hinab in den Sattel **Col de la Videman** ❷ und auf zunehmend exponiertem, unmarkiertem Pfad unter den Pointes de la Videman und de Tso y Bots hindurch.
Am Schluss in kurzer, aber exponierter Kletterei (II, Sicherungsmöglichkeit) in den Sattel (P. 2133) unter der bedrohlich wirkenden (und farben-

frohen) Nordwand der Gummfluh. Den weiteren Aufstieg ermöglicht eine gut sichtbare Rampe nach links oben: Schrofenkletterei in recht festem Fels – zu Beginn noch eher direkt auf der Rippe, später dann näher an der Nordwand – führt auf eine kleine Graskuppe in einem landschaftlich großartigen Ambiente. Exponiert weiter in felsdurchsetztem Gelände über die Nordostrippe, bis man nach links in eine Mulde kommt. Südwärts zum Grat queren und leicht zum geräumigen Gipfel der **Gummfluh** ❸ aufsteigen.
Wieder zurück zu der Stelle, wo man unterhalb des Gipfelaufbaus auf den Grat getroffen ist. Von dort auf Wegspuren in südwestlicher Richtung absteigen – Sicherungsseile helfen über die steile Stufe hinweg. Ein Schrägabstieg in östlicher Richtung auf Wegspuren und ein anschließender schöner Gratabschnitt führen zum **Trittlisattel** ❹.
Links haltend der Beschilderung nach Videmanette folgen. Ein schöner Pausenplatz in toller Umgebung findet sich bei dem kleinen See Gour de Comborsin, 1715 m. In tendenziell nördliche Richtung auf dem weiterhin abwechslungsreichen Wanderweg zum kleinen Hochmoor Ruisseau de Comborsin und westwärts hinauf in den **Col de la Videman** ❷.
Von hier auf bekanntem Weg zurück nach **La Videmanette** ❶.

Trittsicherheit obligatorisch: die Kraxelei im Schrofengelände.

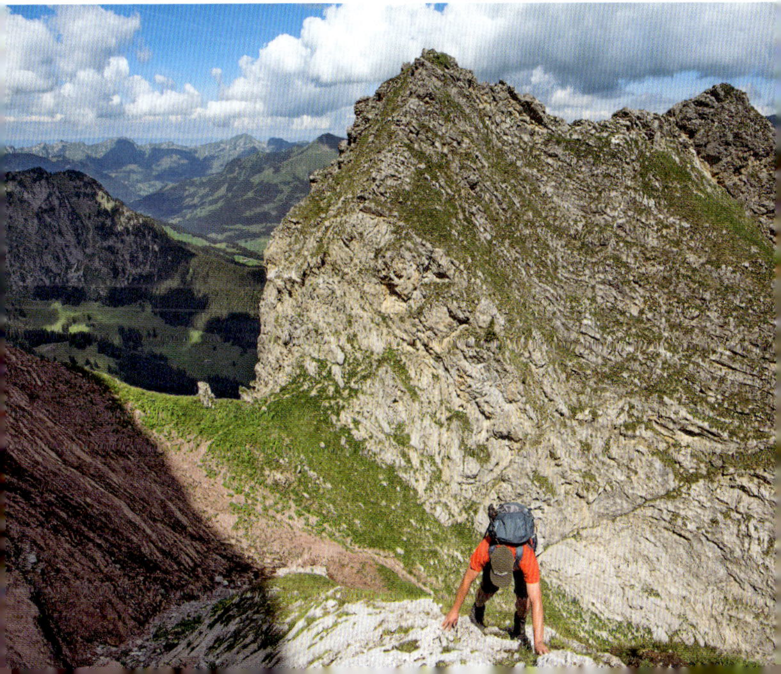

↗ 450 m | ↘ 1180 m | 6.9 km

33 Tour d'Aï, 2331 m

3.15 h

Auf den wenig leichteren Wachtposten der Waadtländer Alpen

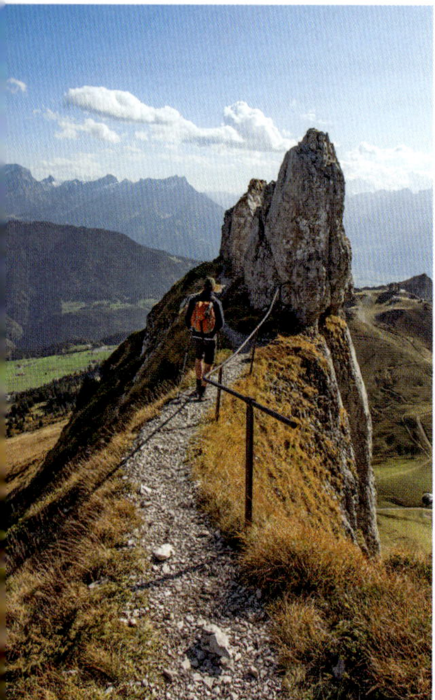

Foto oben: *Spannender Abschnitt auf dem Normalweg.*
Rechts: Der Gipfelblick auf den Genfersee.

Ausgangspunkt: Bergstation Berneuse, 2045 m, der Gondelbahn von Leysin; Betrieb Ende Juni bis Ende Oktober. Bus vom Bahnhof Le Sépey nach Leysin, Haltestelle Télécabine Berneuse, oder in 10 Min. zu Fuß vom Bahnhof Leysin-Feydey ostwärts zur Talstation.
Endpunkt: Talstation der Gondelbahn von Leysin, 1320 m.

Bekannt geworden als Luftkurort, macht Leysin heute als moderne Tourismusstation von sich reden. Statt der weißen Häubchen der Krankenschwestern fallen in dem auf einer sonnigen Terrasse hoch über dem Rhonetal gelegenen Ort die farbigen Outfits der Climber, Biker, Hiker und Ferratisti auf. Hier vorgestellt ist die direkte Wanderung auf den nur ein wenig leichter zu Erreichenden der beiden Felsklötze Tour d'Aï und Tour de Mayen.

Anforderungen: Der Gipfelweg ist ausgesetzt und verlangt Trittsicherheit und Schwindelfreiheit. Markierter, versicherter Bergweg. T3+.
Einkehr/Unterkunft: Restaurant Bergstation Berneuse. Refuge de Mayen neben dem Lac de Mayen, Tel. +41 79 261 82 73. Verschiedene Unterkünfte in Leysin.
Varianten: 1. Abstieg zurück zur Bergstation Berneuse (0.30 Std. kürzer).
2. Abstieg vom Lac d'Aï über Les Mandreys, 1521 m, nach Corbeyrier (1 Std. länger); in Corbeyrier findet Ende Juni ein keltisches Festival statt.
3. Via Ferrata durch die Westwand des Tour d'Aï: 140 m hoch, schwierig, sehr ausgesetzt, einmal gar leicht überhängend, bestens abgesichert (K4, 0.45 Std. länger).
Karte: 3317T Diablerets; 1264 Montreux, 1265 Les Mosses, 1284 Monthey.
Tipp: Im Juli das Leysin Music Panorama, ein Folklore-Festival auf Berneuse und im Dorf. Im August die Nuit des Fées zu Ehren der Feen des Tour d'Aï (www.nuitdesfeesleysin.ch).
Anschlusstour: 34.

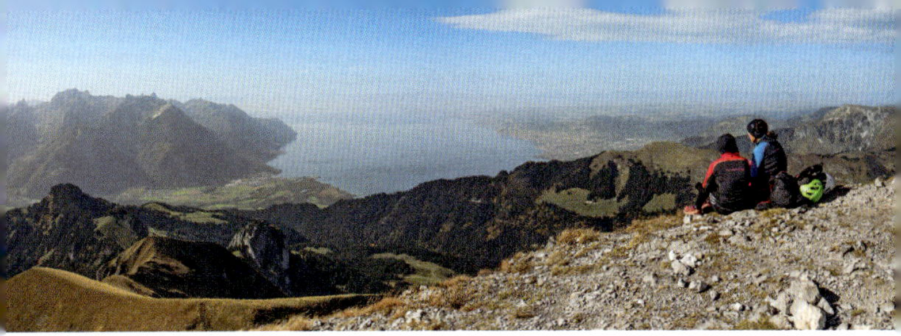

Mit der Gondel von **Leysin** zur Bergstation **Berneuse** ❶ und von dieser hinunter zum Lac d'Aï und zu den Chalets d'Aï, 1891 m. Schräg rechts haltend hinauf zu einer Rinne, auf deren linker Seite der Durchstieg über ein Felsband erfolgt. Oberhalb des Felsbandes westwärts weiter und über einen Grashang zum ausgeprägten Südostgrat. Zuerst über die Gratschneide selbst mit Hilfe von Leitern und Drahtseilen, dann nach einer ausgesetzten Stelle (zum Glück hat's ein Geländer) im abschüssigen Schattenhang weiter und zuletzt von Norden auf den Gipfel des **Tour d'Aï** ❷.
Auf gleichem Weg wieder an den Fuß der Felsband-Rinne; nun nach links hinab nach **Mayen** ❸ beim Lac und Refuge de Mayen. Von hier auf der gelb markierten Wanderroute Richtung **Leysin** hinab bis zur **Talstation** ❹.

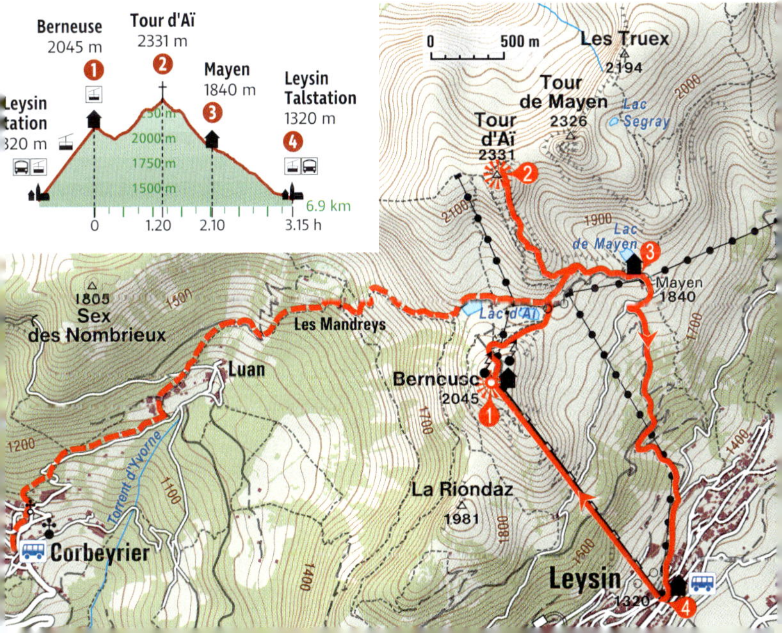

TOP

34

↗ 1200 m | ↘ 1200 m | 11.2 km

Tour-Trilogie: Famelon, Mayen und Aï, 2331 m

6.30 h

Anspruchsvolle Rundtour mit Klettersteig-Einlage

Die zwei eleganten Türme d'Aï und Mayen sind besonders von Norden aus gesehen Blickfänger. Von dieser Seite wirken sie gar unnahbar, und auch von der anderen Seite, über welche die Aufstiegswege führen, sind sie beide nicht ganz leicht zu besteigen. Nimmt man jeweils die »Normalwege« unter die Füße, muss man praktisch jeden Turm ganz für sich erklimmen und dazwischen wieder ziemlich weit nach unten absteigen. Will man beide hintereinander bezwingen, kann die spannende Route über den Pas de Chamois genutzt werden, um so etliche Höhenmeter einzusparen. Zusammen mit dem Tour de Famelon, der Karstlandschaft Sur les Truex und dem Klettersteig Tour d'Aï wird daraus eine unglaublich abwechslungsreiche Rundtour über alle drei Tours des Bergmassivs.

Kaum zu glauben: Eine Slackline verbindet die beiden Türme Mayen und d'Aï.

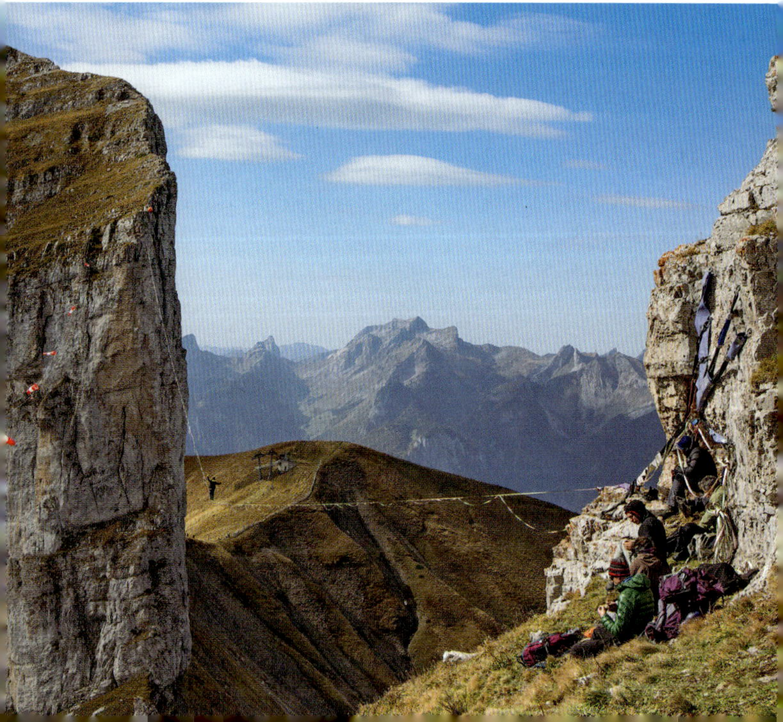

Ausgangs- und Endpunkt: Bergstation Berneuse, 2045 m; vgl. Tour 33.
Anforderungen: Rundtour für versierte Alpinwanderer. Beim Abstieg vom Tour de Mayen ist eine ungesicherte Felsstufe abzuklettern (II. Grad) und der Aufstieg auf den Tour d'Aï erfolgt über den kurzen, aber schwierigen Klettersteig; Klettersteigausrüstung erforderlich. T5 und K4.
Einkehr/Unterkunft: Vgl. Tour 33.
Varianten: 1. Die Besteigung des Tour d'Aï 5 über den Klettersteig kann auch ausgelassen werden, indem man über Chaux d'Aï direkt nach Berneuse absteigt (ca. 1.30 Std. kürzer).
2. Auch der Tour de Famelon 2 und die Truex können ausgelassen werden, indem man von P. 1919 direkt den Tour de Mayen besteigt (gut 1.15 Std. kürzer).
Tipp: Zwischen Tour d'Aï und Tour Mayen üben sich schwindelfreie Slackliner an ihrer Balance auf einer (mit über 300 m Länge) der beeindruckendsten Highlines des Landes.
Karte: 3317T Diablerets; 1264 Montreux, 1265 Les Mosses, 1284 Monthey.
Anschlusstour: 33.

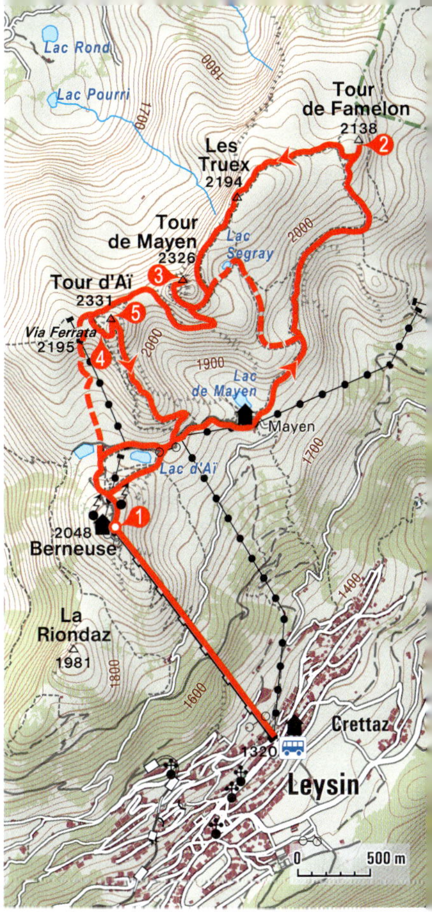

Von der Bergstation **Berneuse** 1 hinunter zum Lac d'Aï und weiter nach **Mayen**. Dem Wanderweg in Richtung Tour de Famelon folgen bis zur namenlosen Wegkreuzung bei P. 1919. Man geht geradeaus weiter der Beschilderung »Tour de

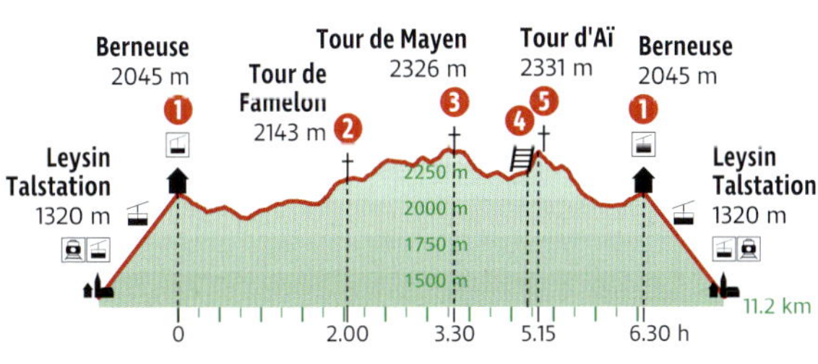

Famelon par Corbex« nach. Dieser Weg führt über Dessus Corbex zur ebenfalls namenlosen Wegkreuzung bei P. 1901. Links abzweigen und aufwärts bis zur nächsten beschilderten Gabelung. Von hier links haltend in wenigen Minuten auf das Gipfelplateau des **Tour de Famelon** ❷.
Zurück zur letzten Wegkreuzung und den Weg in Richtung »Lac Segray par Truex« einschlagen. Nun folgt der unterhaltsame Gang durch die zerklüftete und eindrückliche Karstlandschaft **Sur les Truex**. Die Route erfordert Trittsicherheit, ist aber hervorragend mit viel roter und weißer Farbe auf dem Fels markiert und mit viel Botanik zwischen den Felsen verziert. Auf der Kuppe **P. 2194** verjüngt sich der Weg zu einem Grat und vor uns baut sich imposant das nächste Gipfelziel auf.
Bei **P. 2168** rechts bleiben und nahe dem Grat in einem Linksbogen oberhalb des Lac Segray bis zur Gabelung, wo nach rechts der blau-weiß markierte Weg auf den Tour de Mayen abzweigt. In einem weiten Rechtsbogen geht es aufwärts, wobei eine felsige Rinne mit Hilfe von Ketten überwunden wird, bevor der Gipfel des **Tour de Mayen** ❸ erreicht ist.
Auf identischem Weg zurück bis zu der Stelle, wo sich der Weg von der Felswand entfernt (auf einer Höhe von ca. 2155 m). Hier geht man direkt geradeaus über die Wiesen des Plan de Mayen weglos abwärts, bis man an die Abbruchkante des südwestlichen Felsbandes kommt. An dieser Stelle des **Pas des Chamois** ist das Felsband nur etwa 10 m hoch und lässt sich durch einen Kamin hinab in kurzer athletischer Kletterei überwinden. Man bleibt

Genussvolles Wandern: auf dem Weg in Richtung Tour de Mayen.

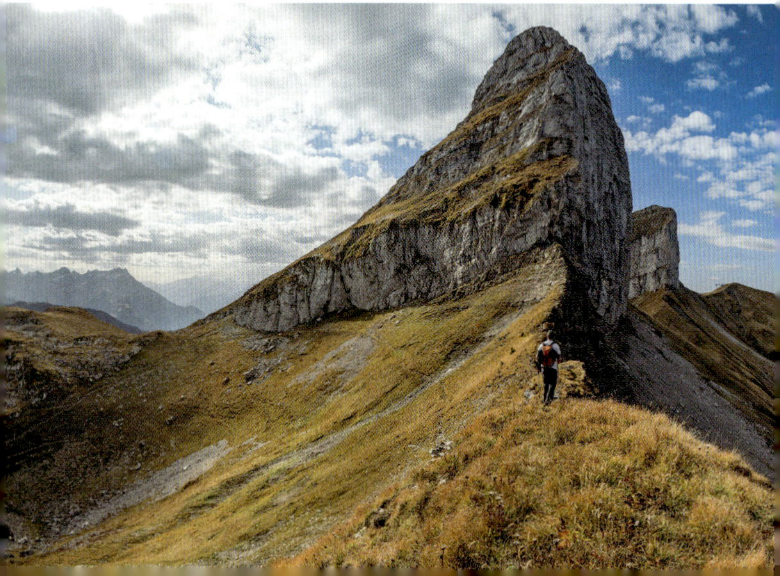

nun stets nahe oder unmittelbar – manchmal in gebückter Haltung – an der imposanten Felswand, an deren Fuß sich praktisch durchgehend ein gut begehbares Band befindet. Zuletzt über eine kurze Grastraverse in die niedrigste Einsattelung zwischen den beiden Türmen. Direkt auf dem Grat weiter mit beeindruckenden Blicken nach vorne wie nach hinten. Auf einem Pfad wird die Nordseite des Tour d'Aï gequert; auf dessen Westseite beginnt sogleich die **Via Ferrata** 4. Über den oft senkrechten Klettersteig in beeindruckendem Ambiente ist mit dem **Tour d'Aï** 5 auch der dritte Gipfel doch erstaunlich schnell erreicht. Auf der markierten Wanderroute geht es schließlich zurück nach **Berneuse** 1.

Foto rechts: Kurz, aber knackig: die metallene Himmelsleiter auf den Tour d'Aï.

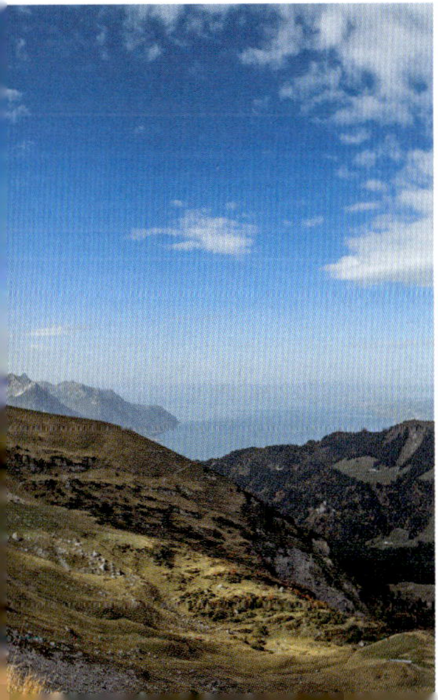

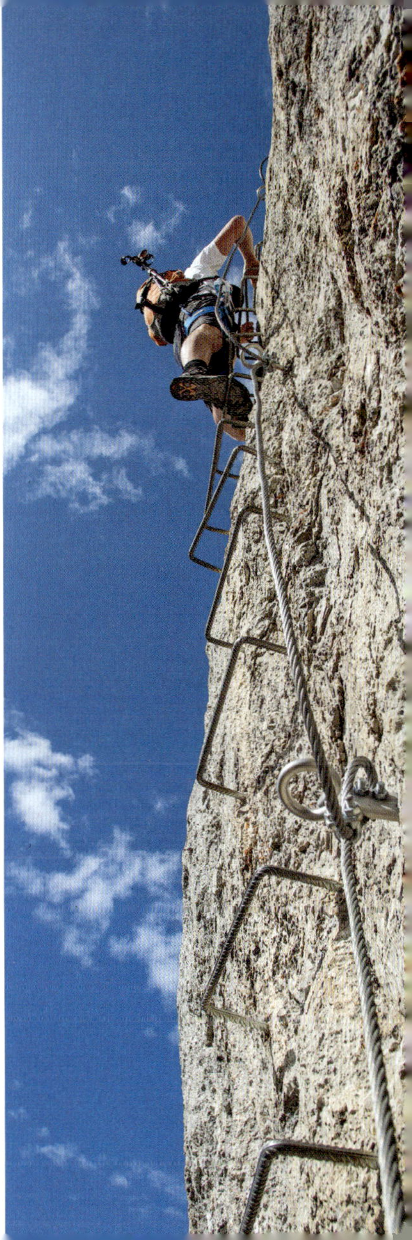

↗ 700 m | ↘ 700 m | 9.2 km

35 Lac Lioson

3.45 h

Rundwanderung über eine Perle von Bergsee

Bergseen sind in den Freiburger und Waadtländer Alpen, im Gegensatz etwa zum Tessin, fast eine Rarität – im kalkigen Untergrund versickert das Wasser halt rasch. Einer dieser wenigen Seen ist der Lac Lioson, der mit überschaubarem Aufwand vom Col des Mosses erreicht werden kann. Dabei bieten sich wunderbare Optionen: eine Buvette d'Alpage zum Einkehren, eine Hütte am See zum Seele-baumeln-Lassen, zwei Bademöglichkeiten unterwegs und optional eine leichte, aber aussichtsreiche Gipfelbesteigung.

Ausgangs- und Endpunkt: Col des Mosses, 1439 m; Bus von den Bahnhöfen Le Sépey oder Château-d'Oex.
Anforderungen: Wanderung ohne spezielle Anforderungen. T2.
Einkehr/Unterkunft: Buvette des Petits Lacs, Tel. +41 78 735 88 69 (nur Einkehr). Hotel-Restaurant Lac Lioson, geöffnet Pfingsten bis Ende September, Tel. +41 24 491 11 44. In Col des Mosses besonders empfehlenswert zum Nächtigen: Fleurs des Alpes, Tel. +41 79 656 47 84.
Varianten: 1. Bei Anfahrt mit dem Pkw bis zum Parkplatz bei P. 1624 oberhalb von Lioson d'en Bas nur 2.15 Std.
2. Der direktere Weg von Vers les Lacs zum Lac Lioson spart ca. 0.30 Std.
3. Sehr lohnend ist der Abstecher von der Passhöhe P. 2079 auf den Pic Chaussy, 2351 m (1.15 Std. extra; T3–).
4. Am Pic Chaussy kann man dem Ostgrat noch etwas folgen und südseitig nach Les Semeleys, 1793 m, absteigen; weiter über La Dix, 1741 m, Meitreille, 1799 m, und Lac Retaud (vgl. Tour 39) zum Col du Pillon (6.30 Std. ab Col des Mosses).
Karte: 262T Rochers de Naye; 1265 Les Mosses.
Anschlusstour: Mit kurzer Busfahrt 30, 36. Mit Variante 36, 39–42.

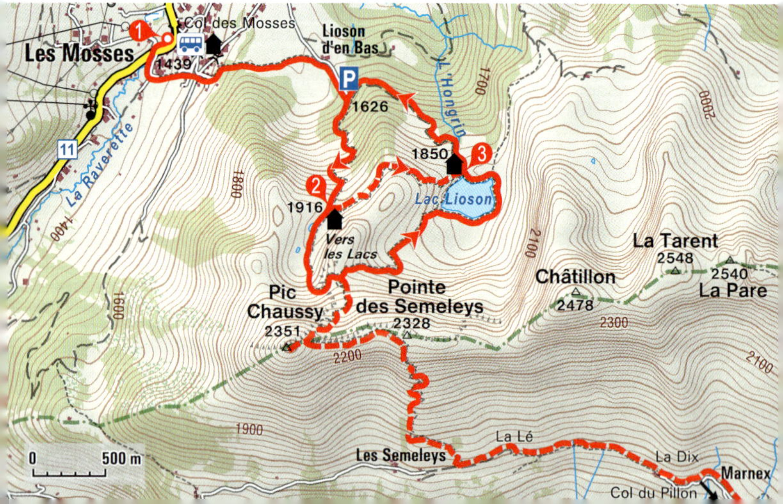

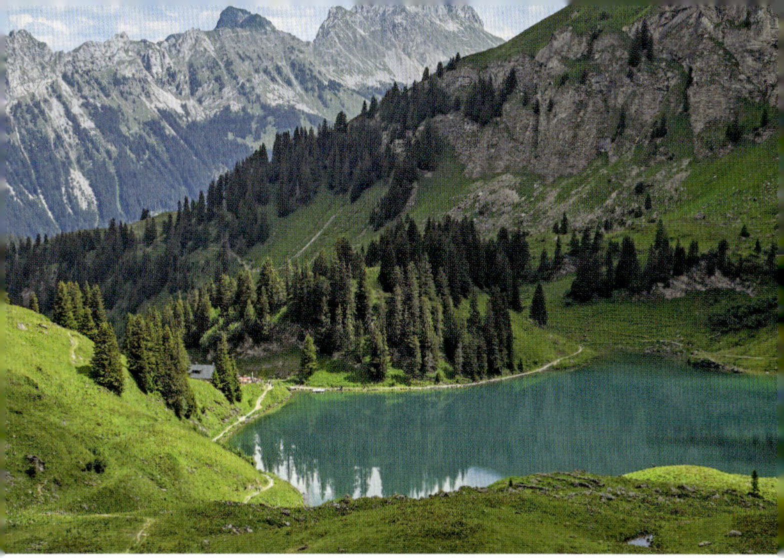

Am liebsten möchte man gleich reinspringen: der Lac Lioson mit Restaurant.

Vom Wegweiser kurz westlich der Bushaltestelle auf dem **Col des Mosses** ❶ auf der gelb markierten Wanderroute nach Osten zur Hochebene von **Lioson d'en Bas**, 1575 m. Kurz auf dem Fahrweg bis zum Parkplatz (P. 1626). Hier nach rechts auf rot-weiß-rot markiertem Weg aufwärts zur Buvette des Petits Lacs bei **Vers les Lacs** ❷. Der direkte Weg von hier zum Lac Lioson wäre links haltend (siehe »Variante«). Ein klein wenig länger und netter ist es, geradeaus in den kleinen Kessel zu wandern und in einem Linksbogen hoch zur Passhöhe **P. 2079**. Von hier am besten noch den Abstecher auf den Pic Chaussy machen (siehe »Variante«).
Auf der anderen Seite des Passes zum **Lac Lioson** ❸ absteigen und vor Eintreffen beim Restaurant Lac Lioson auch noch die kleine rechtsseitige Runde um den See mitnehmen. Auf gelb markiertem Weg zumeist auf einer Fahrstraße abwärts und zurück zum **Col des Mosses** ❶.

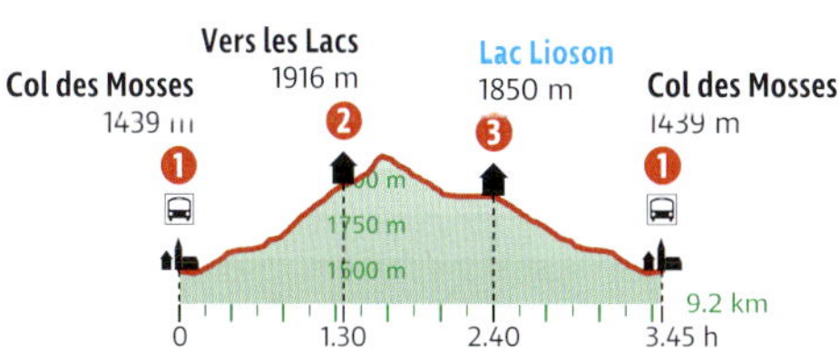

TOP

36

↗ 1080 m | ↘ 680 m | 13.1 km

L'Etivaz – Col de Seron, 2152 m – Col du Pillon

5.00 h

Passwanderung mit Diablerets-Panorama

Es ist sicher eine Geschmacksfrage, ob man bei einer Wanderung gerne deutlich voneinander entfernt liegende Start- und Endpunkte mag. Das Schöne ist dabei, dass man ein größeres Gebiet durchwandern kann und so vielleicht vielseitige Landschaftsbilder geboten bekommt. So auch bei der wenig bekannten Passwanderung über den Col de Seron. Die Chance ist hoch, recht einsam unterwegs zu sein und das großartige Panorama auf das Diablerets-Massiv mit Ankunft am Col de Seron für sich zu haben. Attraktiv ist auch der Lac Retaud, wo man sich gerne noch etwas niederlässt, bevor man die Wanderung dann am geschäftigen Col du Pillon abschließt.

Einsam unterwegs: auf dem Col de Seron.

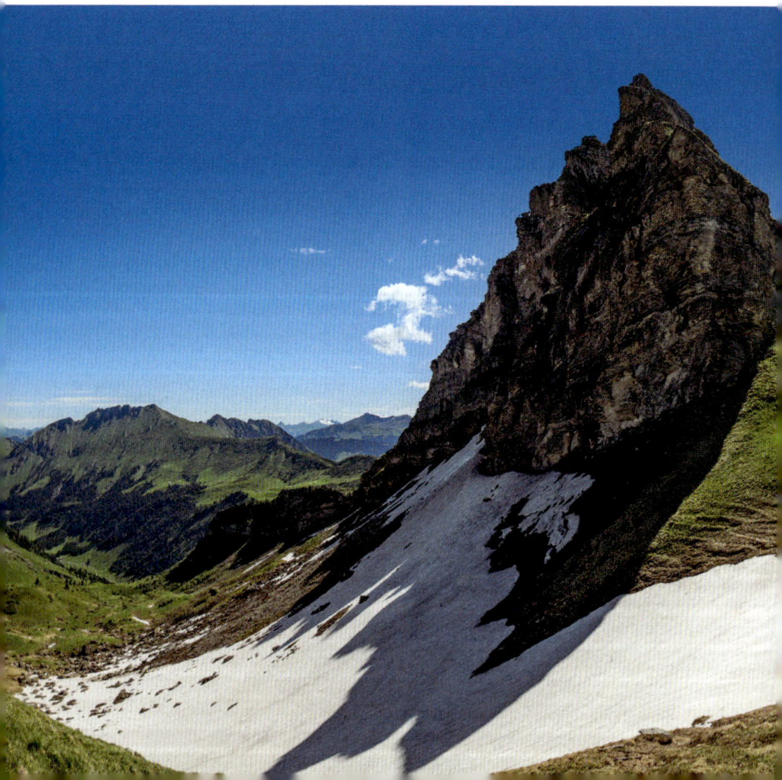

Ausgangspunkt: L'Etivaz, 1140 m; Bus zum Bahnhof Château-d'Oex, Haltestelle anc. poste.
Endpunkt: Col du Pillon, 1546 m; Bus zum Bhf. Diablerets oder Bhf. Gstaad.
Anforderungen: Überwiegend leichte Wanderung auf rot-weiß-rot markierten Wegen. T2.
Einkehr/Unterkunft: In L'Etivaz: Hôtel du Chamois, Tel. +41 26 924 62 66. Hôtel-Restaurant du Lac Retaud, Tel. +41 24 492 13 68. Restaurant Col du Pillon, Tel. +41 24 492 10 00.
Varianten: 1. Abstecher vom Col de Seron auf die Pare, 2540 m, rot-weiß-rot markiert (1.45 Std. extra; T2.) – 2. Besonders gut zu verbinden mit dem Weiterweg bis zum Bhf. Les Diablerets (vgl. Tour 40). Von dort wäre man mit ÖV über Le Sépey in 1.30 Std. zurück in L'Etivaz.
Karte: 262T Rochers de Naye; 1265 Les Mosses.
Anschlusstour: 30, 39–42.

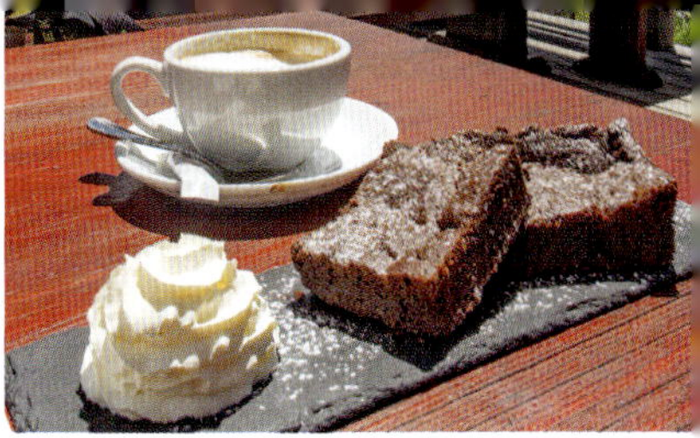

Energiezufuhr beim Lac Retaud.

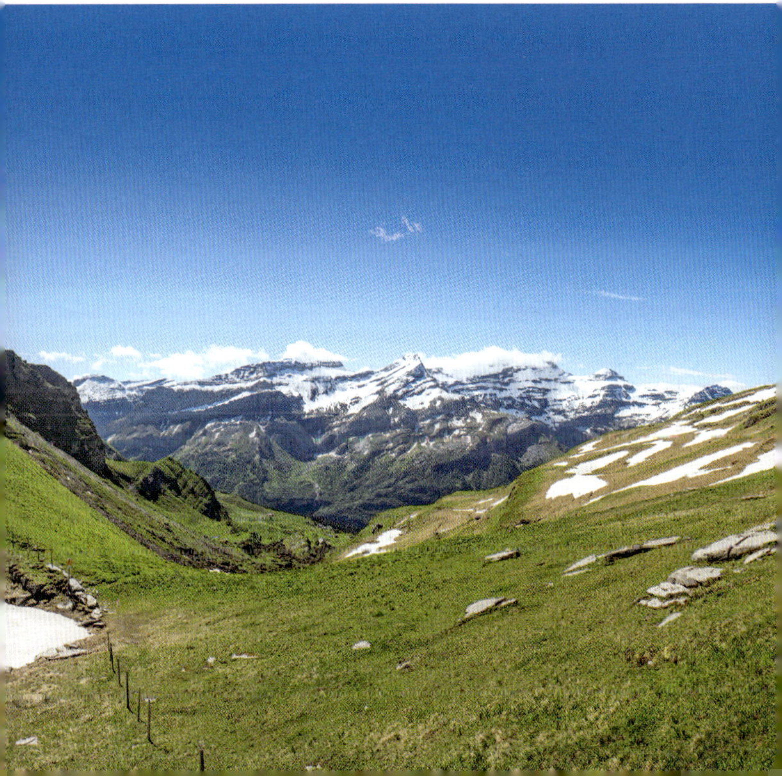

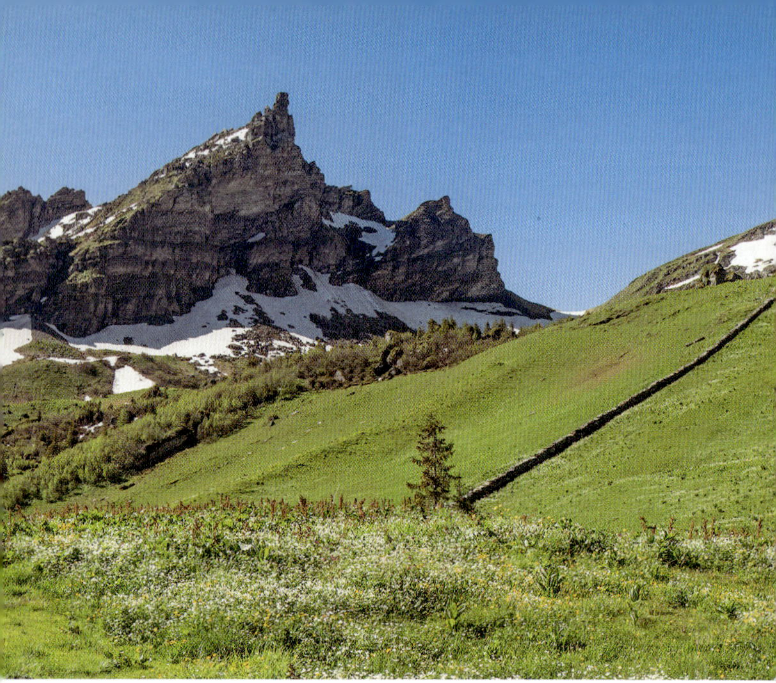

Ungewöhnlich: die Steinmauer bei Les Châteaux, darüber die Cape au Moine.

Von **L'Etivaz** ❶ der Beschilderung in Richtung Col de Seron folgen, welche uns auf eine Straße entlang des Baches L'Eau Froide weist. In der Rechtskurve bei **Les Maulatreys**, 1321 m, zweigt der Wanderweg nach links ab (hier auf die Pfadspuren und Wegmarkierungen achten) und führt alsbald in den Wald und in das Naturschutzgebiet La Pierreuse hinein. Nach Verlassen des Waldes geht es rechts hoch zur **Alp Toumalay** ❷.

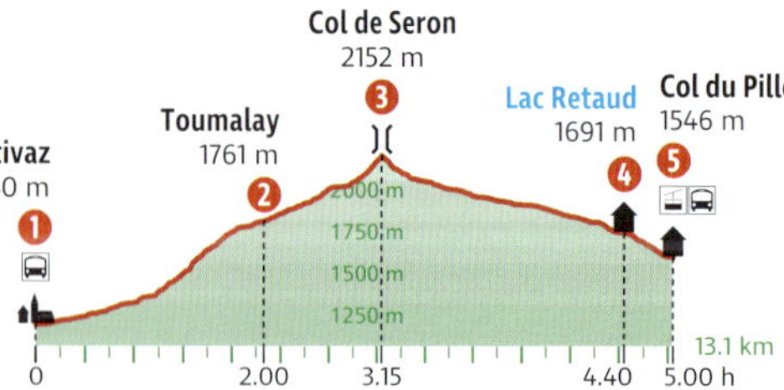

Auf einer breiten Wegspur bis zur Passhöhe und Wegkreuzung Les Châteaux, 1876 m. Nun rechts und entlang der Steinmauer aufwärts. Aufmerksam den Wegmarkierungen folgen bis hinauf in den **Col de Seron** ❸.
Vom Pass südostwärts zur Alphütte Arpille, 2000 m, absteigen und links haltend der Beschilderung Richtung Col du Pillon folgen. Auf einem schönen Höhenweg zur Alp Isenau, 1855 m, und von dort weiter auf einer Alpstraße an La Marnèche vorbei bis zum wunderschön gelegenen **Lac Retaud** ❹ mit toller Einkehrmöglichkeit.
Vom See in knapp 20 Min. hinab zum **Col du Pillon** ❺.

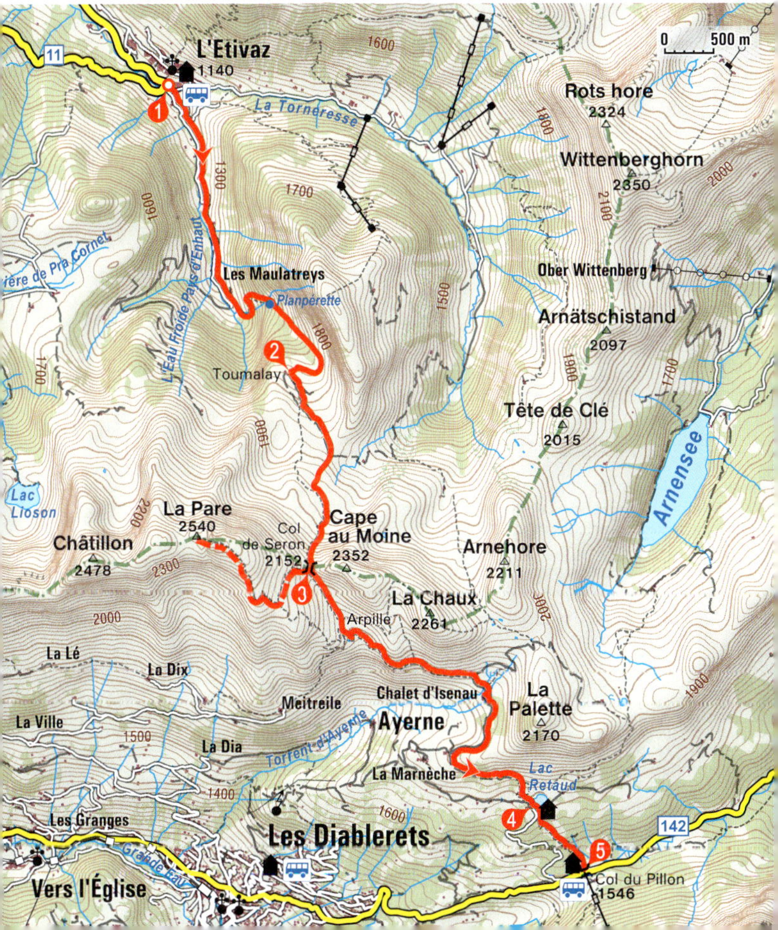

↗ 540 m | ↘ 800 m | 9.2 km

37 Le Chamossaire, 2112 m

3.30 h

Gratwandern mit Seilbahnunterstützung

Diese gebirgige Kulisse: ein Fest fürs Auge. Vom Chamossaire reicht das Panorama vom Lac Léman zum Eiger, von den Reben zum Mont Blanc, und dazwischen ein Charakterberg neben dem andern: die Türme von Leysin, der Dom der Diablerets, die Mauer der Muverans, die Zähne der Dents du Midi. Eingerahmt wird die hochalpine Szenerie von insgesamt 20 Viertausendern. Viel Zeit auf der Gratwanderung, um das Panorama ausführlich zu bestaunen – ein gelegentlicher sorgsamer Blick auf Füße und Weg sollte dabei allerdings nicht vergessen werden.

Ausgangspunkt: 1. Bergstation Roc d'Orsay, 1976 m; Bus vom Bahnhof Aigle nach Chesières, Haltstelle Aiglon Collège, und in 10 Min. zu Fuß zur Talstation, 1265 m.
2. Bahnhof Col-de-Bretaye, 1811 m, der Zahnradbahn von Villard-sur-Ollon; Bus von Aigle oder von Les Diablerets nach Villars-sur-Ollon, Gare. Beide möglichen Ausgangspunkte sind nur 15–20 Min. zu Fuß voneinander entfernt.
Endpunkt: Bergstation Les Mazots, 1716 m; von der Talstation in knapp 10 Min. zu Fuß zum Bahnhof Les Diablerets. Alternativ Col de la Croix, 1776 m; Bus Les Diablerets – Villars (Juli bis September).
Anforderungen: Trittsicherheit auf dem teilweise schmalen und ausgesetzten Gratweg über Les Vélards; ein paarmal werden auch die Hände gebraucht. Ein Teil des Gratweges ist nicht markiert. T3.
Einkehr/Unterkunft: Restaurant Roc d'Orsay, Tel. +41 24 495 28 14. Restaurant Bretaye 1808, Tel. +41 24 495 21 94. Hôtel du Lac de Bretaye, Tel. +41 24 495 21 92. Restaurant Les Mazots, Tel. +41 24 492 10 23. Col de la Croix: Chez Godi Zbinden, Tel. +41 24 498 15 32. Verschiedene Unterkünfte in Chesières, Villars und Les Diablerets.
Varianten: 1. Abstieg vom Col de l'Encrène ❹, 1934 m, zur Bushaltestelle Col de la Croix (20 Min. kürzer).

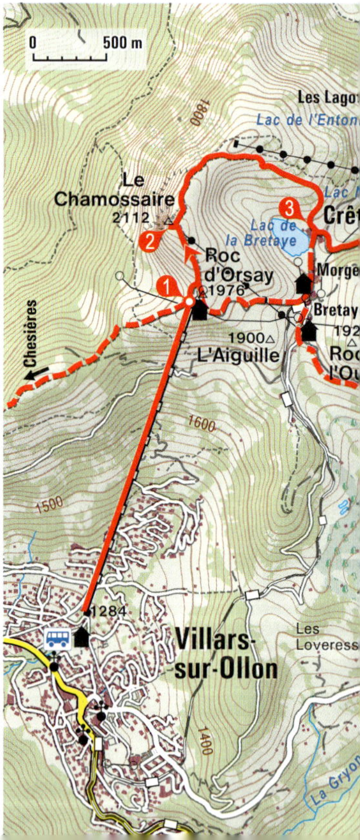

2. Aufstieg von Chesières über La Truche, 1587 m, und Col d'Argnaules, 1813 m, zur Bergstation Roc d'Orsay (2.45 Std.).
3. Rundtour, indem man vom Col de l'Encrène 4 auf dem gelb markierten Höhenweg südlich des Grates zurück nach Bretaye wandert (4.30 Std.).
4. Nur eine kleine Rundwanderung von Bretaye über den Chamossaire (1.45 Std.).
5. Nach Abstieg zum Col de la Croix (Variante 1) weiter über Taveyanne zur Bergstation Les Chaux wandern (insg. 5.30 Std.).

Karte: 3317T Diablerets; 1285 Les Diablerets.

Tipps: 1. Für geologisch Interessierte: die Gipspyramiden beim Col de la Croix.
2. Für Sportler: der alpine Golfplatz von Villars, 18 Loch, gegründet bereits im Jahr 1922.

Anschlusstour: Mit Variante über Taveyanne Touren 38, 58.

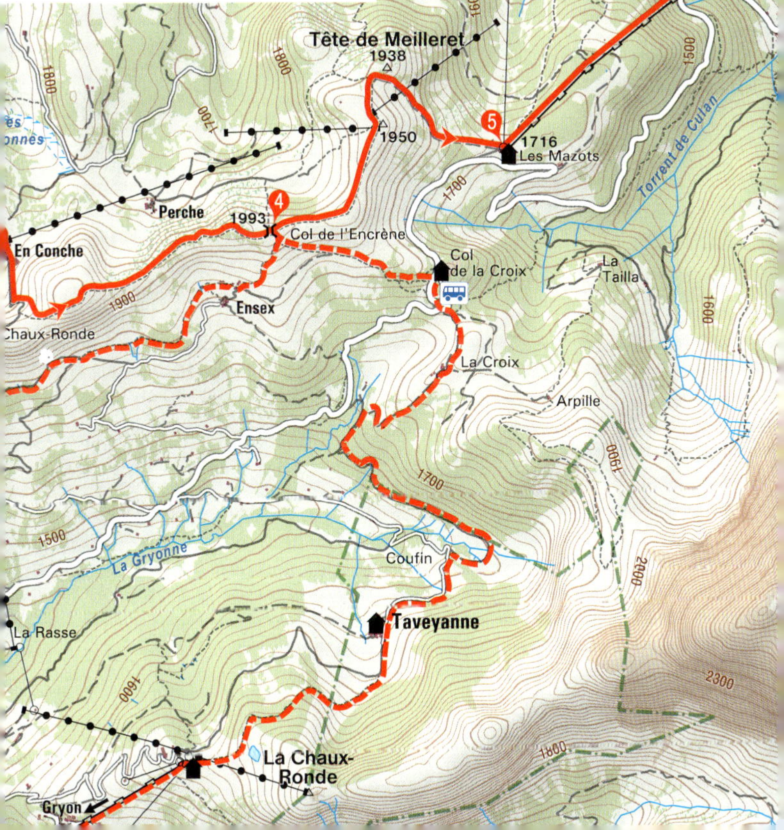

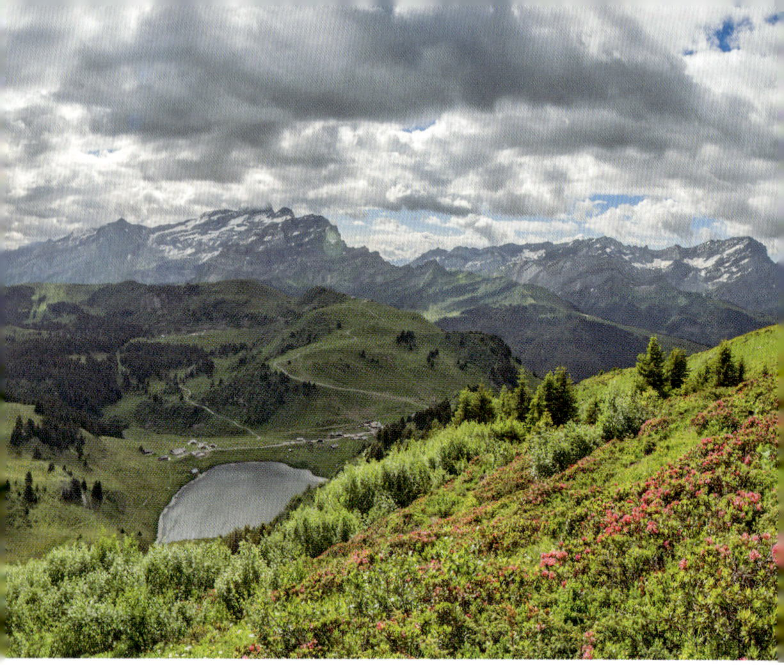

Kontraste: der Nordgrat vom Chamossaire, unten der Lac de Bretaye, darüber das Diablerets-Massiv.

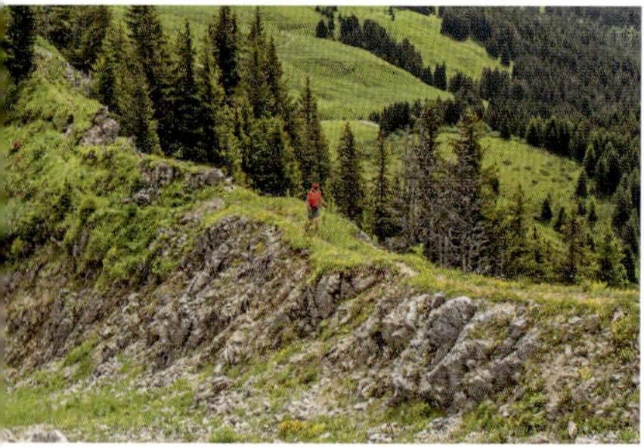

Zu Beginn des Grates beim Chaux Ronde.

Von der Bergstation **Roc d'Orsay** ❶ auf dem Sträßchen leicht zum Gipfel **Le Chamossaire** ❷ mit Triangulationssignal.

Über den teilweise steilen rot-weiß-rot markierten Nordgrat abwärts. Vor der Bergstation des vor uns liegenden Liftes (P. 2034) auf deutlichen Pfadspuren rechts halten und über Plane Joux, 1868 m, zum **Lac de la Bretaye** ❸ hinab (kein Weg auf der Landeskarte).

Den Col de Bretaye umgeht man, indem man unmittelbar östlich vom See (Crêta) der gelben Markierung folgt, welche uns auf einer Alpstraße zu den Hütten Conche, 1838 m, führt. Südwärts auf der Alpstraße weiter hoch und bei der ersten Rechtskehre weglos auf Pfadspuren die Graskuppe

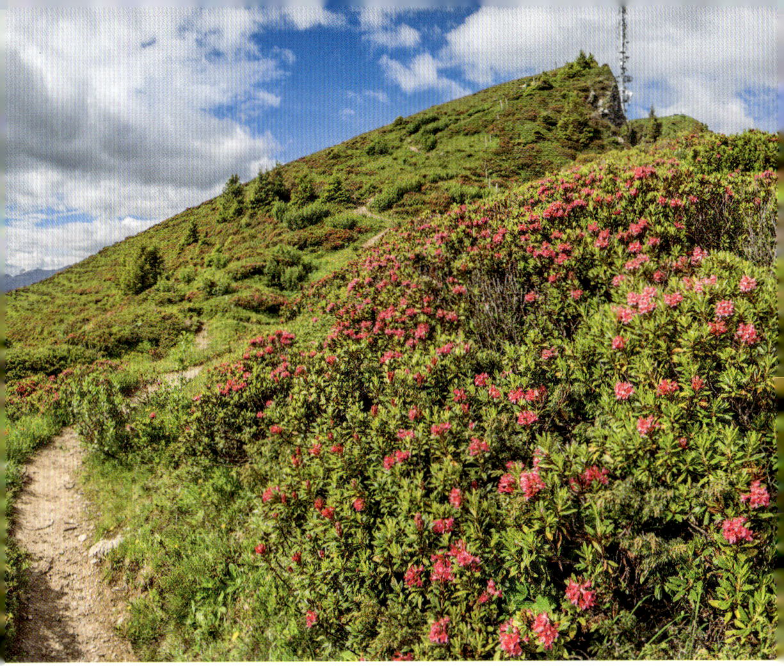

Chaux Ronde, 2028 m, auf der Südseite umgehen. Das Grasgelände geht bald über in einen Grat; auf diesem in ständigem Auf und Ab, mit ausgesetzten, verbuschten, bewaldeten und felsigen Passagen, immer auf einem Pfad bis zum höchsten Punkt von Les Vélards, 1993 m, und hinab in den **Col de l'Encrène** 4.
Ab hier ist die Fortsetzung des Gratweges wieder (gelb) markiert. Diesem folgen bis zum Sattel P. 1903 und rechts hinab zur Bergstation **Les Mazots** 5 mit schöner Einkehrmöglichkeit.

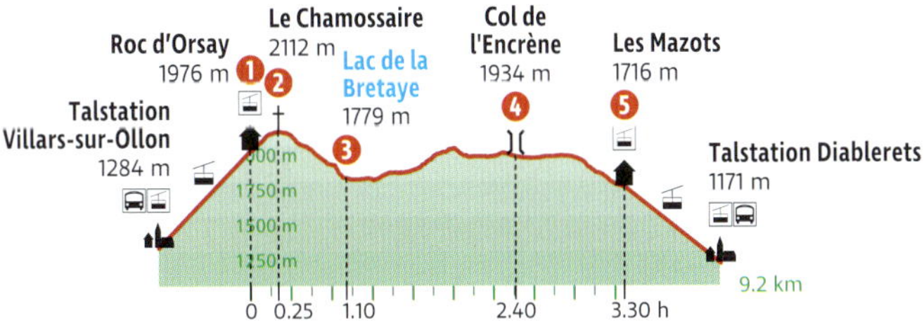

↗ 520 m | ↘ 520 m | 5.9 km

38 Chaux Ronde, 2013 m

2.45 h

Auf die Aussichtsloge gegenüber den Diablerets

Der äußerste der vorgelagerten Gipfel im langen Westgrat der Diablerets verdankt seinen Namen wohl dem kalkhaltigen Gestein. Eindrücklicher hinsichtlich der geologischen Erscheinung ist allerdings die riesige Kalkplatte Miroir d'Argentine in der südlich des Chaux Ronde gelegenen kleinen Gebirgskette Arête de L'Argentine. Die über 400 Meter hohe Felsplatte erscheint aus der Ferne wie ein glatter Spiegel. Den besten Blick darauf genießt man von der hier beschriebenen kleinen Rundwanderung – genießen kann man nach dem Abstieg vom Chaux Ronde auch eine Einkehr im sympathischen Refuge de Taveyanne.

Ausgangs- und Endpunkt: Bergstation Les Chaux, 1754 m, der Gondelbahn Barboleuse–Les Chaux; Talstation 500 m vom Bahnhof La Barboleuse, 1210 m, entfernt (7 Min. zu Fuß).
Anforderungen: Leichte Wanderung mit einigen Höhenmetern und etwas erforderlicher Trittsicherheit am Grat. T2.
Einkehr/Unterkunft: Restaurant La Boille Ô Chaux bei der Bergstation, Ende Juni bis Mitte Oktober, Tel. +41 24 498 11 87. Restaurant de Refuge de Taveyanne, Anfang Juni bis Anfang Oktober, Tel. +41 24 498 19 47 oder +41 79 781 23 47.
Variante: Fährt die Seilbahn nicht, kann man vom Col de la Croix, 1776 m (Bus), starten und von Les Chaux nach Solalex, 1469 m (Bus), wandern (4.15 Std.).
Karte: 3317T Diablerets; 1285 Les Diablerets.
Anschlusstour: 37 (Variante), 46 und 47 (mit Variante), 58.

Einkehr empfohlen: das Refuge de Taveyanne.

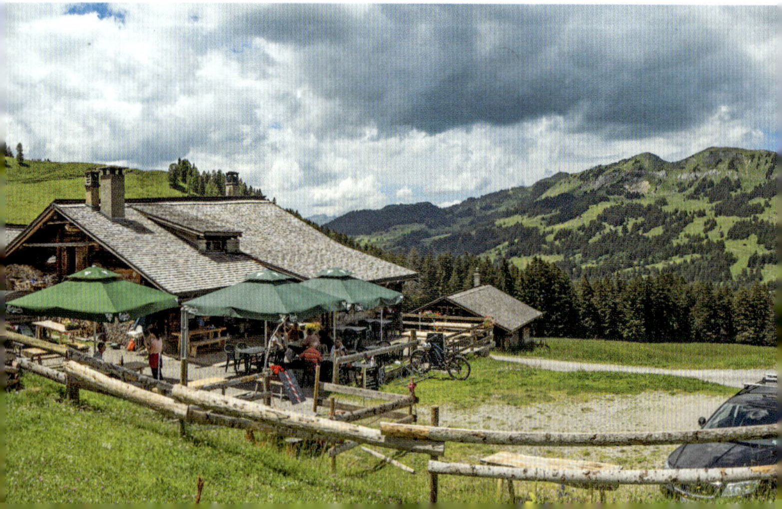

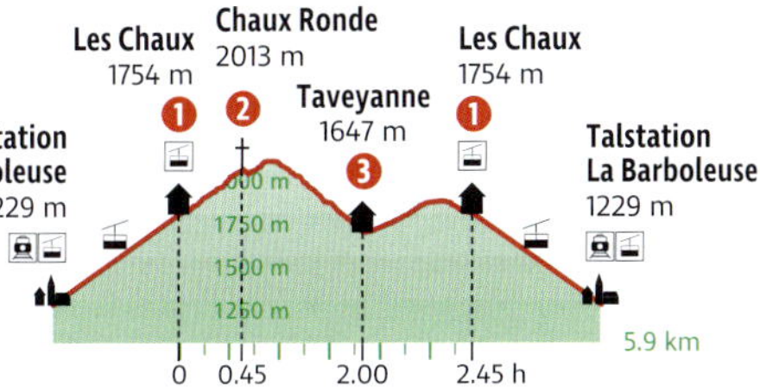

Von der Bergstation **Les Chaux** ❶ direkt in östlicher Richtung auf einem Sträßchen den breiten Bergrücken hoch. Bei der Wegkreuzung P. 1845 zweigt rechts der rot-weiß-rot markierte Weg ab, welcher entlang des grasigen Rückens bis auf den Gipfel des **Chaux Ronde** ❷ führt.

Weiter über den kurzzeitig schmalen Grat aufwärts. Gut 300 m nach dem Gipfelkreuz verlässt der Weg den aussichtsreichen Grat und zieht nach links in die Nordflanke hinab bis zum denkmalgeschützten Weiler **Taveyanne** ❸.

In rund 45 Min. zurück nach **Les Chaux** ❶ über die ausgeschilderte Wanderroute »Par Tsamayen«.

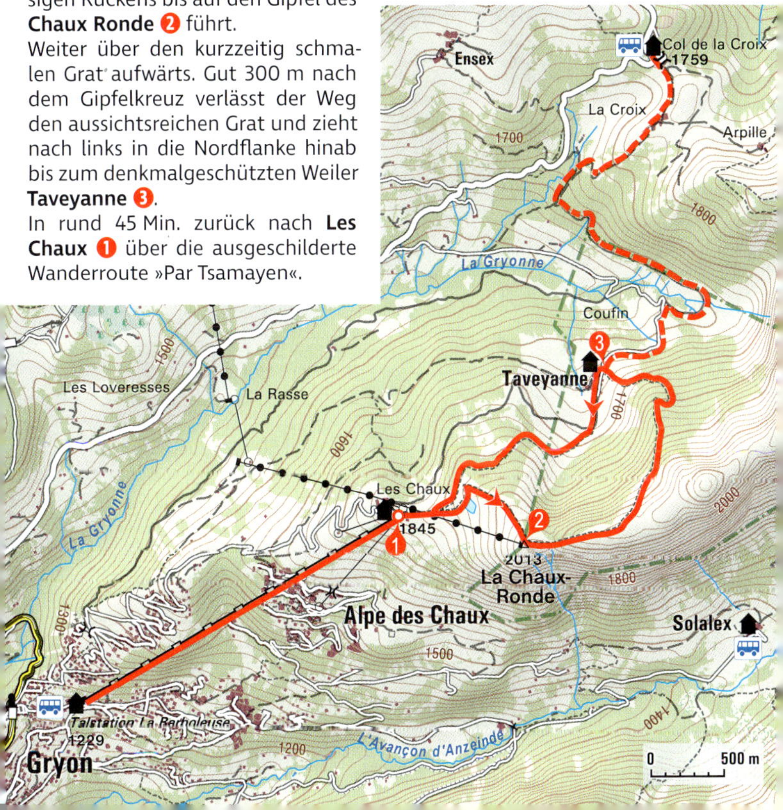

↗ 660 m | ↘ 660 m | 7.9 km

39 La Palette, 2170 m

3.30 h

Kleine, aber feine Rundtour gegenüber den Diablerets

Das Gros der Besucher auf dem Col du Pillon lässt sich mit der Seilbahn Glacier 3000 in die Gletscherwelt des Diablerets-Massivs hochtransportieren, um neben der Bergstation auf einer Hängebrücke zu spazieren, sich in eine Rodelbahn zu setzen oder auch ein paar Schritte auf dem Eis zu unternehmen. Wir sparen uns das Seilbahnticket, die große Höhe und die oft zahlreichen Touristen und begeben uns auf eine hübsche Rundtour mit aussichtsreichem Gipfel. Von dort oben genießen wir den Blick hinab zu Lac Retaud und Col du Pillon und hinauf zu den Spitzen des Diablerets-Massivs.

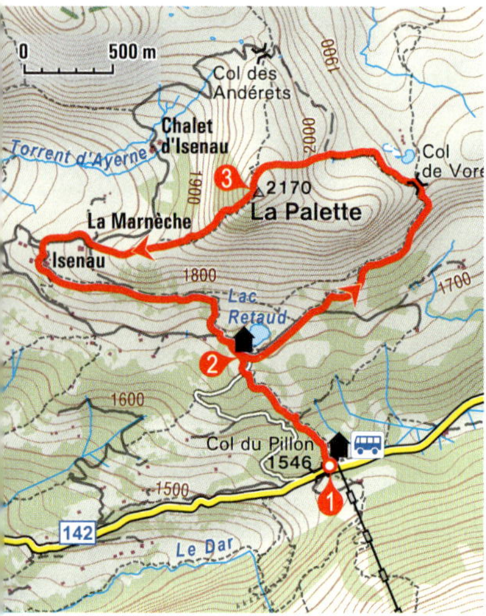

Ausgangs- und Endpunkt: Col du Pillon, 1546 m; Bus vom Bahnhof Les Diablerets oder vom Bahnhof Gstaad.
Anforderungen: Überwiegend leichte Wanderung auf rot-weiß-rot markierten Wegen, nur die Abkürzung zum Gipfel der Palette weglos. Der steile Abstieg von der Palette erfordert Vorsicht. T2.
Einkehr/Unterkunft: Hôtel-Restaurant du Lac Retaud, Tel. +41 24 492 13 68. Restaurant Col du Pillon, Tel. +41 24 492 10 00.
Variante: Mit dem Auto nach Retaud (0.45 Std. kürzer).
Karte: 3317T Diablerets; 1265 Les Mosses.
Anschlusstour: 36, 40, 41, 42, 58.

Vom **Col du Pillon** ❶ auf dem gelb markierten Wanderweg zum kleinen Bergsee **Lac Retaud** ❷ mit dem Restaurant. In nordöstlicher Richtung auf nun rot-weiß-rot markiertem

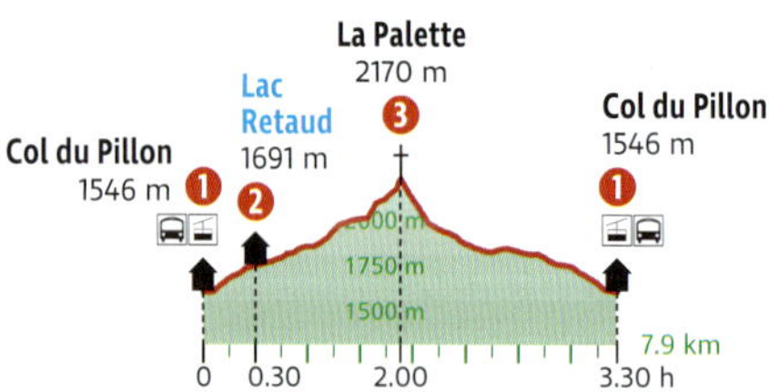

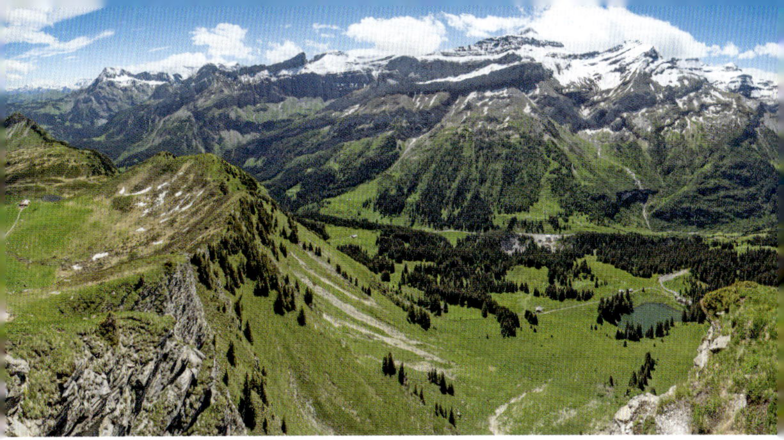

Gipfelblick von La Palette: unten der Lac Retaud, darüber Sex Rouge und Le Sommet des Diablerets.

Weg bis in den Col de Voré, 1917 m. Links abzweigen am Chalet Vieux vorbei, bis der Weg eine Rechtsbiegung macht. Einfach geradeaus weglos über den Grashang hoch bis zum Wanderweg, welcher in wenigen Metern auf den Gipfel **La Palette** ❸ führt – oder alternativ rechts haltend etwas länger und weniger steil über den Col des Andérets.

Vom Gipfel auf einem anfangs sehr steilen Pfad in südwestlicher Richtung abwärts bis zur Alp La Marnèche, 1799 m. Wieder auf gelb markiertem Weg in östlicher Richtung zurück zum **Lac Retaud** ❷ und auf bekanntem Wege zum Ausgangspunkt **Col du Pillon** ❶.

Eine Perle von Bergsee: der Lac Retaud.

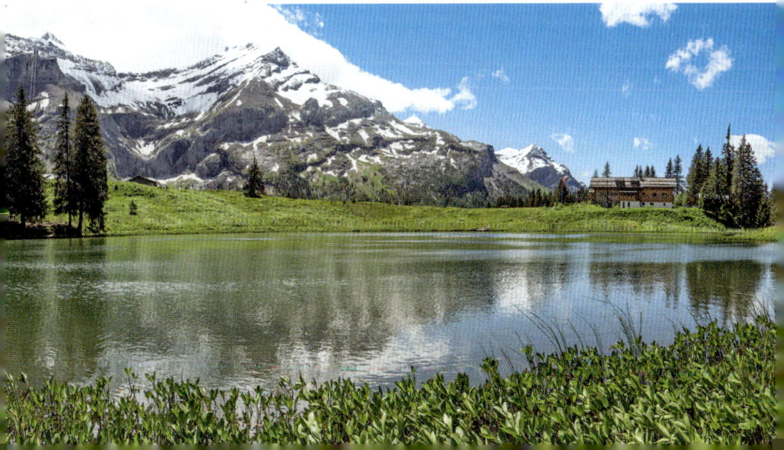

↗ 70 m | ↘ 460 m | 5.6 km

40 Col du Pillon – Les Diablerets

2.00 h

Familienwanderung mit Wasserfall

Eine kurze, aber durchaus attraktive Wanderung führt vom Col du Pillon nach Les Diablerets. Da es zumeist sanft bergab geht, stets entlang des kleinen Baches Le Dar, ist die Wanderung perfekt geeignet für Familien insbesondere auch mit kleinen Kindern. Das Bachbett kann an einigen Stellen zum Spielen am und im Wasser oder zum Picknicken genutzt werden. Alternativ kommt man am Ende nahe am Schwimmbad von Les Diablerets vorbei, und an der nur 200 Meter entfernt liegenden Crêperie Chez La Julie.

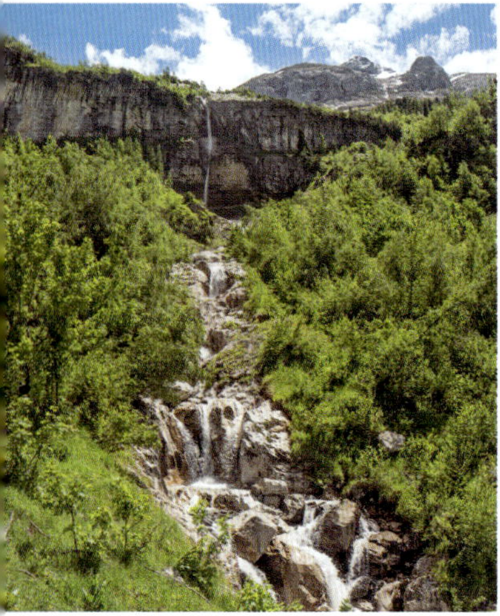

Ausgangspunkt: Col du Pillon, 1546 m; Bus vom Bahnhof Les Diablerets oder vom Bahnhof Gstaad.
Endpunkt: Bhf. Les Diablerets, 1154 m.
Anforderungen: Leichte Wanderung auf gelb markiertem Weg. T1.
Einkehr/Unterkunft: Restaurant Col du Pillon, Tel. +41 24 492 10 00. Crêperie Chez La Julie, Tel. +41 79 832 24 40. Verschiedene Unterkünfte in Les Diablerets.
Variante: Kurz nach Beginn der Wanderung Klettersteig Via ferrata de la Cascade du Dar; gut, aber nicht übermäßig abgesicherter Sportklettersteig mit vielen Quergängen an einer Felswand in waldigem Gelände, am Morgen schattig (1.30 Std. länger; K5–).
Karte: 3317T Diablerets; 1285 Les Diablerets.
Anschlusstour: 36, 37, 39, 41, 42.

Der Wasserfall Cascade du Dar.

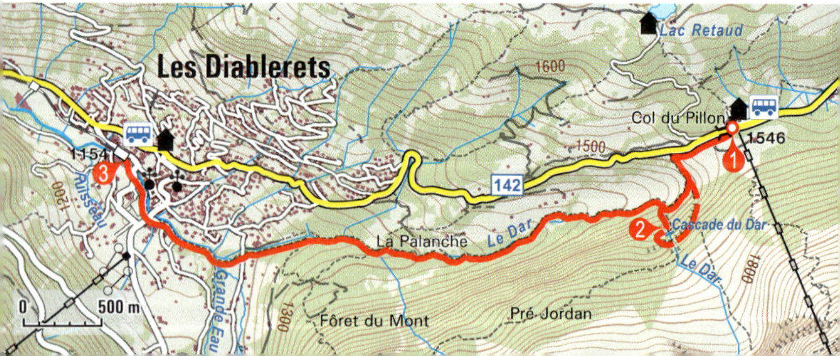

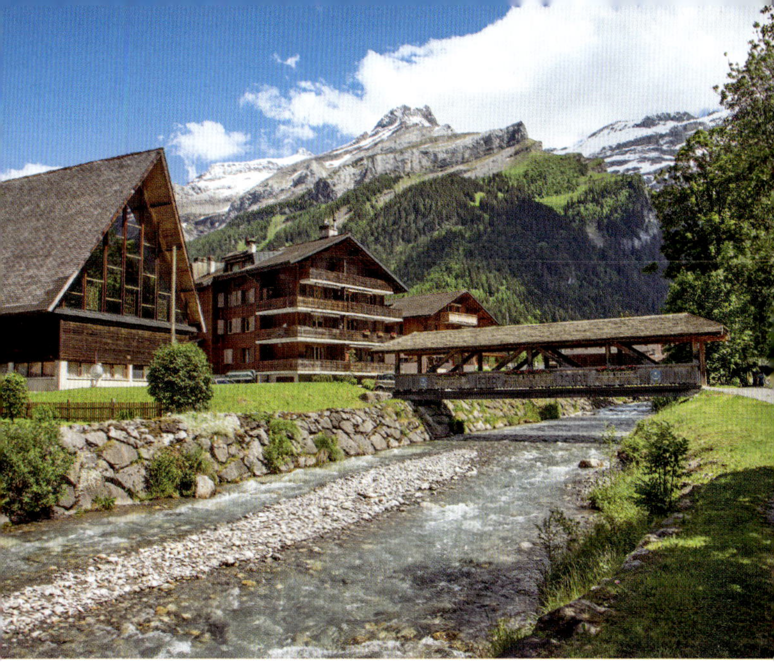

Entlang des »Großen Wassers«: La Grande Eau in Diablerets.

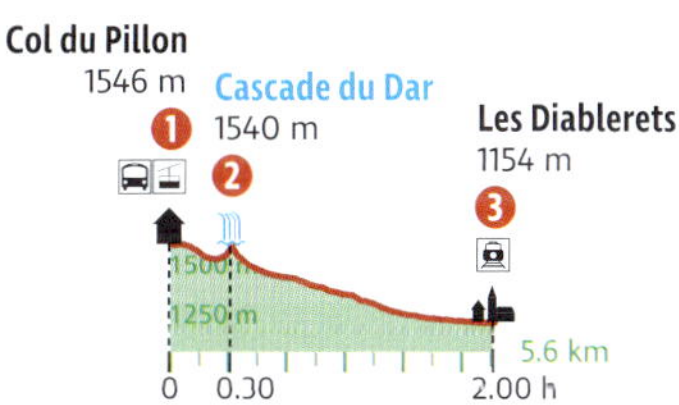

Vom **Col du Pillon** ❶ geht es ein kurzes Stück linksseitig entlang der Fahrstraße, aber schon bald führt der Wanderweg links von der Straße weg. Hinab in den Creux du Pillon nähert man sich dem **Cascade du Dar** ❷ wer möchte, kann links (ostseitig) des Baches **Le Dar** noch etwas auf einem Pfad aufsteigen, um so noch deutlich näher an den Wasserfall heranzukommen.

Weiter auf einem schönen Wanderweg entlang des Bachs Le Dar auf dessen rechter Seite sanft absteigen. Längere Wegabschnitte verlaufen durch den Wald, immer wieder finden sich Stellen, wo man direkt an den Bach kann. Kurz vor Beginn der Ortschaft Diablerets wechselt man an das linke Ufer, weiter den gelben Wegmarkierungen folgend. Bald mündet der Dar in den kleinen Fluss Grande Eau, dem man ebenfalls linksseitig folgt.

Die nächste Brücke nach Passieren der gedeckten Holzbrücke führt wieder auf die andere Seite und zum Bahnhof **Les Diablerets** ❸.

↗ 1260 m | ↘ 1260 m | 13.8 km

41 Refuge de Pierredar, 2292 m

6.30 h

Schöne Rundtour zu einer wenig bekannten Hütte

Ein Besuch oder gar eine Übernachtung im wunderbar in dem Bergkessel unterhalb der Diablerets gelegenen Refuge de Pierredar lohnt sich. Verbindet man den Aufstieg über den landschaftlich besonders reizvollen Weg Sentier Le Drudy mit dem Abstieg über den Normalweg, ergibt sich daraus eine schöne Runde. Trotz blau-weißer Wegmarkierung des Abschnittes über Le Drudy sind die Anforderungen moderat und bewegen sich im eher leichten Bereich des Alpinwanderns.

Ausgangs- und Endpunkt: Bahnhof Les Diablerets, 1154 m.
Anforderungen: Bis Lécheré und dann wieder nach der Wegkreuzung P. 2005 einfache Wanderung (T2). Dazwischen befinden sich auf dem Weg Le Drudy einige ausgesetzte Passagen in Form von grasigen Hangquerungen; bei Schnee und Vereisung nicht zu empfehlen. T4–.

Einkehr/Unterkunft: Refuge de Pierredar, Tel. +41 79 127 56 67.
Variante: Höhenweg vom Col du Pillon über Montagne du Pillon und Le Crosex zur Alp Lécheré; gleich lang wie der Aufstieg von Les Diablerets. T3.
Karte: 3317T Diablerets; 1285 Les Diablerets.
Anschlusstour: 37, 36, 39 (mit Variante), 40, 42, 58.

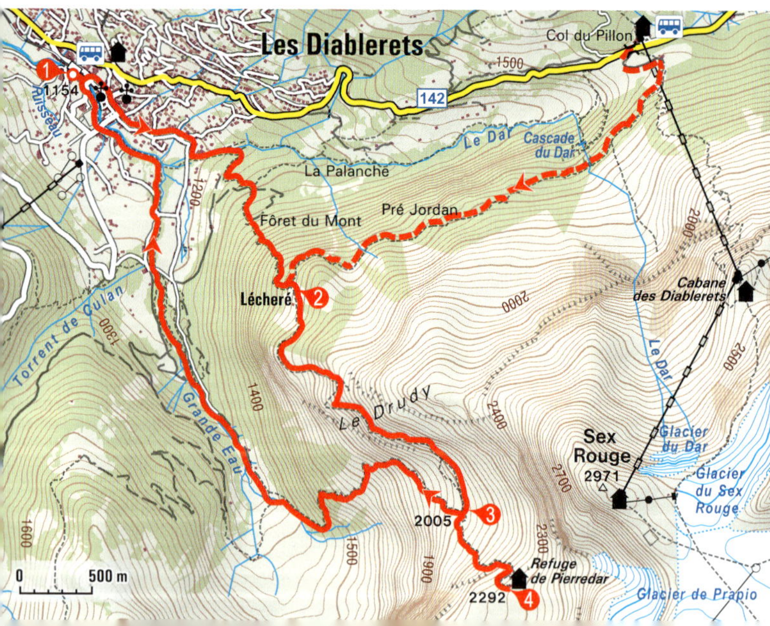

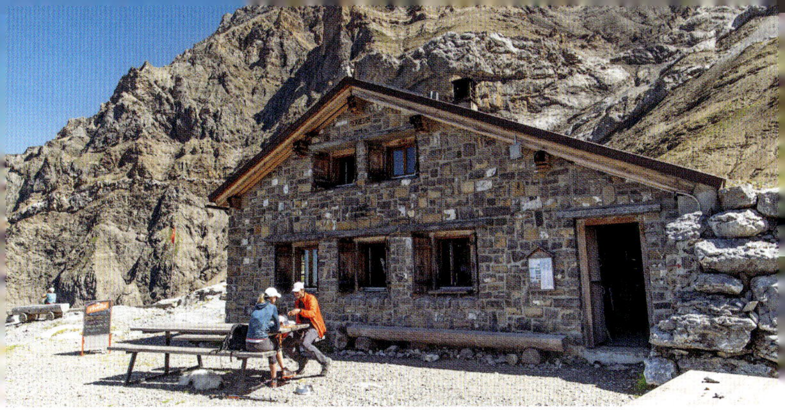

Mittagspause beim Refuge de Pierredar, dahinter der Sex Rouge.

Vom Bahnhof **Les Diablerets** ❶ der blau-weiß-blauen Markierung in Richtung »Pierredar par le Drudy« folgen. Rechts (südseitig) des Flusses Le Dar, bis der Weg vom Ufer weg steil hinauf in den Wald führt. Nach rund 1.30 Std. wird der Wald mit Erreichen der Alphütte **Lécheré** ❷ verlassen.
Nun weniger steil aufsteigend den blau-weiß-blauen Markierungen folgend quert man einen Wiesenhang, um bei P. 1767 nach einer Linkskurve zum ersten Mal einen Blick auf den gewaltigen Bergkessel der Diablerets über Creux de Champ zu erhalten. Hier beginnt auch langsam die teilweise ausgesetzte Querung in die Felsgürtel **Le Drudy**. Der Weg quert auf einer Höhe von rund 1900 m eine senkrechte Wandstufe unmittelbar an deren Fuß, wo auch eine in einer Felsnische stehende Sitzbank mit Tisch passiert wird. Nach einem kurzen Abstieg von rund 50 Hm trifft der Alpinwanderweg bei der Wegkreuzung **P. 2005** ❸ auf den rot-weiß-rot markierten Normalweg. Auf diesem in ca. 45 Min. zum schick gelegenen **Refuge de Pierredar** ❹.
Auf gleichem Weg zurück zu **P. 2005** ❸, von hier weiter der rot-weiß-rot markierten Wanderroute über Grande Combe hinab folgen und entlang des »Großen Wassers« – La Grande Eau – zurück nach **Diablerets** ❶.

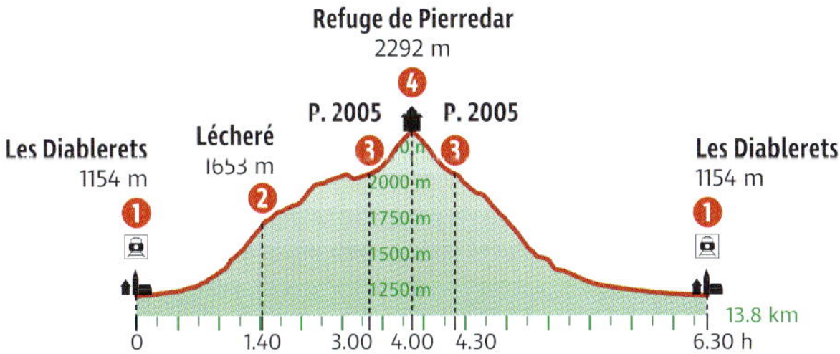

TOP

42

↗ 1820 m | ↘ 50 m | 9.8 km

Via ferrata des Dames Anglaises – Sex Rouge, 2971 m

6.30 h

Von englischen Damen und roten Felsen

Über die Via ferrata des Dames Anglaises auf den Sex Rouge – hier sollte vielleicht erst mal erwähnt werden, dass »Sex« in dieser Region »Felsen« bedeutet. Und ob der Klettersteig auf den »roten Felsen« von englischen Damen errichtet worden ist oder ein besonders beliebtes Reiseziel der weiblichen Bevölkerung des Inselreiches war, soll hier unbeantwortet bleiben. Aber auch ohne englische Damen hat die hochalpine Via Ferrata durchaus ihren Reiz. Ein Aufstieg in ruhiger und landschaftlich großartiger Umgebung, eine Einkehr auf einer tollen Hütte und ein angenehmer Abstieg mit der Bahn versprechen einen wunderbaren Tourentag.

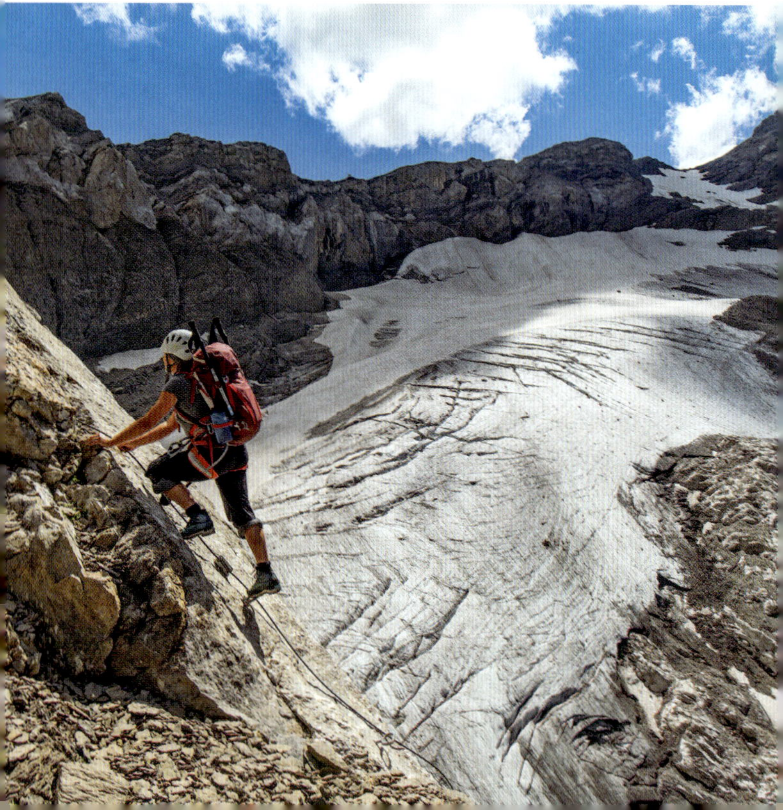

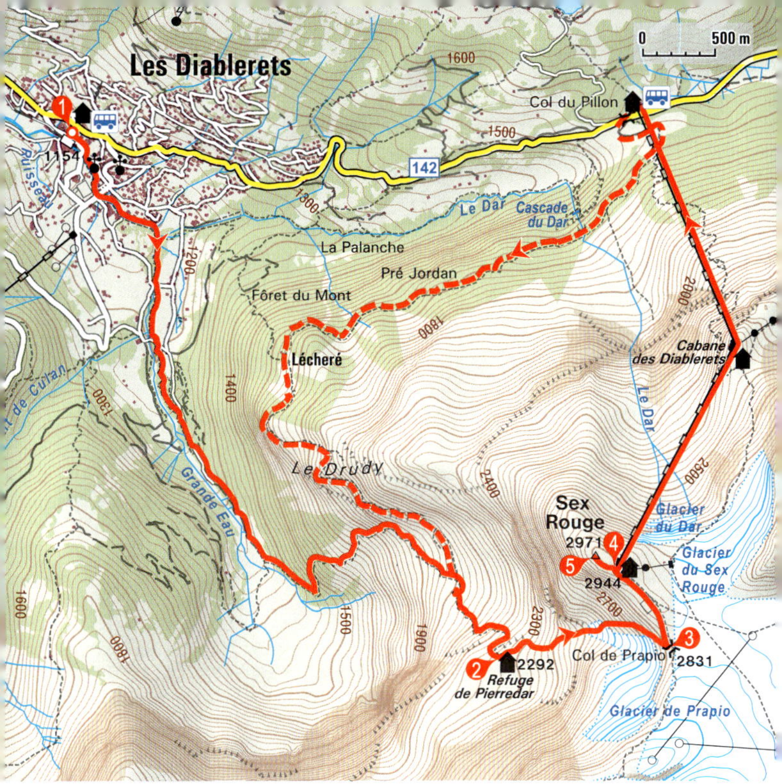

Ausgangspunkt: Bahnhof Les Diablerets, 1154 m.
Endpunkt: Bergstation Sex Rouge, 2944 m, der Luftseilbahn Glacier 3000; Bus von der Talstation Col du Pillon, 1546 m, zum Bahnhof Les Diablerets oder zum Bahnhof Gstaad.
Anforderungen: Von den Schwierigkeiten her überschaubarer Klettersteig, die Schlüsselstelle ist direkt nach dem Einstieg (K3+), der Rest deutlich einfacher. Dennoch befindet sich der Klettersteig in hochalpiner Umgebung, sodass stabiles Wetter sehr zu empfehlen ist. Klettersteigausrüstung ist unbedingt nötig, dazu sehr stabile Wanderschuhe und die entsprechende Kondition.
Einkehr/Unterkunft: Bergstation Sex Rouge, Talstation Col du Pillon, Refuge de Pierredar; vgl. Tour 41.
Variante: In etwa gleich lang ist der Aufstieg beginnend vom Col du Pillon, 1546 m, über Montagne du Pillon, Léchéré und Le Drudy zum Refuge de Pierredar; vgl. Tour 41.
Karte: 3317T Diablerets; 1285 Les Diablerets.
Anschlusstour: 40, 41, 43, 44, 58.

Via Ferrata mit einer »Dame allemende« und dem Glacier de Prapio.

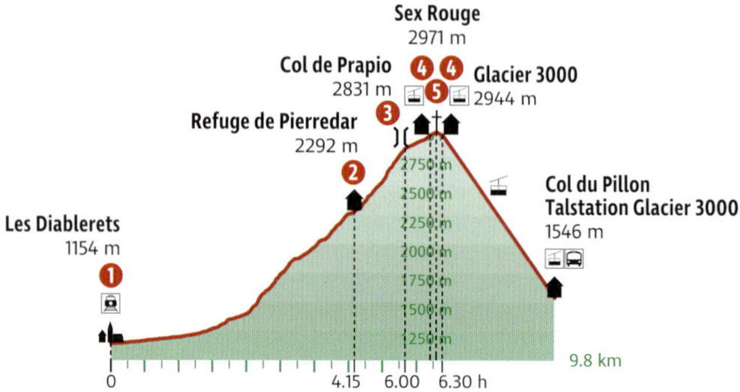

Vom Bahnhof **Les Diablerets** ❶ über die Brücke und auf dem Wanderweg am kleinen Fluss Grande Eau entlang. Bei der Brücke (P. 1183) über das »Große Wasser« und gleich rechts in den schönen, unmarkierten Uferweg einbiegen; er wird abgelöst vom Vita parcours. Schließlich muss man doch auf dem Sträßchen und Fahrweg nach **Creux de Champ** trotten. Von da schraubt sich der rot-weiß markierte Wanderweg durch steile Wald-, Gras- und Geröllhänge zum **Refuge de Pierredar** ❷ empor.
Auf dem Bergrücken, welcher kurz hinter der Hütte ansetzt, geht es auf Pfadspuren aufwärts – gelegentlich weisen eine blau-weiße Markierung sowie einige wenige große rot-weiße Punkte den Weg. Nach diesem besagten Punkt befinden sich die ersten Drahtseile – die Klettersteigausrüstung muss hier aber noch nicht angelegt werden. Kurz unterhalb des Prapio-Gletschers überquert man bei einem großen roten Punkt den Gletscherabfluss.
An der Felswand gegenüber zeigt der riesige rot-weiße Punkt den **Einstieg** des **Klettersteigs** an. Dieser beginnt sogleich mit der Schlüsselstelle: eine steile Querung und ein anschließender senkrechter Aufschwung. Der weitere Verlauf weist kaum noch ausgesetzte Stellen auf – einige kleinere Felsaufschwünge könnten auch im Gehgelände umgangen werden. Nochmal spannend ist dann der Schlussabschnitt, welcher unmittelbar entlang einer felsigen Gratkante verläuft. Nach deren Ende ist der **Col de Prapio** ❸ schnell erreicht. In wenigen Minuten auf dem Schuttrücken zur Bergstation **Glacier 3000** ❹.
Natürlich gehört noch der Abstecher über den Ostgipfel und die Hängebrücke zum Westgipfel des **Sex Rouge** ❺ dazu, bevor man mit vielen anderen weniger aktiven Touristen knieschonend zum **Col du Pillon** hinunterschweben kann.

Anregende Kraxelei: auf der Felsrippe vor dem Col de Prapio.

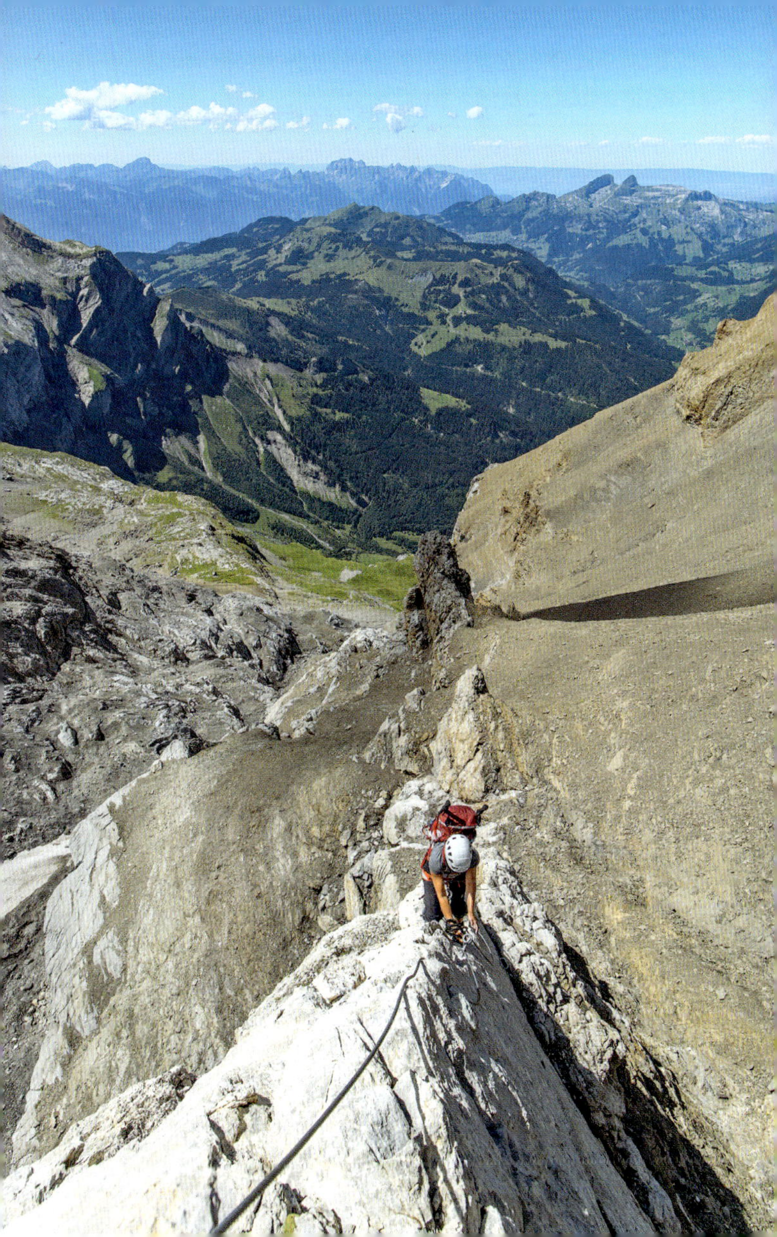

↗ 460 m | ↘ 1480 m | 9.1 km

43 Oldenhorn, 3123 m

4.15 h

Höchster Wandergipfel und Dreiländerpunkt Bern – Waadt – Wallis

Auch wenn der Tsanfleuron-Gletscher wie die meisten seiner Art sich immer weiter zurückziehen, ist der Tiefblick vom Oldenhorn auf die Eisfläche, welche zuvor sogar noch überquert wird, immer noch erhaben. Trotz der verhältnismäßig leichten Besteigung kommt man dabei in den Genuss, auf dem höchsten Wandergipfel der Region zu stehen, welche dieser Führer abdeckt. Damit man nicht auf gleichem Wege wieder in den Trubel um die Bergstation der Glacier-3000-Bahn zurückmuss, empfiehlt sich ein Abstieg in den grünen Oldenkessel.

Leicht ist die Überquerung des Tsanfleuron-Gletschers unter dem Oldenhorn.

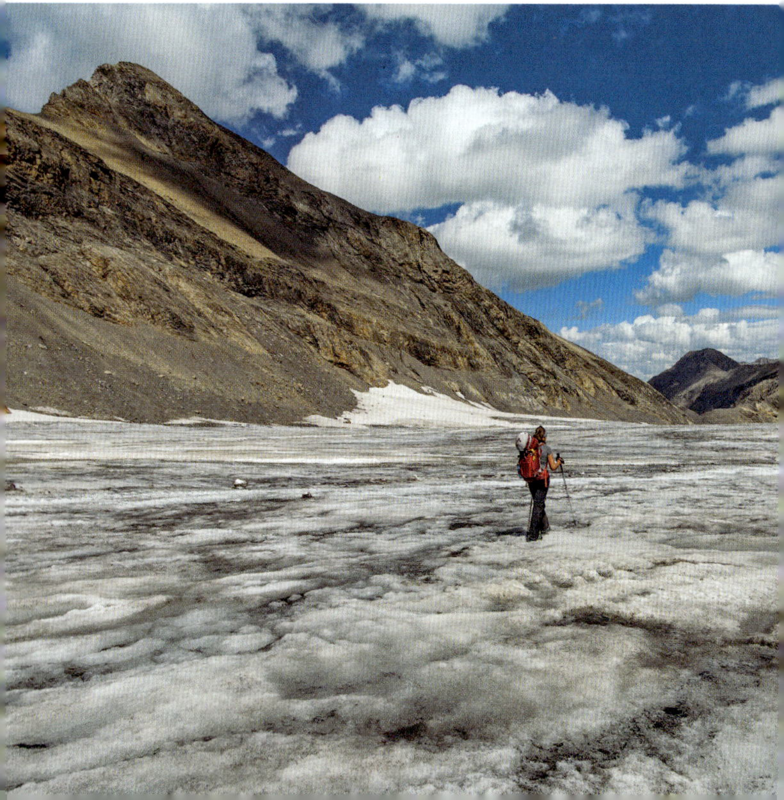

Ausgangspunkt: Bergstation Sex Rouge, 2944 m; vgl. Tour 42.
Endpunkt: Bergstation Oldenegg, 1919 m, der Luftseilbahn Reusch–Oldenegg, nur von Mitte Juli bis Mitte August in Betrieb. Bus von der Talstation Reusch bei Stöckeweid, 1353 m, zum Bahnhof Gstaad oder zurück zum Col du Pillon.
Anforderungen: Der Aufstieg erfordert Trittsicherheit und ein klein wenig Kraxelei. Bei Nebel sofort viel Orientierungssinn erforderlich. Der Glacier de Tsanfleuron ist in dem zu überquerenden Bereich spaltenlos und kann meist auf präparierter Spur begangen werden, der Gipfelaufstieg kaum ausgesetzt; bei Neuschnee eher meiden. T3+.
Einkehr: Bergstation Sex Rouge. Mittelstation Glacier 3000: Cabane des Diablerets, SAC, Tel. +41 24 492 21 02.
Varianten: 1. Wenn die Seilbahn Oldenegg–Reusch nicht verkehrt: Von Obere Olde den Oldenkessel ostseitig queren, zum Oldebach (P. 1834) absteigen und weiter der Beschilderung nach bis zur Talstation Reusch mit Bushaltestelle (1 Std. länger).
2. Vom Oldensattel am Nordrand des Gletschers entlang, dann auf markierten Wegen zum Sanetschsee und dessen Bergstation (30 Min. länger), mit der Seilbahn hinab nach Innergsteig und von dort in 15 Min. nach Gsteig, 1183 m.

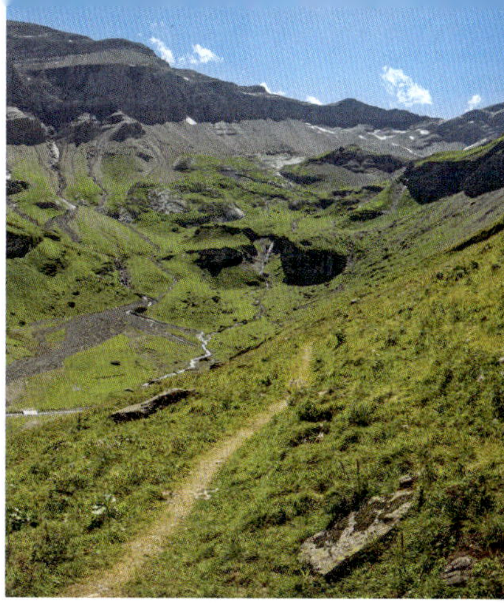

Der grüne Oldenkessel, im Hintergrund der Oldensattel.

3. Von Oldenegg über Martisberg und die Cabane des Diablerets aufsteigen zur Mittelstation Glacier 3000 (1.45 Std. länger).
Karte: 3317T Diablerets; 1285 Les Diablerets, 1286 St-Léonard.
Tipp: Die 107 m lange Hängebrücke zwischen dem Gipfel, auf dem die Bergstation steht, und dem Sex Rouge.
Anschlusstour: 42, 44, 45 (mit Variante), 58.

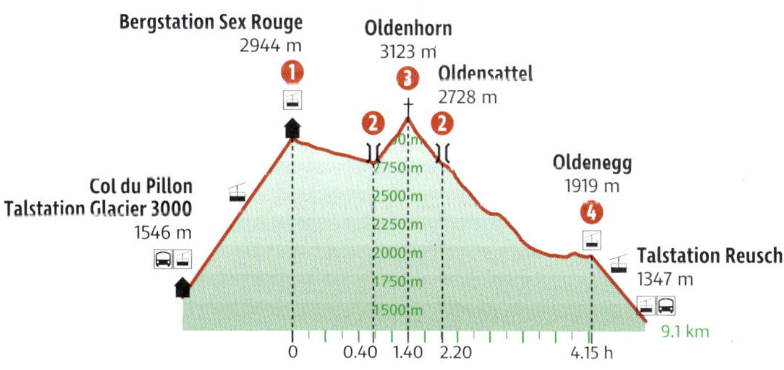

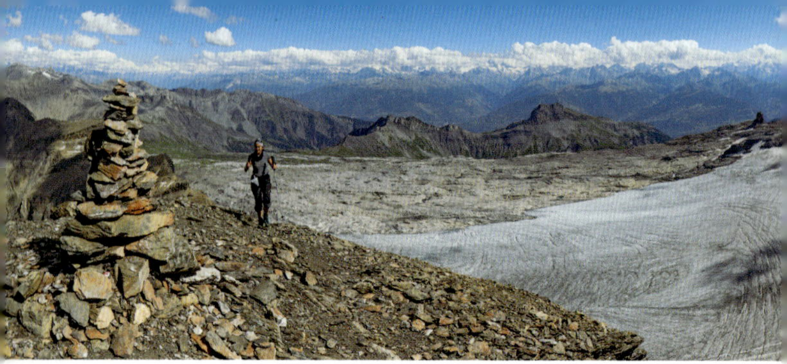

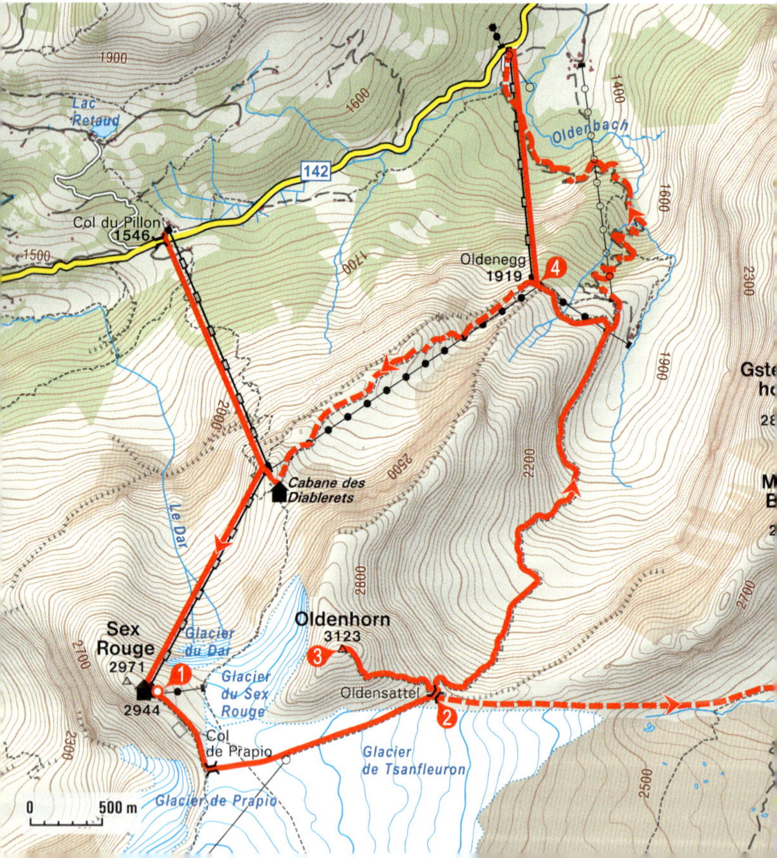

1900
Lac Retaud
1600
142
Oldenbach
1400
1600
Col du Pillon
1546
1500
1700
Oldenegg
1919
4
2300
1900
2000
2500
2200
Cabane des Diablerets
Le Dar
2800
Oldenhorn
3123
3
Sex Rouge
2971
2944
1
Glacier du Dar
Glacier du Sex Rouge
2700
Oldensattel
2
Col de Prapio
Glacier de Tsanfleuron
2300
2700
2500
0
500 m
Glacier de Prapio

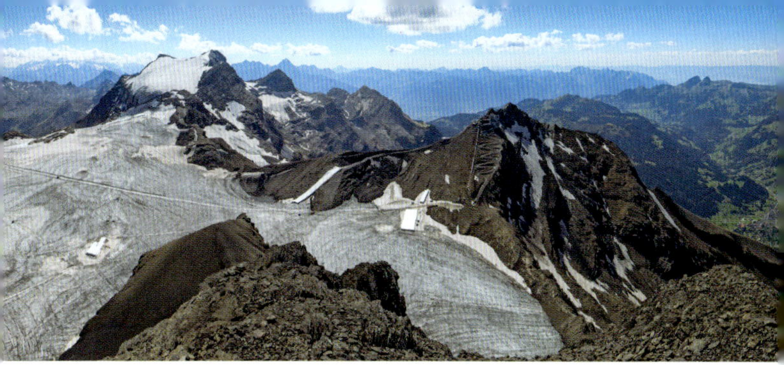

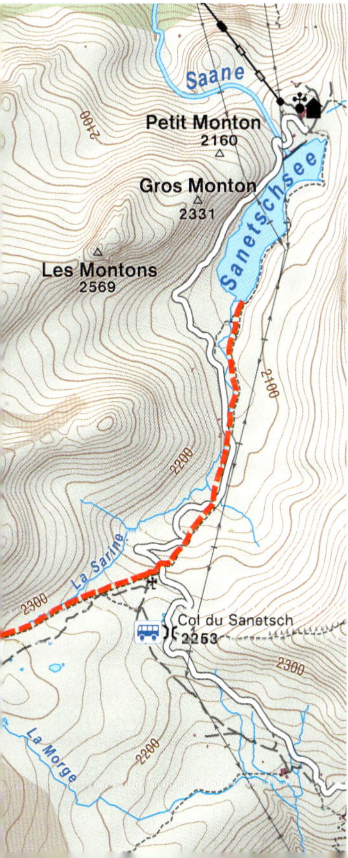

Weitsicht: Ankunft am Gipfel des Oldenhorns.

Von der Bergstation **Sex Rouge** ❶ der Luftseilbahn steigt man auf Wegspuren über Schieferschutt zum Gletscher ab und hält hinüber zum Col de Tsanfleuron. Weiter auf dem Glacier de Tsanfleuron am Südfuß des Oldenhorns entlang zum schon von Weitem gut zu erkennenden **Oldensattel** ❷. Nun auf deutlichen Wegspuren über den breiten Südostrücken zum Gipfelkreuz des **Oldenhorns** ❸ und die fantastische Aussicht genießen. Dabei ist 100 Hm unter dem Gipfel eine kurze, brüchige Felsstufe zu überwinden.
Abstieg zurück in den **Oldensattel** ❷. In den obersten, steilen Hängen des Oldenkessels folgt man zunächst der Pistentrasse, dann dem Wanderweg abwärts bis zur Wegkreuzung **Obere Olde** (südlich von P. 2310). Links haltend über eine Rippe zwischen zwei Bachgräben bis P. 1996 und den Oldenkessel linksseitig (westlich) queren. Noch vor der Alpsiedlung bei P. 1887 links auf dem Wanderweg bis zur Bergstation **Oldenegg** ❹ und mit der Seilbahn zur Talstation **Reusch**.

TOP 44

↗ 270 m | ↘ 1730 m | 13.9 km

Sex Rouge, 2944 m – Cabane de Prarochet – Derborence

5.30 h

Wanderkino im Banne der Diablerets

Einen wahrhaftig abwechslungsreichen Wandertag verspricht diese Tour. Den Trubel um die Bergstation Glacier 3000 lässt man schnell hinter sich und taucht zuerst in eine vom Gletscher hinterlassene faszinierende Steinlandschaft ein, abgelöst vom Abstieg in den grünen Talkessel von Derborence. Auf dem Wanderweg unterhalb der gewaltigen Südflanke des Diablerets-Massivs könnte man sich manchmal auch in den Dolomiten wähnen – dass hier am 17. Juni 1714 die halbe Südwand der Diablerets in die Tiefe stürzte und die grünen Matten von Derborence verschüttete, erahnt man heute nicht mehr.

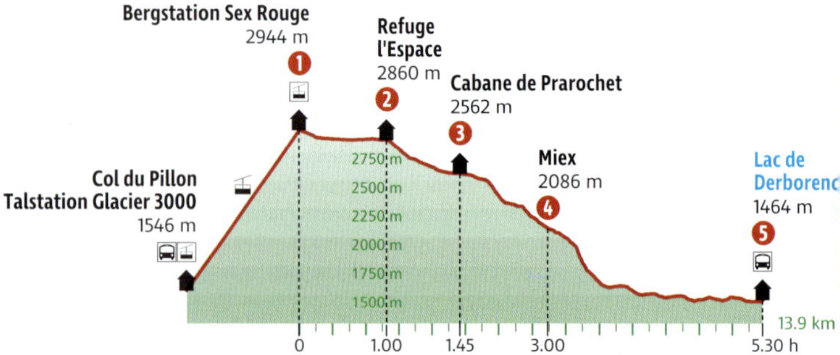

Ausgangspunkt: Bergstation Sex Rouge, 2944 m; vgl. Tour 42.
Endpunkt: Lac de Derborence, 1464 m. Bus über Aven, Village, zum Bhf. Sion.
Anforderungen: Bei schlechter Sicht kann man sich auf dem Tsanfleuron-Gletscher und den folgenden Karstfeldern bis deutlich nach der Cabane Prarochet verirren, trotz Pisten und markierter Route. Für den Abstieg durch den Poteu des Etales braucht es eine gehörige Portion Trittsicherheit; in vielen Passagen steinschlägig. T3+.
Einkehr/Unterkunft: Talstation Col du Pillon. Bergstation Sex Rouge, Refuge l'Espace, geöffnet Juli bis Mitte Okt., Tel. +41 79 744 88 00 (beide nur Einkehr). Cabane de Prarochet, bewartet Anfang Juli bis Mitte Sept. Tel. +41 27 395 27 27.
Variante: Eine kurze Tour von 3 Std. entsteht, wenn man von der Cabane Prarochet zum Sanetschpass absteigt. Dort Bus zum Bahnhof Sion im Rhonetal.
Tipp: Vom Schriftsteller Charles Ferdinand Ramuz wurde der Roman »Derborence« bekannt, welcher auf dem Ereignis des Bergsturzes von 1714 basiert.
Karte: 3317T Diablerets; 1285 Les Diablerets, 1286 St-Leonard.
Anschlusstour: 42, 43, 45, 58, 59, 60.

Spannende Wege: Leiterstufe bei Poteu des Etales.

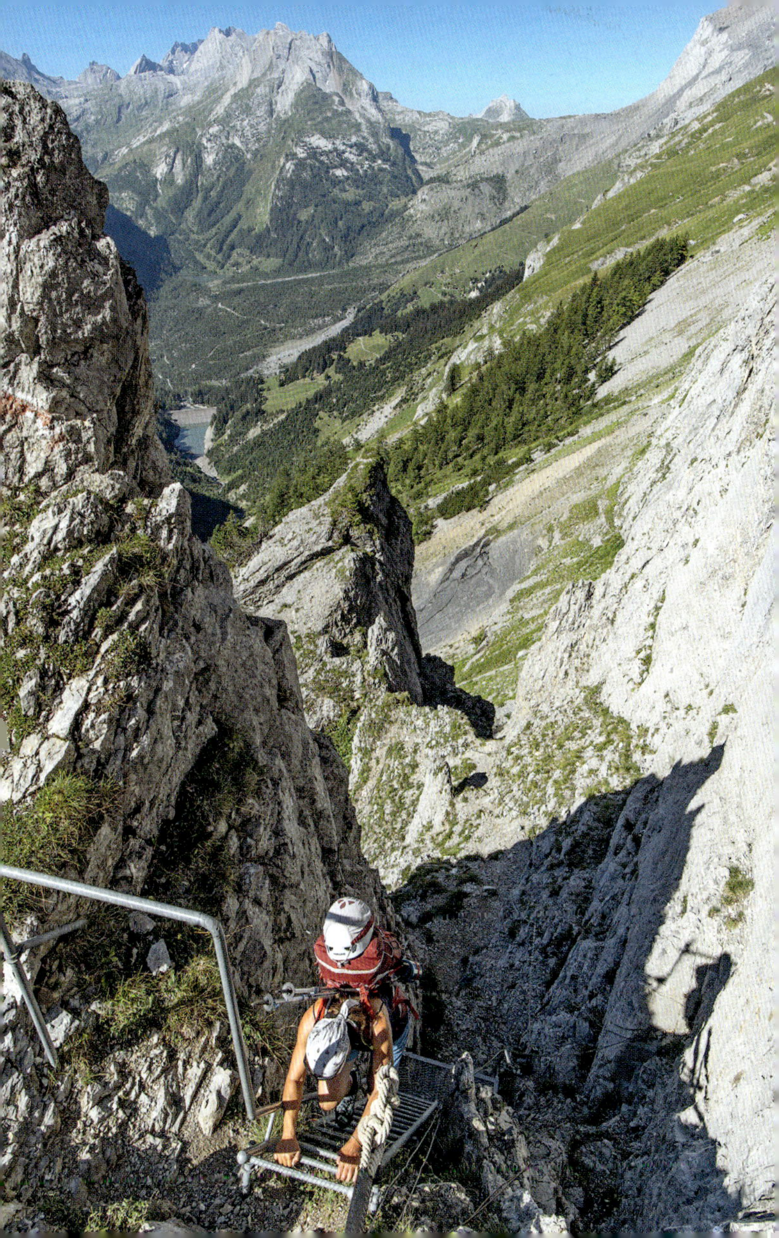

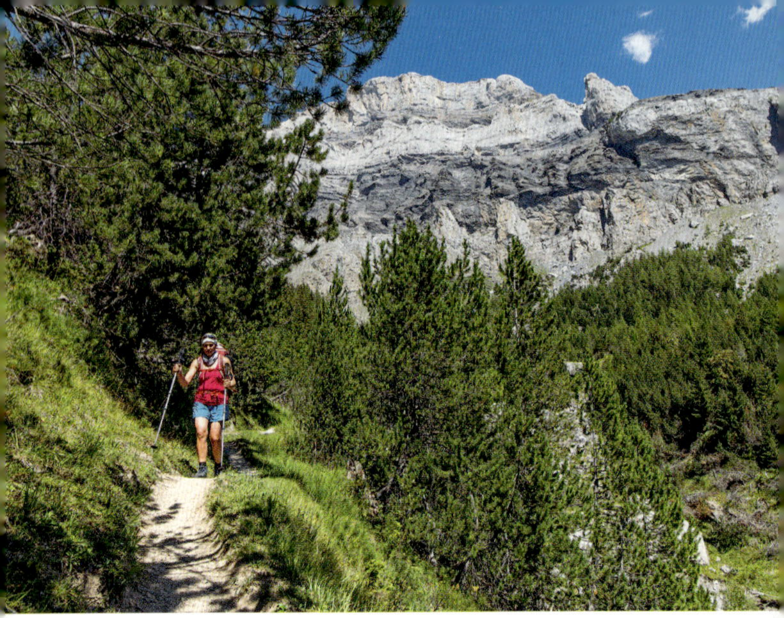

Dolomitenfeeling: die Südwände der Diablerets bei La Combe d'en Haut.

Wer möchte, startet die Tour mit der »Besteigung« des Sex-Rouge-Gipfels, 2972 m, über die 107 m lange Hängebrücke. Ansonsten durch das vom Tessiner Stararchitekt Mario Botta erbaute Gebäude der Bergstation **Sex Rouge** ❶ absteigen, kurz dem Geröllrücken folgen und auf der präparierten Trasse über den flachen Glacier de Tsanfleuron rund 2 km weit zum markanten Felsturm Tour St-Martin mit dem **Refuge L'Espace** ❷ an der Felssturz-Abbruchkante. Den rot-weißen Markierungen aufmerksam ostwärts folgend – wobei immer wieder kleinere Felsstufen vorsichtig abzusteigen sind – über die vom Gletscher freigegebene Karstfläche mit zumeist glatt geschliffenem Fels zur **Cabane de Prarochet** ❸.
Keine 100 m südlich der Hütte ist der Abzweig auf den Felsboden gemalt: links Sanetsch, rechts unser Ziel Derborence. Der markierten Route weiter aufmerksam über eher flache Karrenfelder folgen. Nach Verlassen der steinernen Landschaft steil über einen Grasrücken in die Tiefe, danach ostwärts weiter auf einem grasigen Pfad zwischen Felsbändern zu den Alphütten bei **Miex** ❹. An der unscheinbaren Wegkreuzung rechts auf den Wanderweg, welcher zum **Poteu des Etales** führt. Durch diesen wird über eine Abfolge von Leitern, Seilen und Eisentritten in einer Steilrinne abgestiegen. Weiter sehr steil hinab zur **Lizerne de la Mare** bei der Wegkreuzung P. 1591, die einzige Stelle, wo man direkt am Bach pausieren kann.

Rechtsseitig des Baches auf dem schmalen Hangweg mit spürbaren Gegenanstiegen bis zu den Häusern **La Lui d'en Bas**. Hier das Teersträßchen der Wanderroute folgend nach rechts verlassen und auf dem traumhaft schönen Höhenweg über La Combe d'en Haut und durch ein lichtes Kiefernwäldchen bis zur Postauto-Endstation beim herrlichen **Lac de Derborence** 5; das gleichnamige Refuge für ein Abschlussgetränk liegt etwas oberhalb davon. Und auch wenn es verlocken würde – Baden im See ist nicht erlaubt.

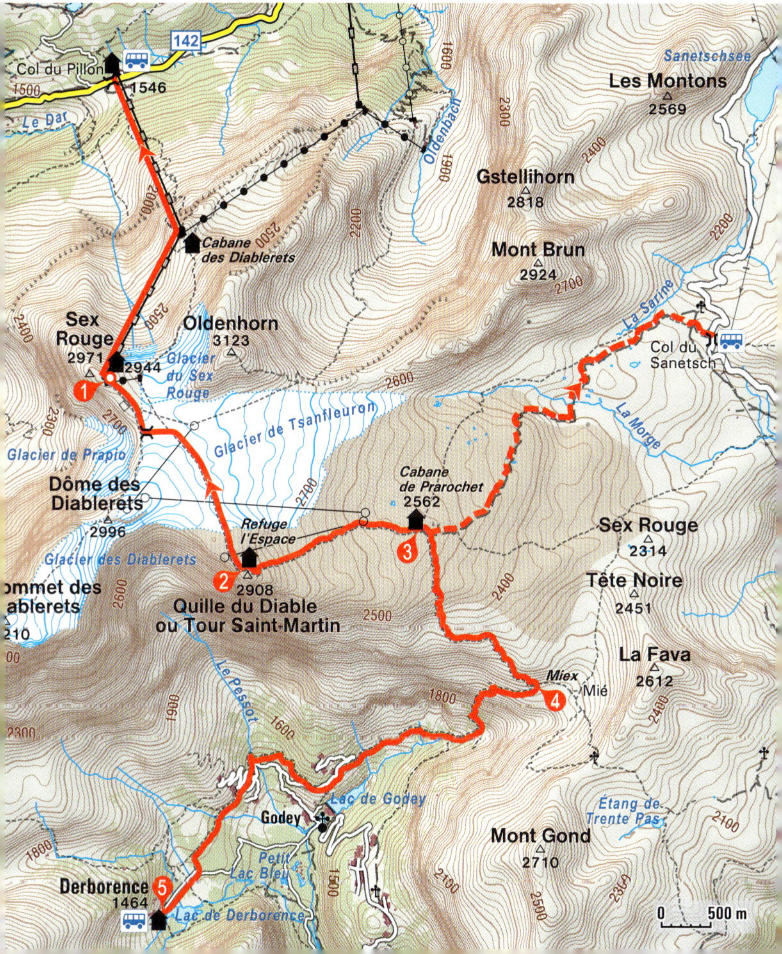

↗ 500 m | ↘ 500 m | 10.8 km

45 Sanetschpass – Cabane de Prarochet, 2562 m

3.45 h

Faszinierende Karstflächenwanderung

Das gesamte Gebiet zwischen dem Sanetschpass und dem Tsanfleuron-Gletscher ist eine riesige Karstlandschaft – die Lapis de Tsanfleuron. Karst entsteht durch die Auflösung von Kalkstein durch Wasser. Der aufgelöste Kalk manifestiert sich in Form von Dolinen (Hohlformen), Ponoren (Schlucklöchern), Rinnenkarren und Kluftkarren. So viel zu einigen geologischen Begriffen. Viel faszinierender noch ist das Wandern über die vom Gletscher freigegebenen Karstflächen, welche wie eine eigene Welt anmuten – nicht weniger faszinierend als die Gletscherlandschaft selbst.

Ausgangs- und Endpunkt: Sanetschpass/Col du Sanetsch, 2253 m; Bus vom Bahnhof Sion über Savièse, Chandolin centre.
Anforderungen: Bei schlechter Sicht nicht zu empfehlen wegen Verirrungsgefahr auf den Karstfeldern, trotz Wegmarkierungen. T2.
Einkehr/Unterkunft: Cabane de Prarochet, vgl. Tour 44. Ca. 10 Min. von der Wanderroute entfernt: Hôtel Restaurant du Sanetsch, 2046 m, Tel. +41 27 395 56 56.

Varianten: 1. Start und Ende bei der Bushaltestelle Hôtel du Sanetsch, 25 Min. länger.
2. Start und/oder Ende bei der Bergstation der Seilbahn Innergsteig–Sanetschsee, am Sanetschsee entlang; rund 1.15 Std. pro Weg (Bergstation–Sanetschpass oder umgekehrt).
Tipp: Eine mit Wasser gefüllte Doline kann für ein wunderbares Erfrischungsbad an heißen Sommertagen sorgen.
Karte: 3317T Diablerets; 1286 St-Leonard.
Anschlusstour: 44, 58.

Faszinierend anders: die vom Gletscher blank geschliffene Karstlandschaft.

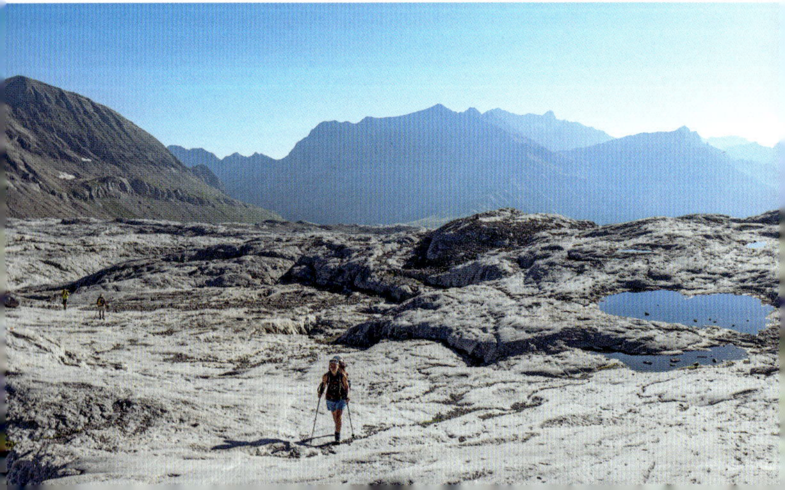

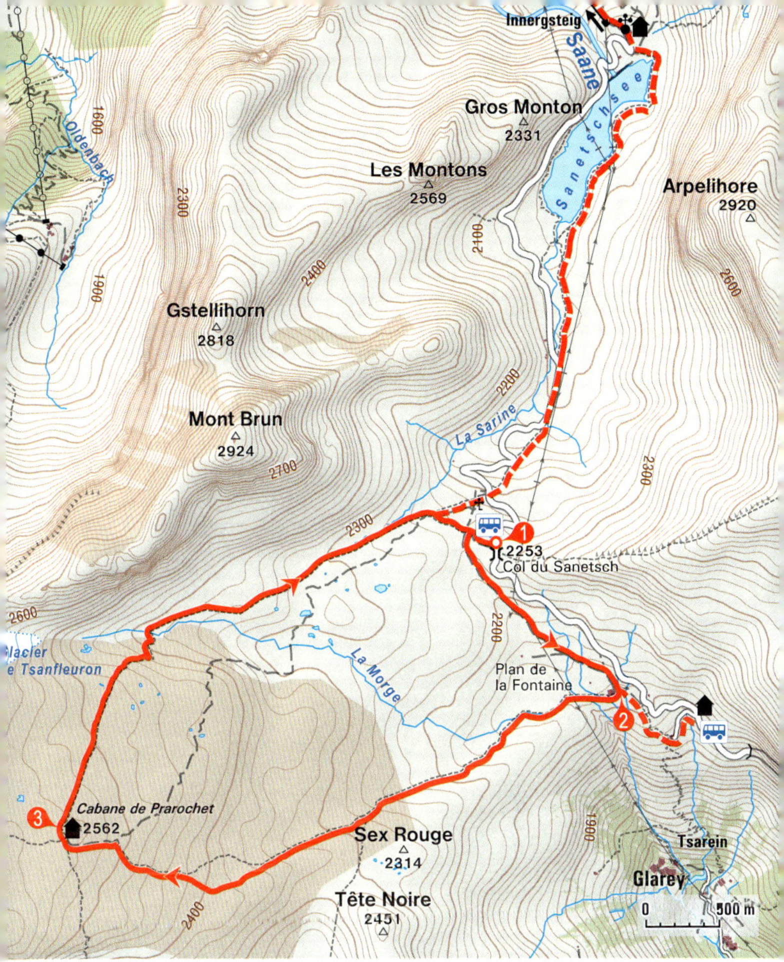
Innergsteig
Saane
Sanetschsee
Gros Monton
2331
Les Montons
2569
Arpelihore
2920
Oldenbach
Gstellihorn
2818
Mont Brun
2924
La Sarine
2253
Col du Sanetsch
lacier
e Tsanfleuron
La Morge
Plan de
la Fontaine
Cabane de Prarochet
2562
Sex Rouge
2314
Tête Noire
2451
Tsarein
Glarey
0
500 m

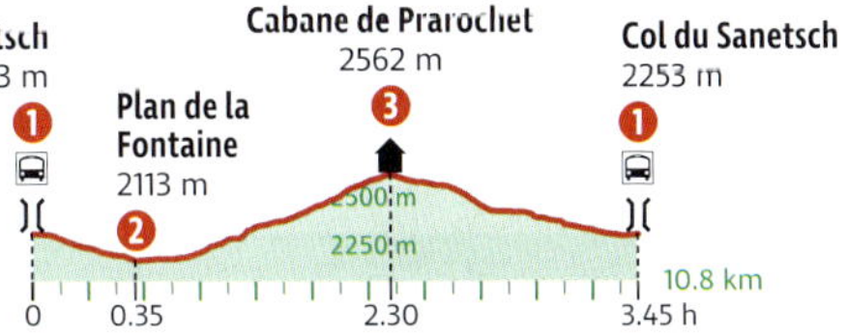
Col du Sanetsch
2253 m
Plan de la
Fontaine
2113 m
Cabane de Prarochet
2562 m
Col du Sanetsch
2253 m
2500 m
2250 m
10.8 km
0
0.35
2.30
3.45 h

Vom **Sanetschpass** ❶ auf dem Sträßchen rechts der Fahrstraße leicht absteigend zur Wegkreuzung **Plan de la Fontaine** ❷ bei der großen Alphütte. Hier rechts der Beschilderung Richtung Cabane de Prarochet folgen, anfangs entlang des Ablaufes des Tsanfleuron-Gletschers, später mehr und mehr in das Karstgebiet mit seinen typischen Gesteinsformationen eintauchend. Bei der **Cabane de Prarochet** ❸ drängt sich eine Pause auf, da die Hütte mit einer tollen Aussicht bis ins Wallis aufwartet. Neben der Hütte geben übrigens Informationstafeln viele Infos zur Entstehung der Karstlandschaft.

Rechts neben dem Hütteneingang geht es nordwärts weiter, den meist auf den Boden gemalten Farbmarkierungen folgend. Wenn man auf den Ablauf des Tsanfleuron-Gletschers stößt (P. 2382), verlässt man die Karstlandschaft und wandert ostwärts zuerst über Geröll und dann über Grasgelände zurück zum **Sanetschpass** ❶.

Die Cabane de Prarochet mit dem markanten Oldenhorn.

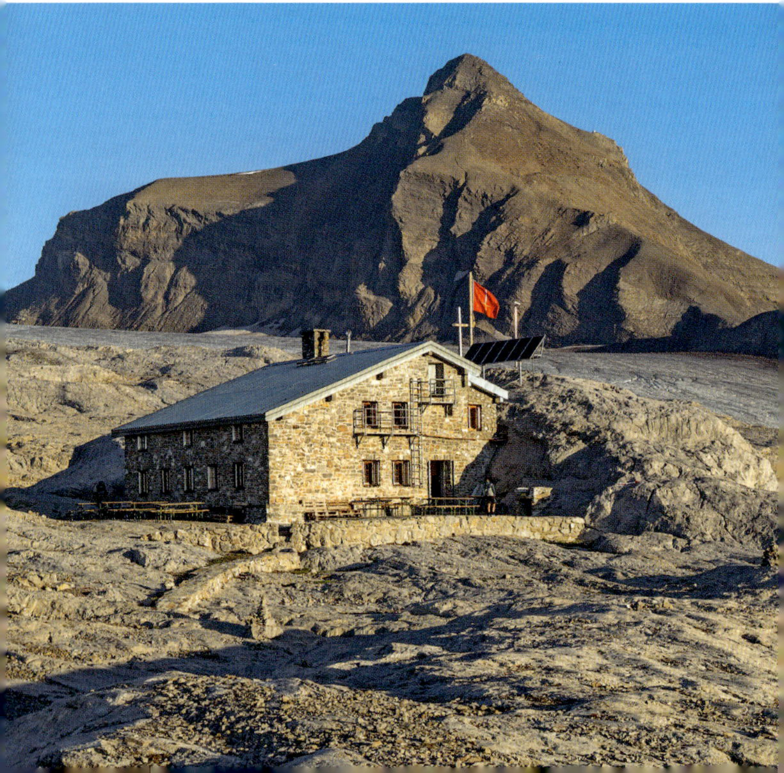

↗ 1000 m | ↘ 1000 m | 14.0 km

5.15 h

Um die Arête de l'Argentine 46

Rundwanderung mit großer Felsplatte und kleinem Gipfel

Der Wandergipfel La Motte am Fuß des mächtigen Lion d'Argentine, 2273 m, markiert den Übergang vom Voralpinen zum Alpinen: Plötzlich bleiben die mit Ferienchalets überbauten Grashänge von Gryon und La Barboleusaz zurück, dafür schießen die Felszinnen lotrecht in die Höhe. Der Blickfänger auf der nördlichen Seite ist die Arête de l'Argentine, die wie ein riesige, blank geschliffene Felsplatte wirkt. Logisch, dass hier zahlreiche bekannte Kletterrouten vorzufinden sind. Wir schauen uns die Felskulisse von etwas weiter unten an und umrunden das Argentine-Massiv. Neben den eindrücklichen Blicken nach oben haben wir unterwegs die Qual der Wahl, in welcher der schicken Einkehrmöglichkeiten wir pausieren wollen.

Ausgangs- und Endpunkt: Solalex, 1469 m; Bus vom Bahnhof Aigle über Villars-sur-Ollon.
Anforderungen: Ein wenig Trittsicherheit für den kurzen fakultativen Abstecher auf die Motte. T2.
Einkehr/Unterkunft: Restaurant Refuge de Solalex, Anfang Mai bis Mitte November, Tel. +41 24 498 27 09. Restaurant Miroir d'Argentine, Tel. +41 24 498 14 46. Cabane Barraud, SAC, Tel. +41 79 843 03 80. Refuge Giacomini, Tel. +41 24 498 22 95. Restaurant Refuge de la Tour d'Anzeindaz, Tel. +41 24 498 11 47. Buvette La Vare, Tel. +41 79 291 22 84.
Variante: Von Les Etroits kann man rechts haltend eine kleine Schlaufe gehen, um an der Buvette La Vare, 1758 m, vorbeizukommen (gut 10 Min. länger).
Karte: 3317T Diablerets; 1285 Les Diablerets.
Tipp: »Les Miroirs de l'Argentine« von Claude und Yves Remy (Charlet, Lausanne 1997) enthüllt die faszinierende Klettergeschichte an diesem riesigen Kalkriff.
Anschlusstour: 47, 58, 59, 60.

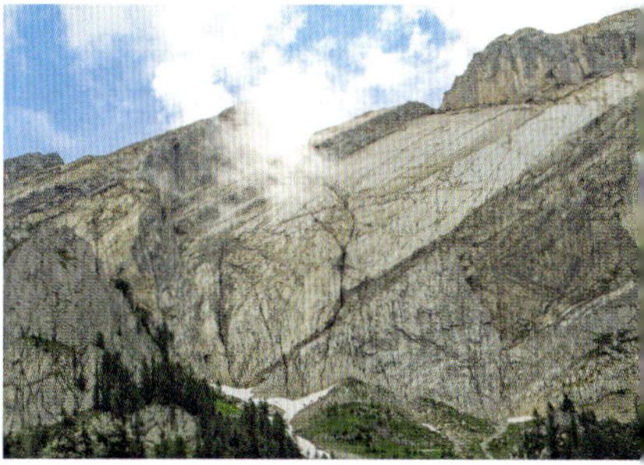

Bei Kletterern beliebt: die Felsplatte Miroir d'Argentine.

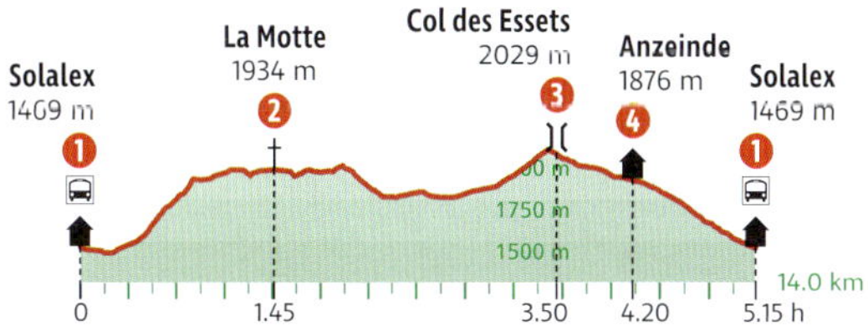

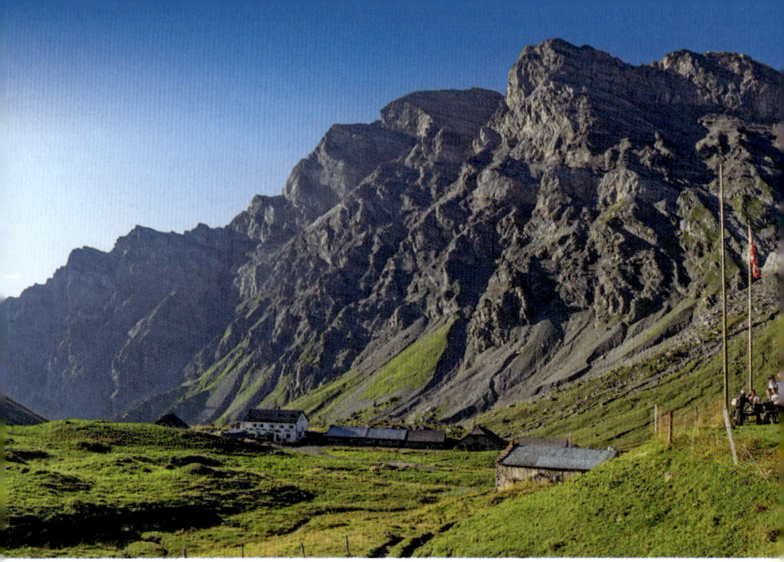

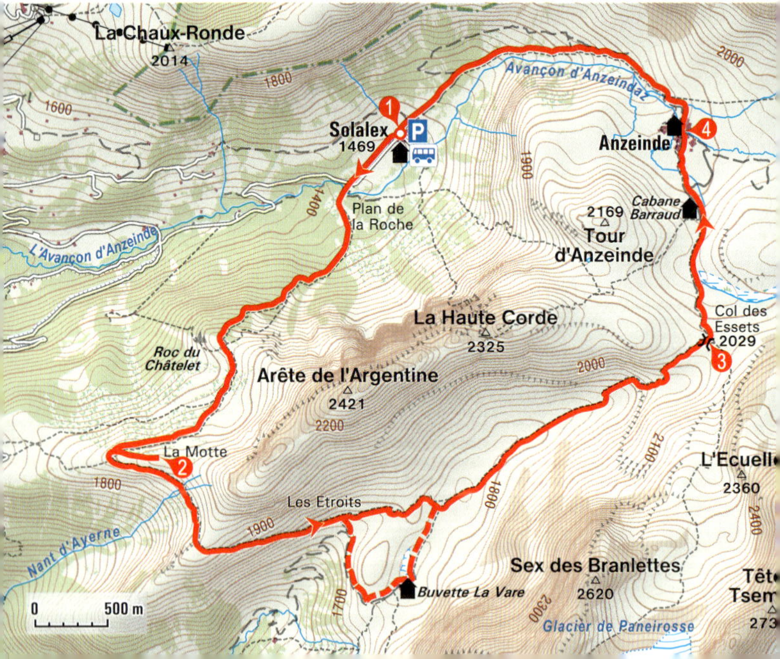

La Chaux-Ronde
2014
1800
1600
Solalex
1469
Avançon d'Anzeindaz
2000
Anzeinde
1900
1400
Plan de
la Roche
L'Avançon d'Anzeinde
2169
Tour
d'Anzeinde
Cabane
Barraud
Col des
Essets
2029
La Haute Corde
2325
Roc du
Châtelet
Arête de l'Argentine
2421
2200
2000
La Motte
1800
L'Ecuelle
2360
2100
Les Etroits
1900
1800
2400
Nant d'Ayerne
Sex des Branlettes
2620
Buvette La Vare
1700
2300
0
500 m
Glacier de Paneirosse

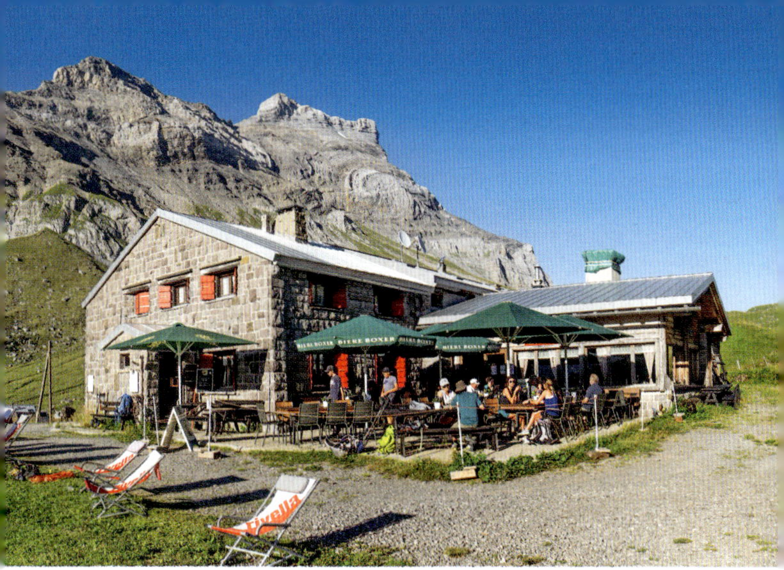

Hier kann man auch wunderbar übernachten: das Refuge Giacomini.

Von der Bushaltestelle und dem Parkplatz bei **Solalex** ❶ rund 400 m auf der Fahrstraße zurück. In der ersten Kurve links, auf der Brücke über den Bach Avançon d'Anzeindaz und auf der anderen Seite zur Wegkreuzung **Plan de la Roche**, 1425 m. Links halten und auf dem rot-weiß-rot markierten Wanderweg durch den Wald aufsteigen. Auf einem Sattel angekommen, kann man nach rechts einen kurzen Abstecher (5 Min.) auf den aussichtsreichen Vorsprung des **Roc du Châtelet**, 1875 m, machen.
Auf einem Höhenweg wird der Hang der Perris Blancs gequert bis zu einer Wegkreuzung unterhalb der Graskuppe P. 1940. Weglos über diese Kuppe auf dem Rücken bis zu dem Grasgipfelchen **La Motte** ❷.
Wieder zurück bis dorthin, wo der Wanderweg die abschüssige Südwestflanke zu queren beginnt. Auf diesem Weg ab- und aufsteigend um mehrere Rippen herum auf die Kanzel Sur Champ bei P. 1959. Im Schräghang hinab bis zur Wegkreuzung **Les Etroits**, 1759 m, von wo der Weg von La Varre herkommt. Geradeaus trifft man bald auf den Weg, welcher bis zum **Col des Essets** ❸ hinaufführt.
Links sanft abwärts an der Cabane Barraud und der kleinen Schwemmebene vorbei nach **Anzeinde** ❹ mit den beiden hübschen Einkehr- und Übernachtungsmöglichkeiten Refuge Giacomini und dem Restaurant Refuge de la Tour d'Anzeindaz.
Teils auf dem Wanderweg, teils auf der Alpstraße angenehm abwärts zurück nach **Solalex** ❶.

↗ 1700 m | ↘ 1700 m | 18.1 km

47 Cabane Plan Névé, 2264 m – Col des Chamois, 2654 m

8.45 h

Eindrucksvolle Passüberquerung mit Hochgebirgsambiente

Für Alpinwanderer, welche lange Aufstiege, ausgesetzte und steile Wegabschnitte, das Überwinden von Schneefeldern und ein eindrückliches Hochgebirgsfeeling nicht scheuen, ist die Rundwanderung über die Cabane Plan Névé und den Col des Chamois eines der Highlights in diesem Führer. Extrem abwechslungsreich präsentiert sich die Tour, geprägt von Ausblicken auf die gewaltigen Felsfluchten von Argentine-, Muveran- und Diablerets-Massiv und Tiefblicken in grüne Täler bis hin zum Genfersee. Die Runde ist zwar durchaus auch als Tagestour zu bewältigen, doch verspricht die Aufteilung auf zwei Tage eine entspanntere Unternehmung und eine Übernachtung auf einer wunderbar gelegenen und sympathischen Hütte.

Ausgangs- und Endpunkt: Solalex, 1469 m; Bus vom Bahnhof Aigle über Villars-sur-Ollon.
Anforderungen: Anspruchsvolle und Kondition erfordernde Alpinwanderung mit ordentlich ausgesetzten Passagen, von denen die schwierigsten mit Drahtseilen versehen sind. Bei Schnee oder Vereisung nicht zu empfehlen. Dank hervorragender Wegmarkierungen ist kaum Orientierungssinn gefragt. T4+.
Einkehr/Unterkunft: Cabane Plan Névé, bewartet Ende Juni bis Anfang Oktober. Tel. +41 24 498 22 11. Solalex, Anzeinde und La Vare: vgl. Tour 46.
Variante: Aufstieg von Les Plans-sur-Bex (Bushaltestelle) über Pont de Nant und Le Richard zur Cabane Plan Névé (ca. 1 Std. kürzer, aber keine Rundtour mehr; T3).
Karte: 3317T Diablerets; 1285 Les Diablerets.
Anschlusstour: 48, 49, 52, 55 (jeweils mit Variante), 58, 59, 60.

Unterhalb des Col des Chamois gibt es auch im Sommer Schneefelder.

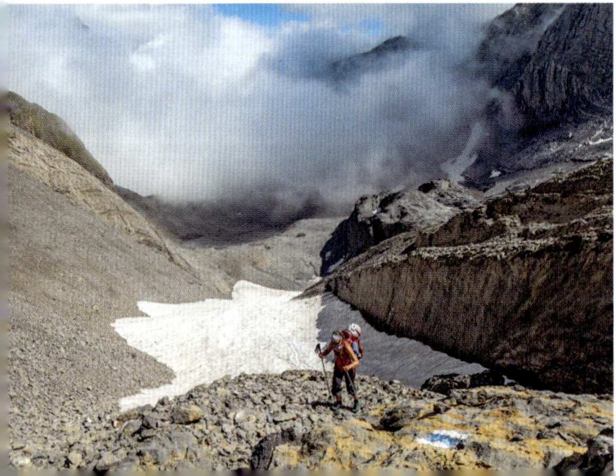

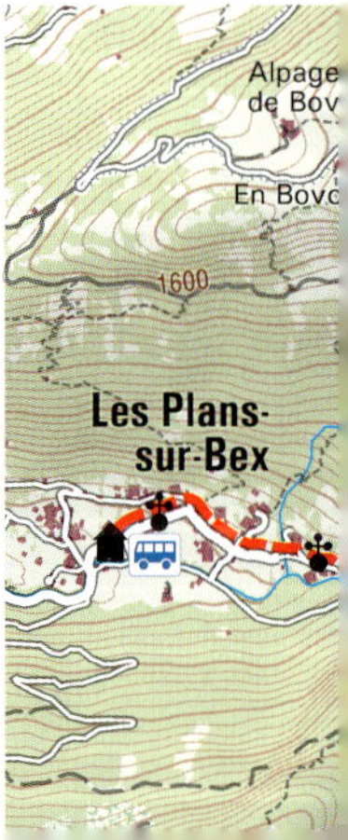

Von **Solalex** ❶ auf identischer Route wie in Tour 46 um die Lion d'Argentine herum bis zur Wegkreuzung Les Etroits, 1759 m. Hier rechts und hinüberqueren zur Alp und **Buvette La Vare** ❷. Nun südwärts dem sanft ansteigenden Weg folgen, welcher nach rund 25 Min. auf den Aufstiegsweg von Pont de Nant zur Cabane Plan Névé trifft. Links halten und in toller Landschaft und mit vielen Serpentinen bis hinauf zur **Cabane Plan Névé** ❸. Von der Hütte nun den blau-weiß-blauen Wegmarkierungen folgend geht es auf nahezu konstanter Höhe nordwärts durch den Kessel. Der Einstieg in das aus der Ferne unnahbar wirkende Felsband ist durch den riesigen blau-weißen Pfeil schon von Weitem deutlich zu erkennen. Auf einem schmalen Band geht es nach links durch die Felswand, anschließend über Schrofen- und Grasgelände weiter aufwärts bis auf den Grat beim **Gros Sex**, 2418 m. Nun auf dem Grat immer aussichtsreicher an Höhe gewinnend, mit ein-

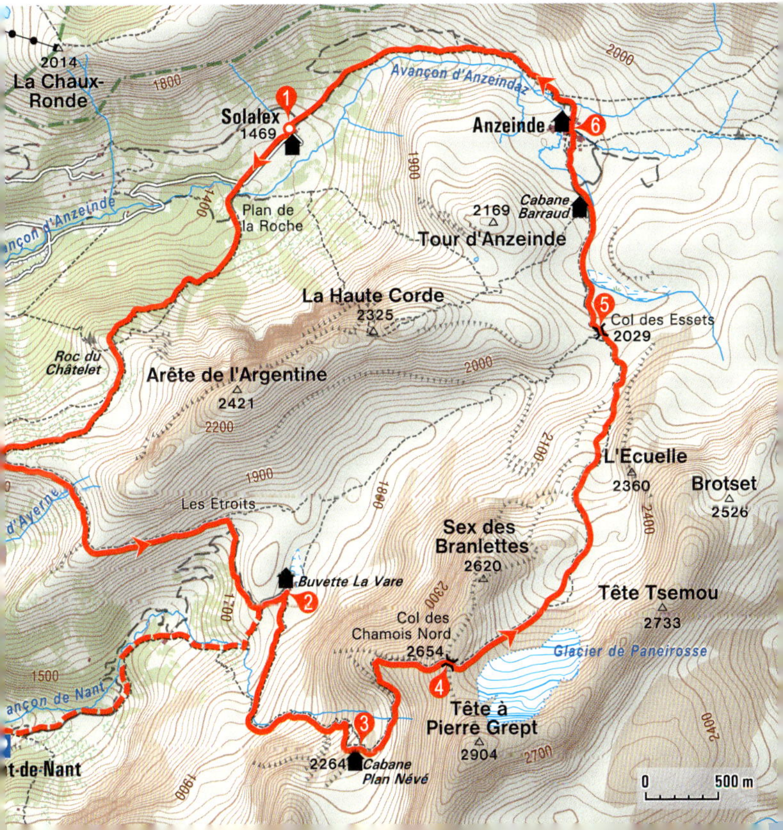

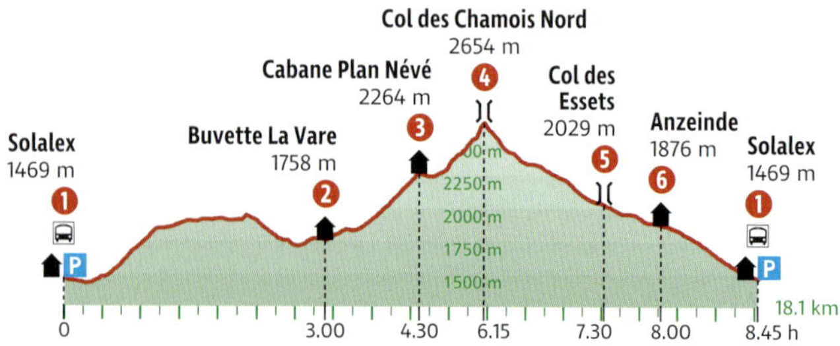

drücklichen Blicken in die steile Westwand des Pierre qu'Abotse, geht es bis an einen Felsabsatz, welcher den Weiterweg auf dem Grat blockiert. Der Weg folgt einem Band am Fuße des Absatzes nach rechts – die umliegende Landschaft in diesem Bereich ist einfach atemberaubend.

Am Ende des Bandes schwenkt der Weg nach links und folgt der linken Seite eines breiten Couloirs, wo im Folgenden auf Steinschlag zu achten ist. Der steile Weg hoch durch das Couloir ist ausgesetzt und erfordert trotz helfender Drahtseile etwas Kraxelei im steilen Felsgelände. Am Ende des Couloirs zieht der Weg in die nördliche Bergflanke, wo man exponiert (mit viel losem Gestein) bis in den **Col des Chamois Nord** 4 aufsteigt.

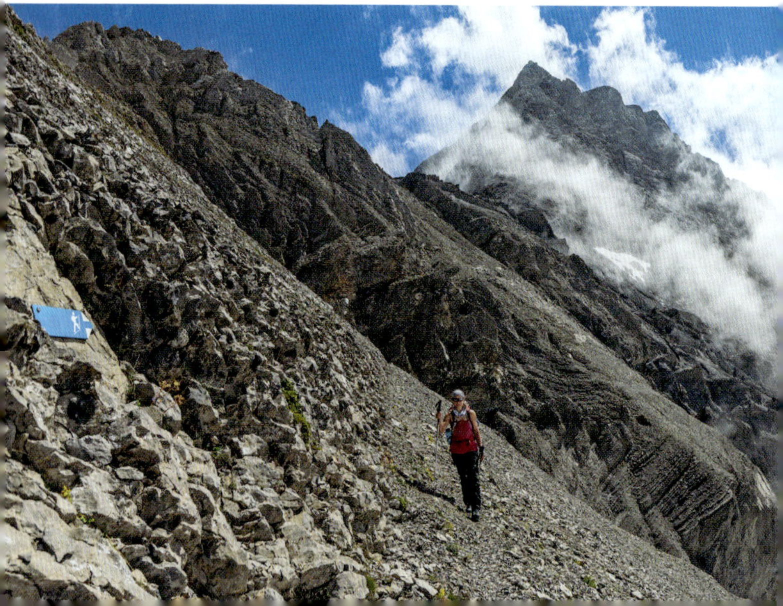

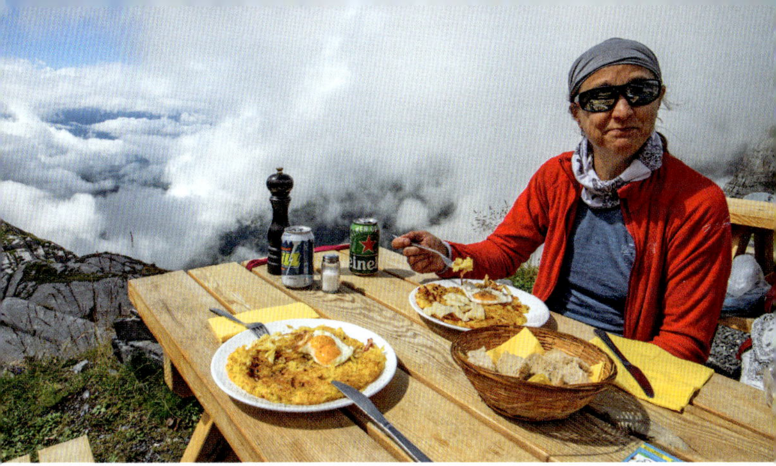

Wohlverdient: Rösti mit Doppeldotter-Spiegelei auf der Cabane Plan Névé.

Deutlich einfacher ist der Abstieg auf der anderen Seite. Stets gut markiert geht es eine steile, geröllige Rinne hinab und über steiniges Gelände bis zu einer Scharte, welche den Beginn einer breiten Rinne kennzeichnet. In dieser bleibt der Schnee zumeist das ganze Jahr über liegen, sodass man hier direkt über das Schneefeld absteigt oder, etwas schneller, abrutscht. Flacht das Gelände ab, hat man alle Schwierigkeiten hinter sich gelassen.

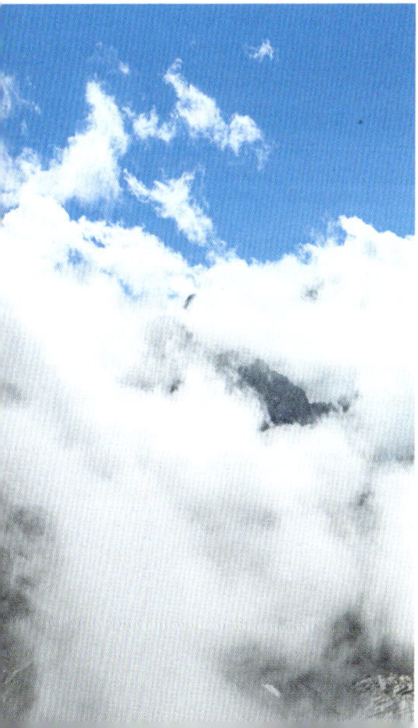

Weiter sanft abwärts in dem beeindruckenden Bergkessel, bis die Steinlandschaft urplötzlich von grünem Grasgelände abgelöst wird. Keine 30 Min. später ist der **Col des Essets** **5** erreicht, ab wo die Wegmarkierung wieder auf Rot-weiß-rot wechselt. Das Diablerets-Massiv stets vor Augen geht es hinab, an der Cabane Barraud vorbei, bis nach **Anzeinde** **6**, wo eine Einkehr lockt. Auf der leichten Wanderroute in rund 45 Min. zurück zum Ausgangspunkt **Solalex** **1**.

Eindrückliche Umgebung auf der Westseite des Col des Chamois.

↗ 630 m | ↘ 630 m | 9.5 km

48 Trou à l'Ours, 1656 m

3.45 h

Durch das Vallon de Nant und das Bärenloch

Unsere Wanderung führt durch das mikroklimatisch einzigartige Vallon de Nant. Es verläuft von Süden nach Norden, ist windgeschützt, tief und eng. Die feuchten Luftmassen von Nordwesten treffen ungebremst auf die bis 800 m hohe Muveran-seitige Talflanke und regnen sich hier aus. Auf der leichten und überschaubaren Runde erleben auch Wanderer diese naturräumliche Besonderheit anhand der üppigen Flora – oder mindestens im botanischen Alpengarten neben dem netten Restaurant bei Pont de Nant.

Ausgangs- und Endpunkt: Les Plans-sur-Bex, 1094 m; Bus vom Bahnhof Bex, Endhaltestelle Village. Bei Anreise mit dem Auto kann man auch beim Parkplatz Pont de Nant, 1252 m, starten (gut 1 Std. weniger).
Anforderungen: Leichte Bergwanderung auf markierten Pfaden. Etwas Trittsicherheit im Bärenloch. T2.
Einkehr/Unterkunft: Auberge communale du Pont de Nant, Zimmer und Lager, Tel. +41 24 498 14 95. Verschiedene Unterkünfte findet man in Les Plans-sur-Bex, z.B. La Tsalounâ, Tel. +41 24 498 15 60.
Karte: 272T St-Maurice; 3317T Diablerets; 1285 Les Diablerets, 1305 Dent de Morcles.
Tipp: Alpengarten La Thomasia bei Pont de Nant mit Blumen aus aller Welt; offen Mitte Mai bis Mitte Oktober, www.botanique.vd.ch.
Anschlusstour: 47 (Variante), 49, 52, 55, 59, 60.

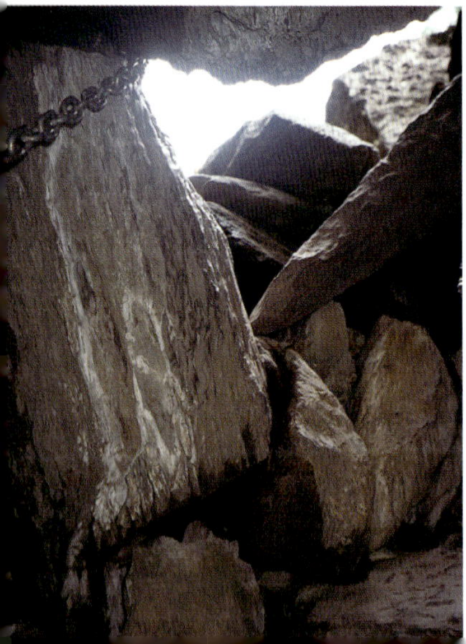

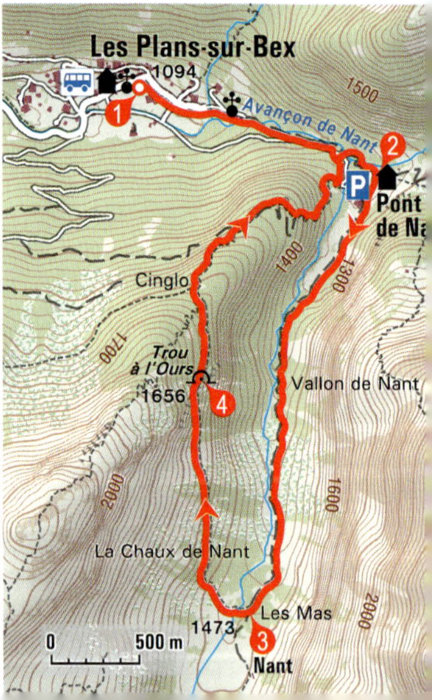

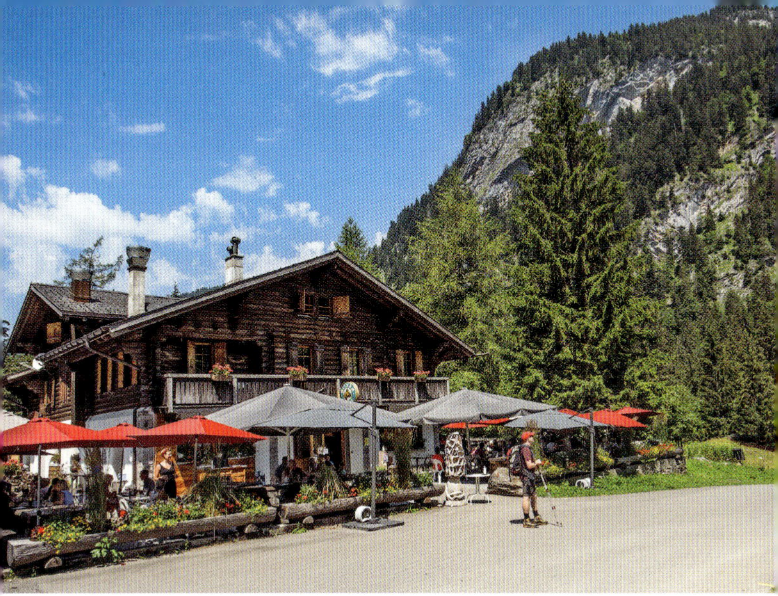

Foto oben: Hier kommen mehrere Wanderungen vorbei: die Auberge Pont de Nant. Links unten: Sich eng machen: das Trou à l'Ours.

Von **Les Plans-sur-Bex** ❶ dem hübschen Wanderweg entlang des Avançon de Nant folgen, welcher in knapp 40 Min. nach **Pont de Nant** ❷ hinaufführt. Auf dem Talsträßchen an den Schautafeln des Naturlehrpfades vorbei ins Vallon de Nant bis zum Wäldchen von **Les Mas** ❸, wo der Weg zum Trou à l'Ours (dem Bärenloch) nach rechts abzweigt. Er führt über die steile Ostflanke der Pointe des Savolaires an einen Felsriegel, der durch ein spannendes Felsloch hindurch, das **Trou à l'Ours** ❹, überwunden wird. Auf dem nun flachen Weg weiter zur Wegkreuzung Cinglo, 1600 m. Links haltend erst noch sanft absteigen, später recht steil im Wald hinab bis zur eigentlichen Brücke Pont de Nant (P. 1216). Nach links der Fahrstraße für 200 m folgen und zu guter Letzt auf bekanntem Wanderweg zurück nach **Les Plans-sur-Bex** ❶.

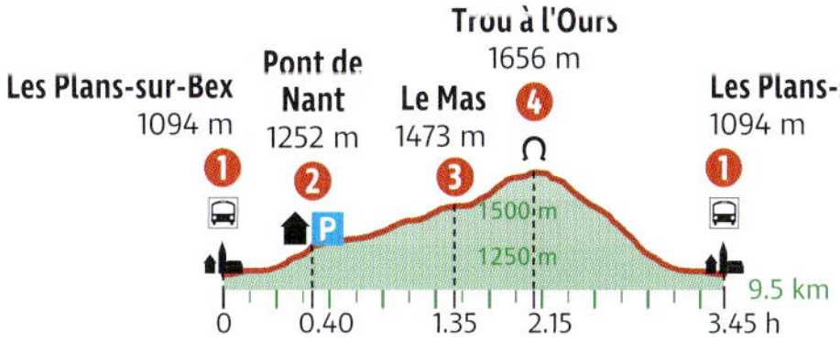

↗ 1250 m | ↘ 1250 m | 13.2 km

6.15 h

49 Pointe des Savolaires, 2293 m

Aussichtsreiche Gipfelrunde über Armeleutepass und Kaltwasserebene

Zumeist einsam und sehr empfehlenswert: Die Rundtour mit der Besteigung der Pointe des Savolaires ist eine abwechslungsreiche Wanderung im Banne der steil aufragenden Westwände von Grand Muveran, Petit Muveran und Dent Favre, während im Westen der Lac Léman glitzert. Steht man erst am Nachmittag auf der Pointe des Savolaires, lässt die Sonne die Westwände umso eindrücklicher erscheinen. Ansonsten am besten den Sonnenuntergang am Grand Muveran bei einem Glas Wein von einer schicken Terrasse in Gryon oder Villars-sur-Ollon genießen.

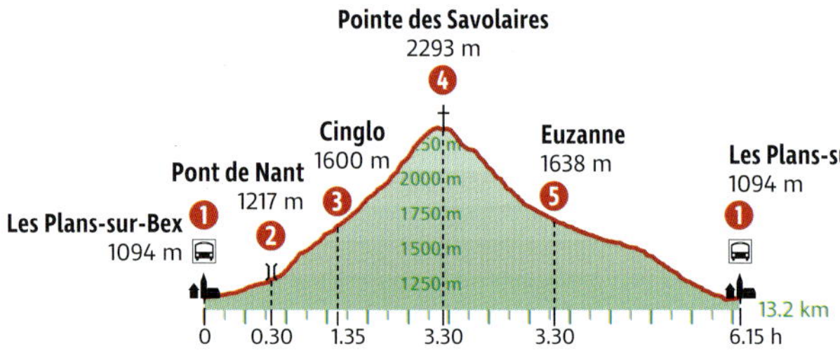

Ausgangs- und Endpunkt: Les Plans-sur-Bex, 1094 m; vgl. Tour 48.
Anforderungen: Anspruchsvolle und Kondition erfordernde Bergtour auf markierten Pfaden. Die letzten Meter auf die Pointe des Savolaires erfordern hohe Trittsicherheit und Schwindelfreiheit. T4.
Einkehr/Unterkunft: Vgl. Tour 48. Alpage-Refuge d'Euzanne, 6 Schlafplätze, Tel. +41 77 460 99 91 (5-minütiger Abstecher).
Variante: Mit Auto bis Pont de Nant 2, 1252 m, Aufstieg wie beschrieben bis Col des Pauvres, dort nach Süden absteigen und schließlich über das Vallon de Nant zurück nach Pont de Nant (5.45 Std.; T4).
Karte: 272T St-Maurice; 1285 Les Diablerets, 1305 Dent de Morcles.
Anschlusstour: 47 (Variante), 48, 51, 52, 55, 59, 60.

Von **Les Plans-sur-Bex** 1 auf dem Wanderweg entlang der Avançon de Nant in Richtung Pont de Nant. Wenn der Weg das erste Mal auf

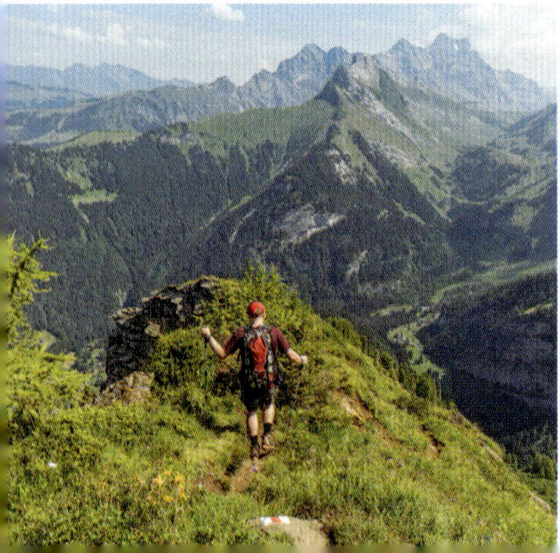

Auf dem Nordostgrat der Pointe des Savolaires, darüber das Diablerets-Massiv.

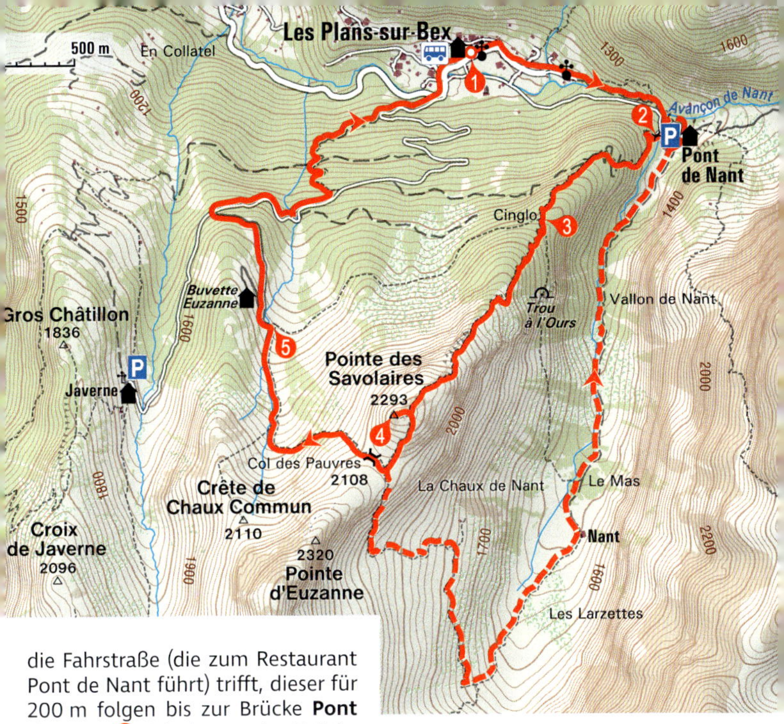

die Fahrstraße (die zum Restaurant Pont de Nant führt) trifft, dieser für 200 m folgen bis zur Brücke **Pont de Nant** ❷. Direkt vor der Brücke zweigt der Weg ab, der steil durch den Wald nach **Cinglo** ❸ führt. Hier noch links halten Richtung Trou à l'Ours, nach 100 m dann rechts Richtung »Savolayres« (Holzschilder an Bäumen). Südwestwärts über einen bewaldeten Rücken zum Übergang bei P. 1906.

Der bis hierher noch gute Wanderweg wird zu einem Pfad, auf dem es am stellenweise felsigen Gratrücken entlanggeht. Kurz nachdem sich der Weg vom Grat entfernt hat, steigt man durch ein kleines, von Felstrümmern übersätes Tälchen aufwärts. Beim höchsten Punkt des Wanderweges zweigt rechts der gut sichtbare Pfad ab. Dieser führt unterhalb des felsigen Gipfelaufbaus nach links und anschließend nach rechts über die steile und grasige Südwestflanke in wenigen Minuten auf die **Pointe des Savolaires** ❹. Auf gleichem Weg zurück zum Wanderweg. Abstieg in den **Col des Pauvres** – »Armeleutepass« –, dann westwärts hinunter in den Kessel von **Plan de l'Eau Froide** – »Kaltwasserebene« – und talauswärts gegen **Euzanne** ❺. Kurz nach links über den Bach Torrent Genin und gleich wieder rechts nach Norden hinab und auf der gelb markierten Wanderroute durch den Wald der Comba Niva zurück nach **Les Plans-sur-Bex** ❶.

↗ 620 m | ↘ 620 m | 6.9 km

50 Cabane de la Tourche, 2198 m – Croix de Javerne, 2096 m

3.00 h

Grat- und Hüttenwanderung hoch über dem Rhonetal

Wunderschön auf einem grasigen Grat steht die Cabane de la Tourche. Im Norden schweift der Blick bis zum Genfersee, 1800 Meter unter unseren Füßen liegt das Rhonetal, oberhalb der Hütte bilden die Dents des Morcles den Blickfang, und im Süden wird das Panorama vom Mont-Blanc-Massiv geprägt – scharfe Augen sehen im Sonnenuntergang die Lichtreflexion der Stahl- und Glas-Konstruktion auf der Aiguille du Midi. Ob mit oder ohne Übernachtung – ein Besuch der Cabane de la Tourche lohnt sich jederzeit.

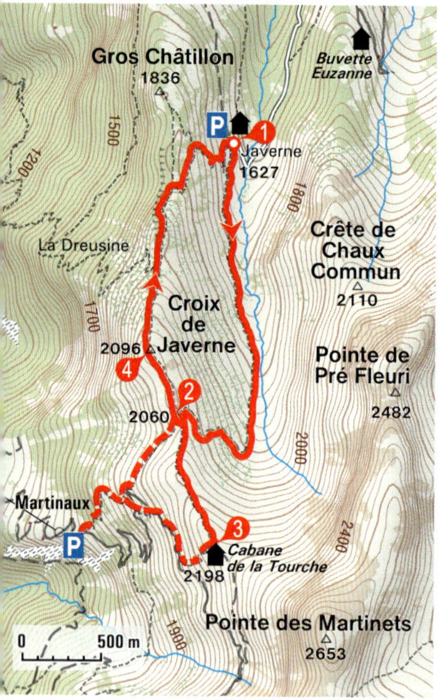

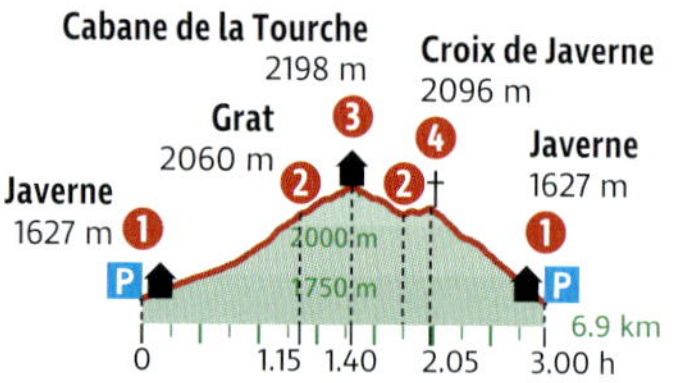

Ausgangs- und Endpunkt: Parkplatz Javerne, 1627 m; erreichbar über Les Plans-sur-Bex, vgl. Tour 48.
Anforderungen: Leichte Bergwanderung ohne nennenswerte Schwierigkeiten. Zumeist T1, Stellen ansatzweise T2.
Einkehr/Unterkunft: Buvette d'Alpage de Javerne, Tel. +41 24 498 19 92. Cabane de la Tourche, SAC, Mitte Juni bis Mitte Oktober, Tel. +41 24 485 22 18.
Variante: Die Cabane de la Tourche kann auch von Lavey-les-Bains im Rhonetal aus erreicht werden, ausgehend vom Parkplatz bei Martinaux, 1725 m, oberhalb von Morcles: P. 1725 – P. 2060 – Cabane – P. 2036 – P. 1725 (2.15 Std.; T2).
Karte: 272T St-Maurice; 1305 Dents de Morcles.
Anschlusstour: 51, 55.

Von **Javerne** ❶ direkt nach Süden im Tal aufsteigen. Beim Talschluss Fond de Javerne macht der Wanderweg eine Rechtsbiegung und steigt zum **Grat** bis zur **Wegkreuzung** ❷ zwischen Croix de Javerne und Cabane de la Tourche auf. Links auf dem herrlichen Gratweg bis zur **Cabane de la Tourche** ❸.

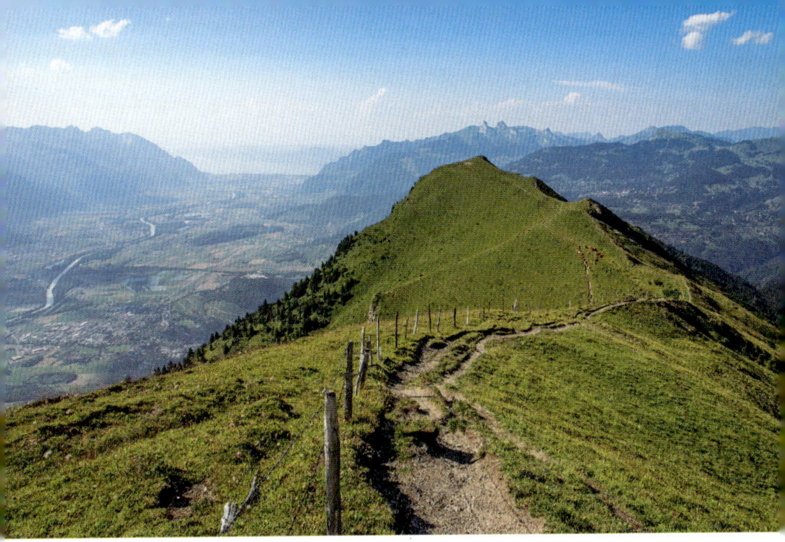

Mit Rhonetal und Genfersee: der Grat über den Grat des Croix de Javerne.

Zurück zur **Wegkreuzung** ❷, weiter über die Kuppe **Croix de Javerne** ❷ – wie der Name schon vermuten lässt, mit großem Gipfelkreuz –, über den Grat nordwärts hinab und schließlich zurück nach **Javerne** ❶.

Die Cabane de la Tourche im Abendlicht, rechts das Mont-Blanc-Massiv.

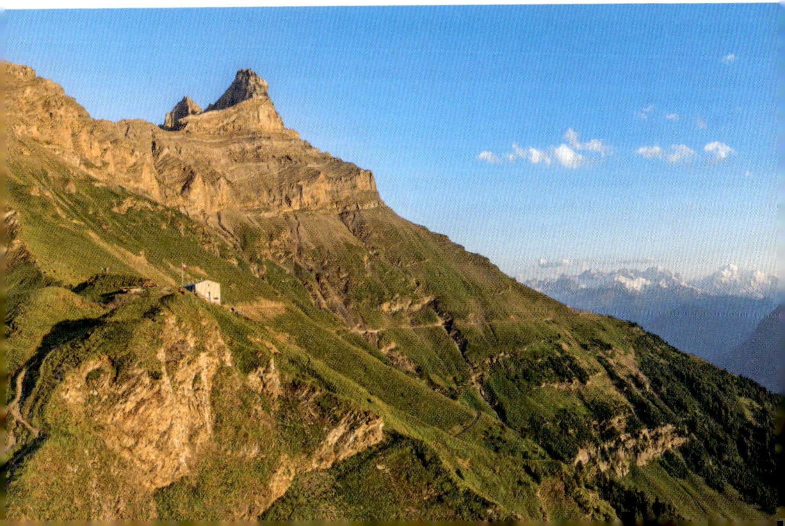

↗ 1060 m | ↘ 1060 m | 11.8 km

51 Col des Perris Blancs, 2543 m – Col des Pauvres, 2108 m

5.30 h

Spannende Rundwanderung auf wenig bekannten Wegen

Diese Rundtour hat den gleichen Startpunkt wie die vorangegangene Wanderung und kommt ebenfalls bei der Cabane de la Tourche vorbei – allerdings auf deutlich längerer und auch anspruchsvollerer Route. Die Runde schließt den wunderbaren und aussichtsreichen Verbindungsweg entlang des Grates vom Col des Perris Blancs zum Col des Pauvres ein. Auch wenn der Weg nur zu einem Teil (unmarkiert) auf der Landeskarte verzeichnet ist, wurde der Weg vor Ort hervorragend markiert und alle schwierigeren oder ausgesetzten Stellen mit Drahtseilen versichert.

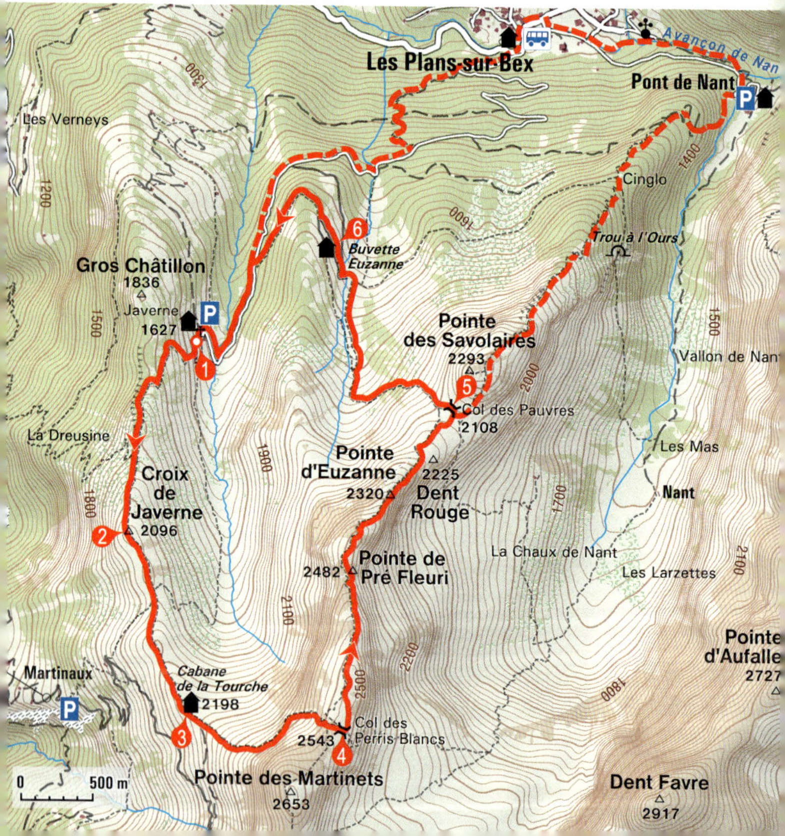

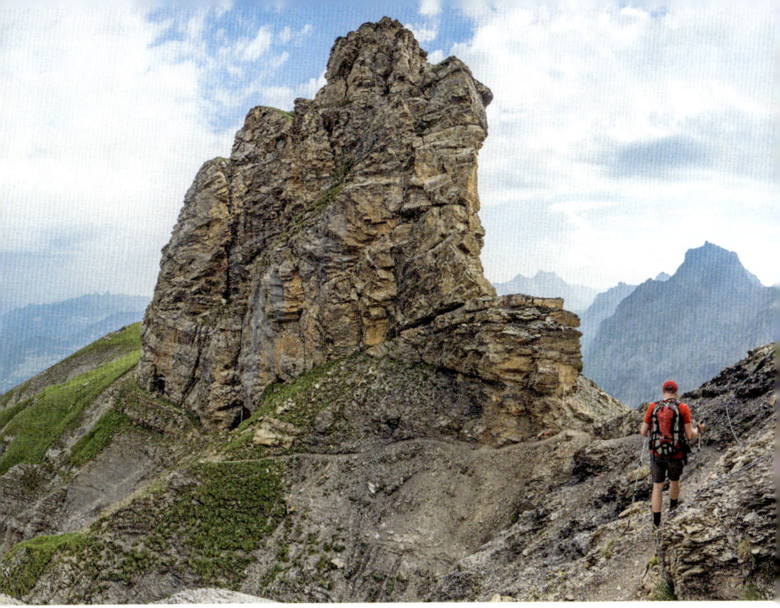

Foto oben: Die Pointe de Pré Fleuri von der Südseite gesehen. – Unten: Weniger Wegmarkierung, sondern mehr ein Warnhinweis, sich zu ducken.

Ausgangs- und Endpunkt: Parkplatz Javerne, 1627 m; erreichbar über Les Plans-sur-Bex, vgl. Tour 48.
Anforderungen: Zwischen den beiden Pässen perfekt markiert mit roten Tupfern und Pfeilen, ansonsten rot-weiß markierte Wanderwege. Teilweise ausgesetzte Stellen. T3+.
Einkehr/Unterkunft: Vgl. Tour 50. Alpage-Refuge (Buvette) d'Euzanne, Tel. +41 77 460 99 91.
Variante: (Zweitägige) Rundtour von Les Plans-sur-Bex über Pont de Nant, Pointe des Savolaires, Col des Pauvres, Col des Perris Blancs, Cabane de la Tourche, Croix de Javerne und Javerne zurück nach Les Plans-sur-Bex (ca. 9 Std., 1700 Hm).
Karte: 272T St-Maurice; 1305 Dents de Morcles.
Anschlusstour: 49, 50, 55, 59, 60.

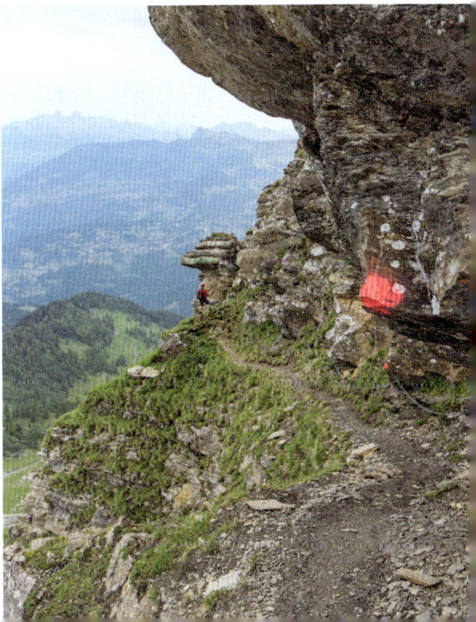

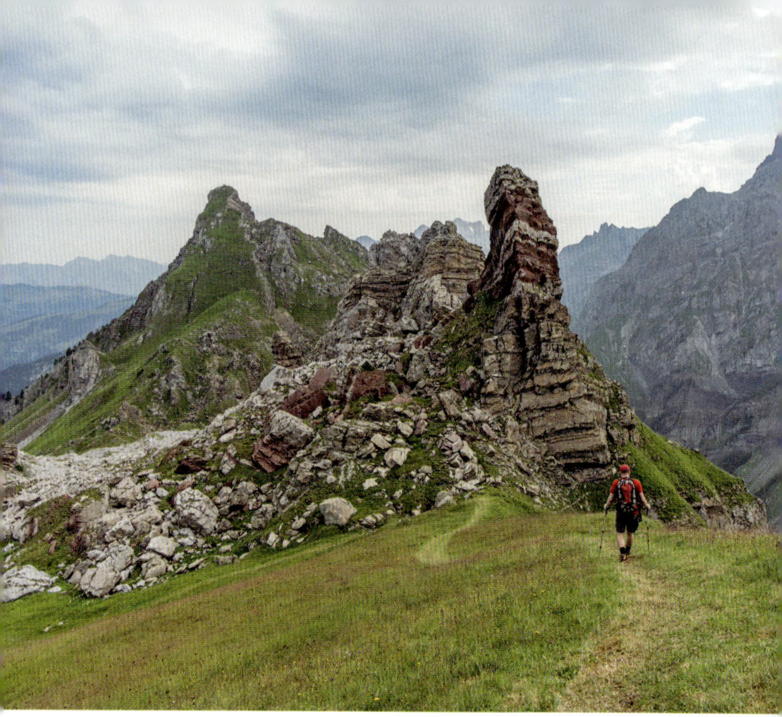

Im Abstieg zum Col des Pauvres mit dem auffälligen Dent Rouge davor.

Von **Javerne** ❶ auf der ausgeschilderten Wanderroute über **Croix de Javerne** ❷ zur **Cabane de la Tourche** ❸ aufsteigen. Nun der Tour des Muverans folgend in Richtung Pont du Nant. Der Weg führt – ein Felsband querend – bis in den **Col des Perris Blancs** ❹, von wo die Tour des Muverans rechts abzweigt.

Wir gehen allerdings nach links in nördlicher Richtung: entweder bereits kurz unterhalb des Col des Perris Blancs den roten Farbmarkierungen in nördlicher Richtung nach oder vom Col des Perris Blanc ein kurzes Stück am Grat entlang und noch vor den Felsen der Pointe des Perris Blancs links hinab zum Weg. Auf dem hervorragend zu begehenden Pfad wandert man ohne nennenswerte Höhenunterschiede in der Westflanke bis vor den eindrücklichen Felsturm der Pointe de Pré Fleuri, wo man einmal kurz auf den Grat trifft.

Auf dem Pfad unterhalb der Pointe de Pré Fleuri, 2481 m, passiert man zwei alte Armeekavernen und kommt nahe P. 2413 in Grasgelände. Wer möchte, kann von hier noch in Richtung Grat aufsteigen und von etwas unterhalb

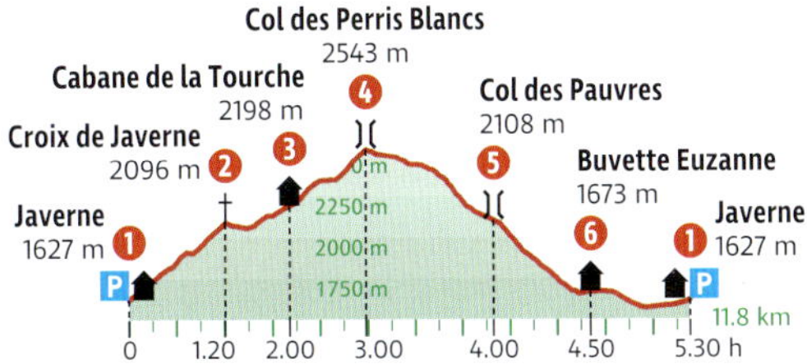

des Grates durch die felsige Flanke in leichter Kraxelei von der nördlichen Seite zum Gipfel der Pointe de Pré Fleuri gelangen (T4).
Weiter geht es entlang des Grates hinab zu P. 2326, wo man einmal kurz etwas nach links in die Flanke ausweichen muss (auf die Markierungen achten), um dann über Grasgelände in Richtung des Dent Rouge mit seiner auffälligen Farbe abzusteigen. Links des Felsturmes führt der Weg elegant durch die Felslandschaft zum **Col des Pauvres** 5.
Links halten und über die Plan de l'Eau Froide nach Euzanne, 1638 m, absteigen. Nach links über den Bach, auf dem oberen Alpsträßchen an der **Buvette Euzanne** 6 vorbei und auf dem Wanderweg durch den Wald. Zum Schluss gelangt man auf der Fahrstraße zurück nach **Javerne** 1.

Rückblick auf die Cabane de la Tourche und das Croix de Javerne.

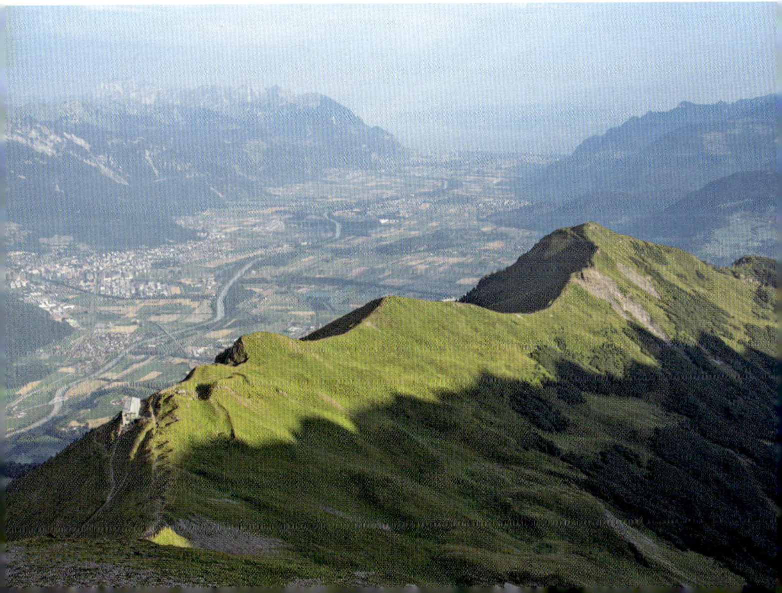

TOP

↗ 1750 m | ↘ 1500 m | 13.7 km

52 Frête de Saille, 2584 m

8.00 h

Im Angesicht des Muveran: Alpinwanderung der Extraklasse

Das Massiv des Grand Muveran besticht schon vom unteren Rhonetal aus mit seinen steilen Flanken. Die schönste und spektakulärste Wanderung, um dem Berg besonders nahe zu kommen, ist der Übergang von der Nordseite über die Frête de Saille auf die Südseite. Getoppt wird das nur noch von der Besteigung des Gipfels – dies ist allerdings noch eine Stufe anspruchsvoller als die hier beschriebene Tour, welche auch schon eine gute Portion Trittsicherheit verlangt. Am besten verteilt man die Wanderung auf zwei Tage und verbringt eine Nacht in der traumhaft gelegenen Cabane Rambert – besonders wenn man in Erwägung ziehen sollte, tatsächlich den Grand Muveran zu besteigen.

Ausgangspunkt: Les Plans-sur-Bex, 1094 m; Bus vom Bahnhof Bex, Endhaltestelle Village.
Endpunkt: Ovronnaz, 1340 m, Haltestelle Ovronnaz Croisée du centre; Bus zum Bahnhof Riddes.
Anforderungen: Teilweise recht ausgesetzte Wanderung im Aufstieg zur Frête de Saille. Markiert. T4.

Einkehr/Unterkunft: Vgl. Tour 48. Cabane Rambert, SAC, bewartet Mitte Juni bis Ende September, Tel. +41 27 207 11 22. Verschiedene in Ovronnaz.
Varianten: 1. Ca. 45 Min. kürzer, wenn man den Abstecher zur Cabane Rambert auslässt.
2. Ca. 20 Min. kürzer, wenn man statt nach Ovronnaz zur Bergstation Jorasse

Der frühe Vogel fängt den Wurm: am Morgen auf der Cabane Rambert.

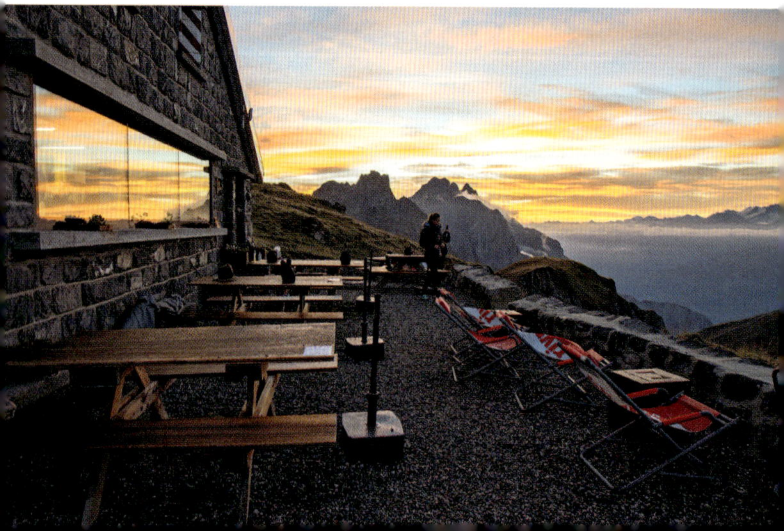

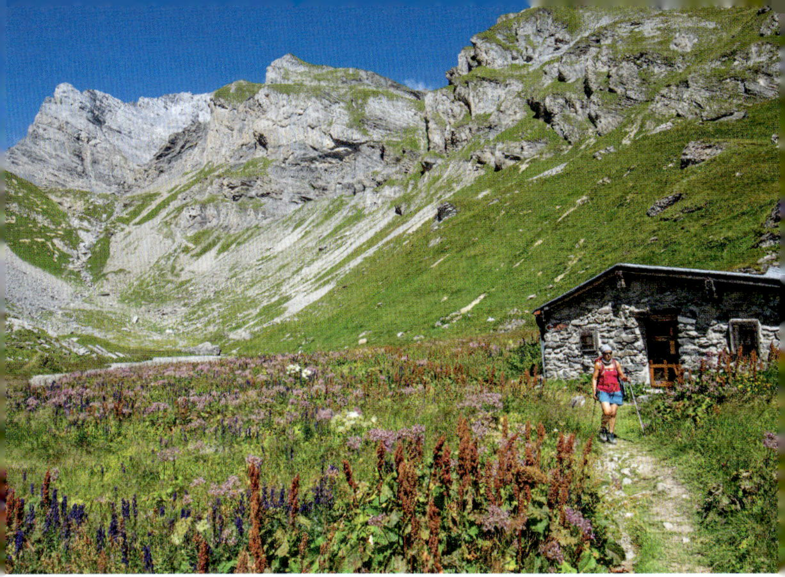

Blütenmeer bei Plan Coupel.

geht (dafür muss man dort noch den Sessellift nehmen und von der Talstation zur Bushaltestelle gehen).
3. Übernachtung auf der Cabane Rambert, entweder zur Aufteilung der Tour in zwei kürzere Tagesetappen oder zur zusätzlichen Besteigung des Grand Muveran (siehe Tour 60, 5. Etappe).
Karte: 272T St-Maurice; 1285 Les Diablerets, 1305 Dent de Morcles.

Tipps: 1. An einer Felswand bei Pont de Nant sind die Namen der Dichter, welche die Schönheit der Waadtländer Alpen besangen, verewigt: Juste Olivier, Jean Muret und Eugène Rambert.
2. Nach der Wanderung die müden Glieder im Thermalbad Les Bains d'Ovronnaz entspannen.
Anschlusstour: 47 (Variante), 48, 49, 53, 54, 55, 59, 60.

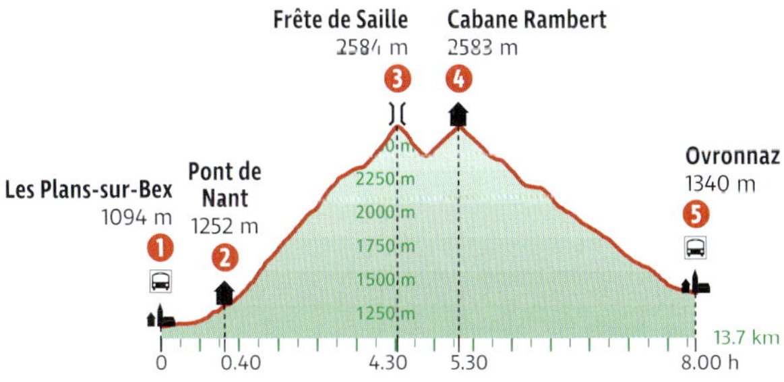

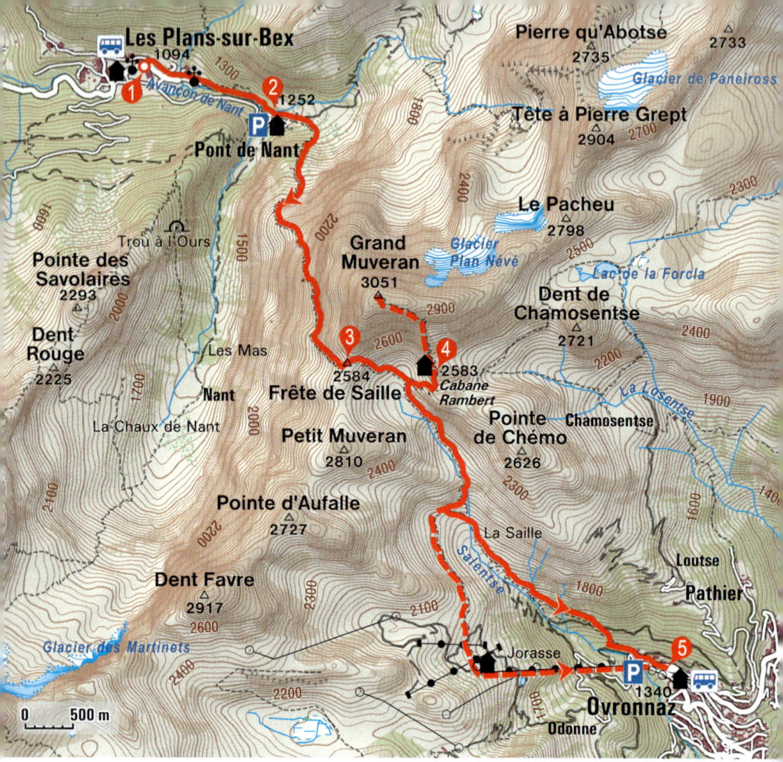

Von **Les Plans-sur-Bex** ❶ entlang des Avançon de Nant nach **Pont de Nant** ❷. Nun der blau-weißen Beschilderung in Richtung Frête de Saille folgen. 200 m oberhalb des Restaurants Pont de Nant betritt man den Wald und verlässt ihn auf ca. 1550 m Höhe wieder. Noch rund weitere 400 Höhenmeter Aufstieg erfolgen im Grasgelände, bevor der Weg komplett seinen Charakter ändert. Die Route folgt nun elegant natürlichen Bändern in der gewaltigen Westflanke des Grand Muveran, welche immer wieder durch ziemlich exponiertes Gelände führen – die schwierigsten Stellen sind mit Drahtseilen versehen. Ein großartiger Pausenplatz bietet sich bei der ersten markanten zu überquerenden Bergschulter – bei **P. 2199** hat diese eine herrliche Graskuppe zum Niederlassen.
Bei der nächsten markanten Bergschulter Truche du Liapay wechselt der Weg oberhalb von P. 2301 seine Richtung und es geht links haltend über die Geröllflanke hoch bis auf die Passhöhe **Frête de Saille** ❸. Vom Pass auf Wegspuren durch die ostseitige Geröllflanke absteigen bis zur Weg-

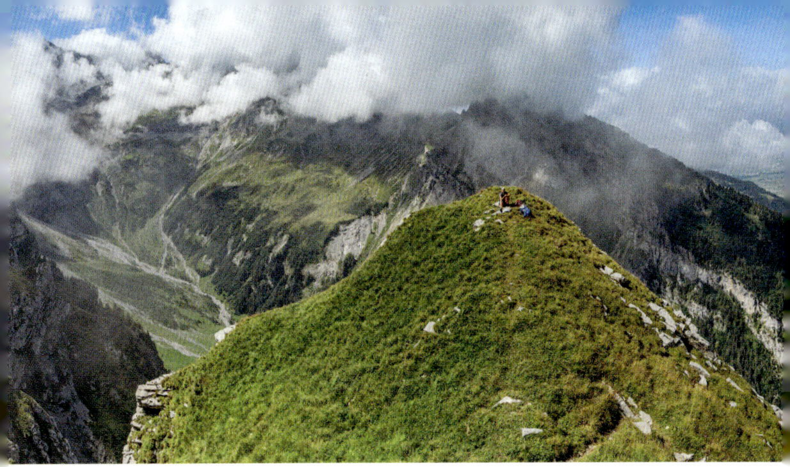

Die großartige Szenerie verschönt eine Pause auf der namenlosen Kuppe P. 2199.

kreuzung bei P. 2364, wo der rot-weiß markierte Wanderweg von Ovronnaz heraufkommt. Diesem nach links folgen und in gut 30 Min. hinauf zur **Cabane Rambert** ❹.
Auf gleichem Weg wieder runter zu P. 2364 und der Wanderroute – garniert mit farbenfroher Flora – über Plan Coupel und Saille direkt bis in die Ortschaft **Ovronnaz** ❺ folgen; die am nächsten gelegenen Bushaltestelle ist Croisée du centre.

Auf dem Pass Frête de Saille, darüber ragt der Grand Muveran auf.

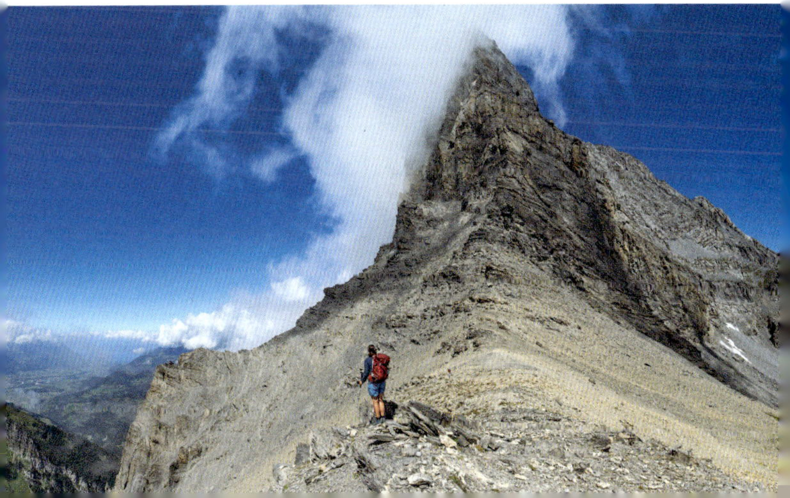

↗ 430 m | ↘ 990 m | 8.5 km

53 La Grand-Garde, 2146 m

3.15 h

Gratwanderung oberhalb von Ovronnaz

Im Thermalbad von Ovronnaz schwimmt man förmlich inmitten von wilden Bergzacken. Saillon verströmt hingegen eher den Charme eines städtischen Freibades. Wir schauen uns die Kontraste von oben an, auf der schönen und familientauglichen Gratwanderung, welche auf dem Gipfel La Grand-Garde abrupt schaurige Tiefblicke ins Rhonetal freigibt.

Ausgangspunkt: Bergstation, 1929 m, des Sesselliftes Ovronnaz–Jorasse (Mitte Juni bis Ende Oktober); Bus vom Bahnhof Riddes, von der Haltestelle Ovronnaz Croisée du centre in 10 Min. zu Fuß zur Talstation.
Endpunkt: Talstation Ovronnaz der Sesselbahn Jorasse, 1382 m.
Anforderungen: Überwiegend leicht, markiert. T2.
Einkehr/Unterkunft: Restaurant Bergstation Jorasse, Tel. +41 27 306 56 08. Verschiedene in Ovronnaz.
Variante: Alternativ zu Ovronnaz lässt sich von La Grand-Garde auch über La Combe, 1395 m, Favouay, 1263 m, Dugny, 1014 m, die schwindelerregende Passerelle à Farinet, 916 m, und durch schöne Reben nach Saillon absteigen (2 Std. länger).
Karte: 272T St-Maurice; 1305 Dents de Morcles.
Tipp: 1. Baden: Für Wellness im Anschluss an eine Wanderung sorgen die Thermalbäder in Ovronnaz oder auch im mittelalterlichen Talort Saillon.
2. Besuchen: Farinet-Museum »Musée de la Fausse Monnaie« in Saillon (offen Mi–So, 14–17 Uhr).
3. Lesen: »Farinet oder das falsche Geld« von Charles Ferdinand Ramuz.
Anschlusstour: 52, 54, 55, 59, 60.

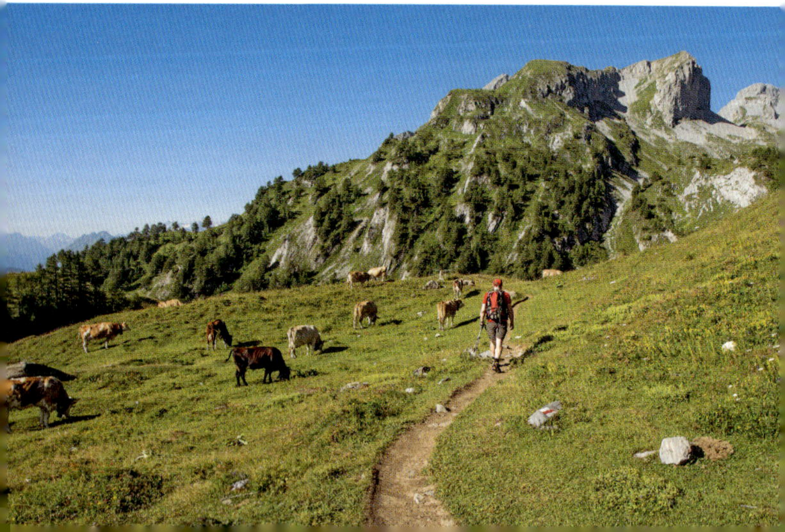

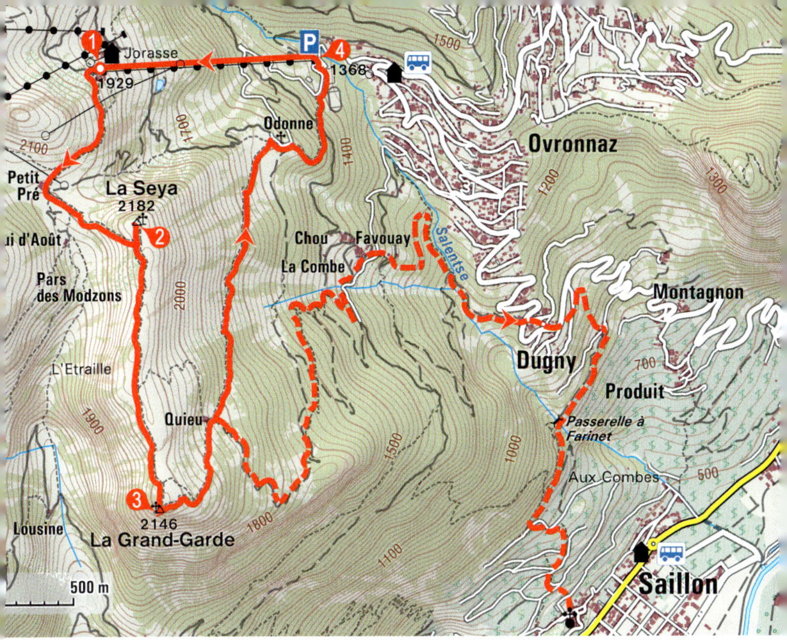

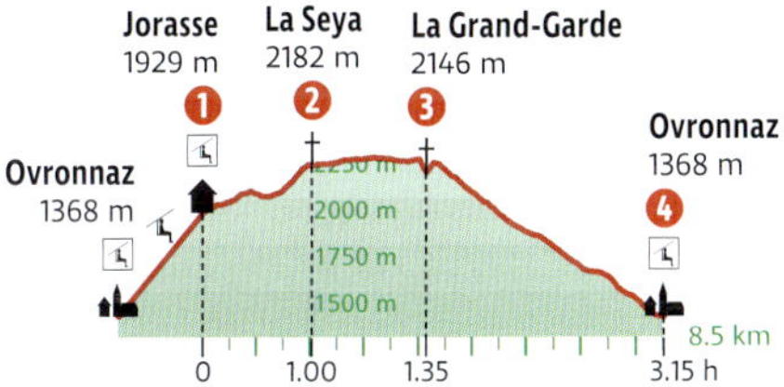

Von der Bergstation **Jorasse** ❶ auf gelb markiertem Weg zur Alp Petit Pré, 1998 m. Dort dem ganz linken rot-weiß-rot markierten Weg nach Südosten folgen. Dieser führt in einem kleinen Linksbogen auf die grasige Gipfelkuppe **La Seya** ❷. Nun zumeist direkt auf der Krete südwärts. Kurz vor der Grand-Garde ist über eine kleine Felsstufe abzusteigen; die einzige Stelle, wo etwas Vorsicht gefragt ist. Bald darauf ist die weite Gipfelkuppe der **Grand-Garde** ❸ erreicht, die nach Süden jäh abbricht und überraschende Aussichten gewährt. Vom Gipfel zuerst ganz kurz auf einem unmarkierten Weg ostwärts, dann wieder markiert nach Norden absteigen über mit Lärchen bestandene Weiden bis zur Weggabelung Quieu bei einem verfallenen Stall (P. 1940). Weiter nordwärts bis zur Alphütte Odonne und zum Schluss leicht auf gelb markiertem Weg zur **Talstation** in **Ovronnaz** ❹.

Bei Petit Pré, oberhalb des Wanderers der Berg La Seya.

↗ 1080 m | ↘ 1080 m | 15.5 km

54 Rund um den Grand Chavalard

6.00 h

Aussichtsreich um den Wächter über dem Rhôneknie

Schlank ragt der Grand Chavalard über dem Rhôneknie in den Himmel und eröffnet bei klarer Sicht wunderbare Blicke zum Mont-Blanc-Massiv und Grand Combin. Eine wirklich leichte Route auf seinen Gipfel gibt es nicht und vor allem sind viele Höhenmeter unter die Füße zu nehmen. Daher ist hier die Umrundung des Grand Chavalard vorgestellt, welche auch ohne den Gipfel überaus lohnenswerte Aussichten beschert. Ob mit oder ohne Besteigung des Grand Chavalard lohnt auch eine Ausdehnung der Tour auf zwei Tage mit einer Übernachtung in der Cabane du Fenestral – schließlich ist das morgendliche Licht für die Gipfelschau im Süden am schönsten.

Im Herbst: der Höhenweg bei Prampé.

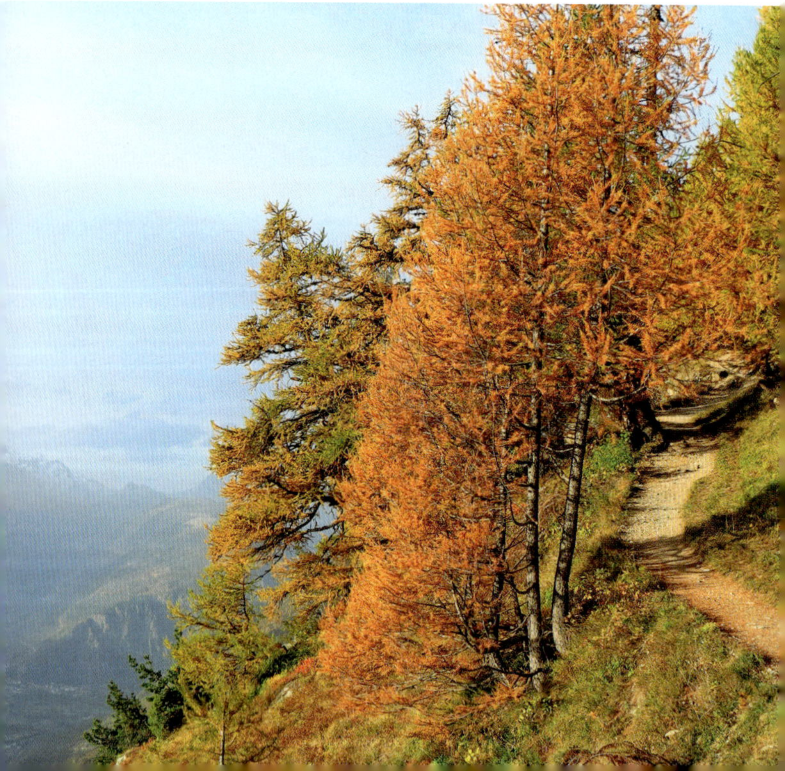

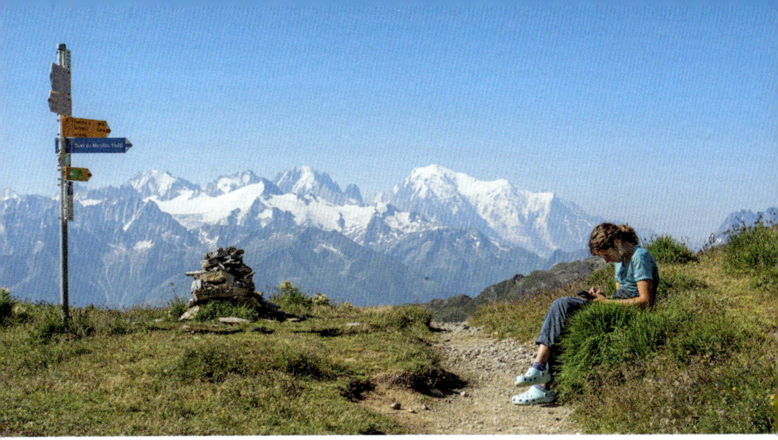

Im Sommer: auf dem Col de Fenestral, dahinter das Dach der Alpen.

Ausgangs- und Endpunkt: Bergstation Jorasse, 1929 m; vgl. Tour 53.
Anforderungen: Überwiegend leichte Wanderung auf markierten Wegen. T2.
Einkehr/Unterkunft: Vgl. Tour 53. Cabane du Fenestral, bewartet Mitte Juni bis Ende Oktober, Tel. +41 27 746 28 00. Cabane de Sorniot, bewartet Anfang Juli bis Ende September, Tel. +41 27 746 24 26. Gîte Lui d'Août, Tel. +41 79 673 78 83 (5 Min. von Petit Pré entfernt).
Varianten: 1. Überschreitung des Grand Chavalard: ausgehend von Prampé 4 auf blau-weißem Weg steil zum Gipfel und über den Nordgrat zum Nordgipfel, 2842 m, kurz nach diesem auf ca. 2700 m nordseitig hinunterkraxeln und über Geröll zum Sattel Le Basse, 2595 m, die Geröllflanke in nordwestlicher Richtung absteigen zur Cabane du Fenestral 6 (7.30 Std.; T5–).
2. Wanderung in umgekehrter Richtung und von der Cabane de Sorniot 5 über die Passage du Portail de Fully, 2266 m, und Sé Carro, 2092 m, zur Bergstation in Champex, 1124 m, absteigen und mit der Seilbahn (Mitte Juni bis Ende Sept.) nach Dorénaz im Rhônetal (6 Std.; T3).
Karte: 272T St-Maurice, 282T Martigny; 1305 Dents de Morcles, 1325 Sembrancher.
Tipp: Entspannung im Thermalbad von Ovronnaz mit Blick auf weitere attraktive Tourenziele.
Anschlusstour: 52, 53, 55, 56 (mit Variante), 59, 60.

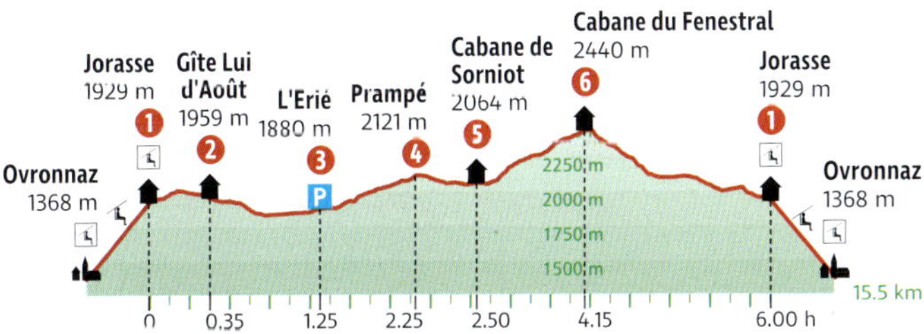

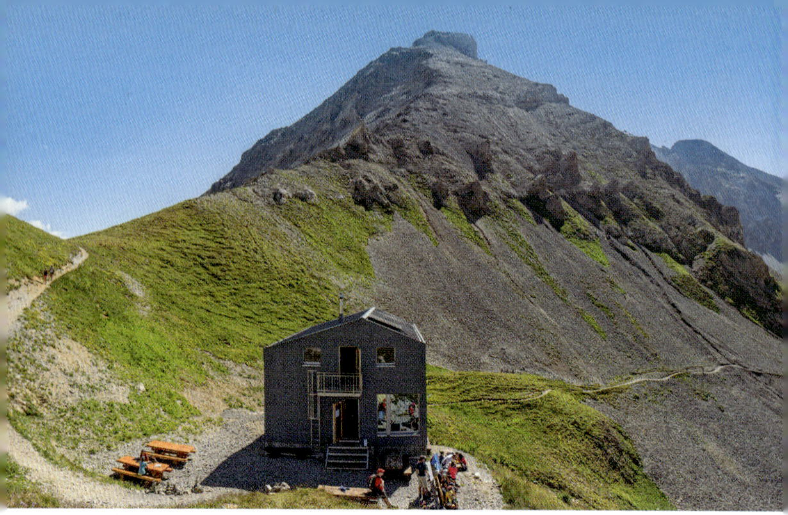

Cabane du Fenestral mit Six du Doe (links) und Grand Chavalard sowie Lac Supérieur de Fully mit Mont Blanc.

Von der Bergstation **Jorasse** ❶ auf gutem Weg, begleitet von einer prachtvollen Alpenflora, zur Alp und Wegkreuzung Petit Pré, 1998 m. Links haltend nach der Beschilderung Richtung L'Erié/Sorgno zur **Gîte Lui d'Août** ❷. Auf nahezu konstanter Höhe weiter zu **L'Erié** ❸ (Parkplatz). Der wunderschöne, von alten Lärchen gesäumte Höhenweg führt sanft aufwärts bis **Prampé** ❹, wo nach rechts der blau-weiß markierte Weg zum Gipfel des Grand Chavalard abzweigt. Geradeaus und schließlich östlich oberhalb des Lac Inférieur de Fully zur **Cabane de Sorniot** ❺. Zur Hütte ist es ein 5-minütiger Abstecher, den man prinziell auch auslassen könnte.

Auf der markierten Wanderroute nordwärts zur **Cabane du Fenestral** ❻ aufsteigen und den Ausblick auf das Mont-Blanc-Massiv genießen. In 2 Min. hoch zum **Col de Fenestral**, 2454 m, und auf der anderen Seite über die Hochebene Euloi absteigen bis zu Petit Pré; auf bekanntem Weg zurück zur Bergstation **Jorasse** ❶.

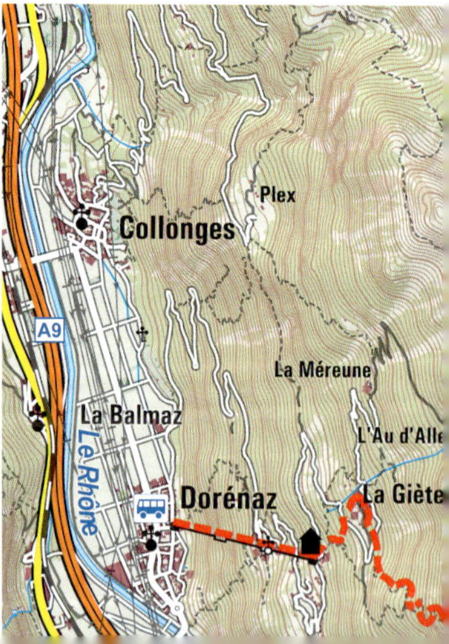

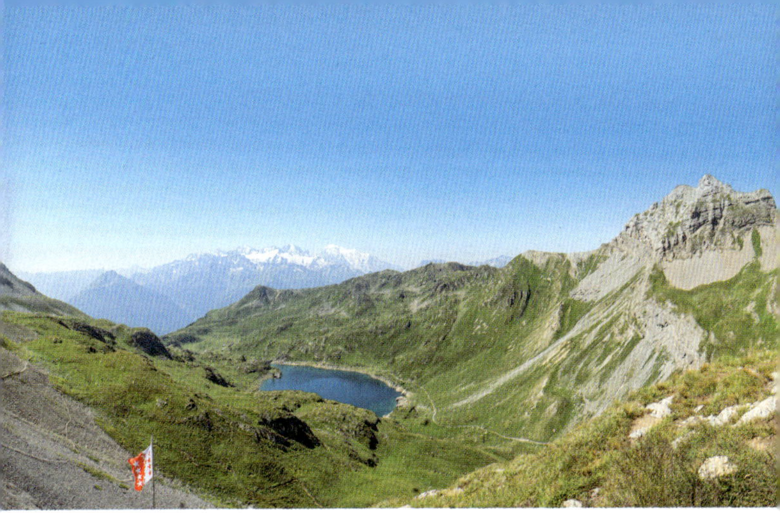

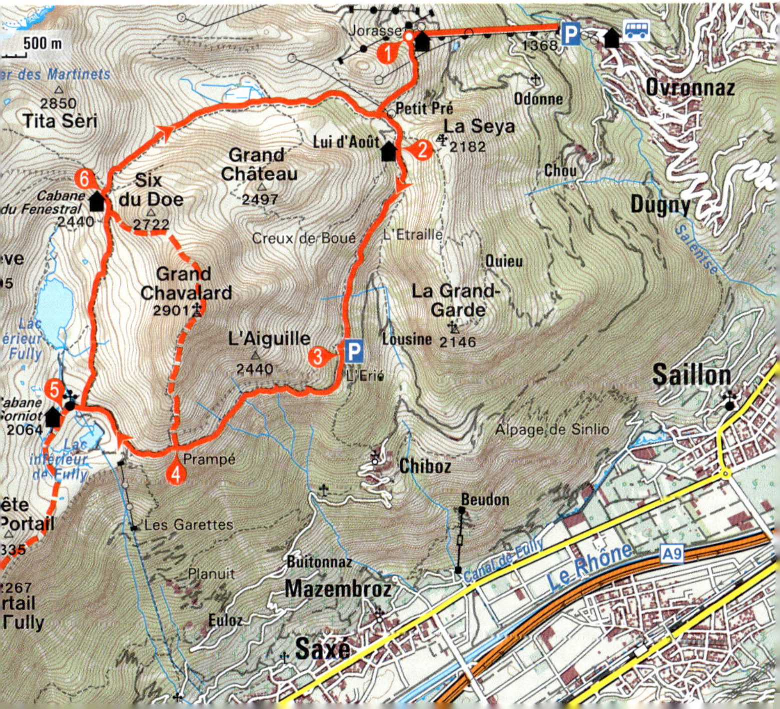

500 m
Jorasse
1368
Ovronnaz
2850
Tita Sèri
Petit Pré
Odonne
La Seya
2182
Lui d'Août
Grand Château
2497
Six du Doe
2722
Cabane du Fenestral
2440
Chou
Dugny
Salentse
Creux de Boué
L'Etraille
Quieu
Grand Chavalard
2901
La Grand-Garde
2146
L'Aiguille
2440
Lousine
L'Erié
Saillon
Cabane Sorniot
2064
Lac Inférieur de Fully
Alpage de Sinlio
Prampé
Chiboz
Beudon
Les Garettes
Planuit
Buitonnaz
Mazembroz
Canal de Fully
Le Rhône
A9
Euloz
Saxé
1
2
3
4
5
6
P

TOP

↗ 1240 m | ↘ 2100 m | 19.6 km

55 Grande Dent de Morcles, 2968 m

8.30 h

Überschreitung mit schaurig-schönen Pfaden und Aussichten

»Vielleicht der steilste Weg ohne Drahtseil!« So urteilt Kletterer und Alpinhistoriker Claude Remy über den vom Militär angelegten Pfad – die Grand Vire – durch die Südwestflanke der Dents de Morcles. Zusammen mit dem Aufstieg über den »Normalweg« auf den Eckpfeiler der Waadtländer Alpen und dem Abstieg über die Grand Vire ergibt sich eine Überschreitung der Extraklasse. Eindrückliche Aussichten und Ausgesetztheit sind garantiert. Egal in welche Richtung man die Tour angeht, es empfiehlt sich eine Übernachtung in einer der beiden herausragend gelegenen Hütten Cabane du Fenestral oder Cabane de la Tourche.

Ausgangspunkt: Bergstation Jorasse, 1929 m; vgl. Tour 53.
Endpunkt: Les Plans-sur-Bex, 1069 m, Bushaltestelle Le Chamois.
Anforderungen: Absolute Trittsicherheit und Schwindelfreiheit sowie eine hervorragende Kondition. Zwischen dem Gipfel und Rionda ist das Gelände sehr steil, der schmale Pfad ist teilweise rutschig und oft ausgesetzt; bei mehreren Personen Vorsicht wegen Steinschlaggefahr. Der Aufstieg ist sehr gut markiert, der Abstieg auch ganz gut, aber nicht durchwegs. T5.
Einkehr/Unterkunft: Cabane du Fenestral; vgl. Tour 54. Cabane de la Tourche und Buvette d'Alpage de Javerne; vgl. Tour 50. In Les Plans-sur-Bex; vgl. Tour 48.
Varianten: 1. Übernachtung in der Cabane du Fenestral ❷; dann erster Tag ca. 2 Std., zweiter Tag ca. 7 Std.
2. Tour in umgekehrter Reihenfolge mit Übernachtung in der Cabane de la Tourche ❹; dann erster Tag ca. 3.45 Std., zweiter Tag ca. 6.15 Std. – und das Thermalbad Ovronnaz am Ende!
3. Vom Gipfel zurück nach Ovronnaz; 2 Std. Zeitersparnis.
4. Bei Umgehung des Gipfels nur T4 (siehe Beschreibung rechts).
Karte: 272T St-Maurice; 1305 Dents de Morcles.
Anschlusstour: 48–54, 59, 60.

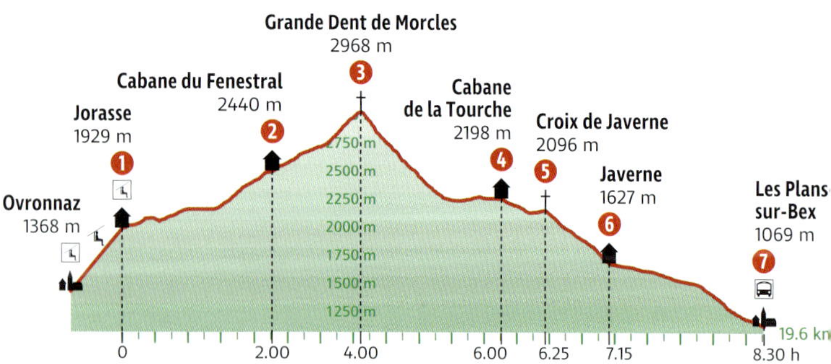

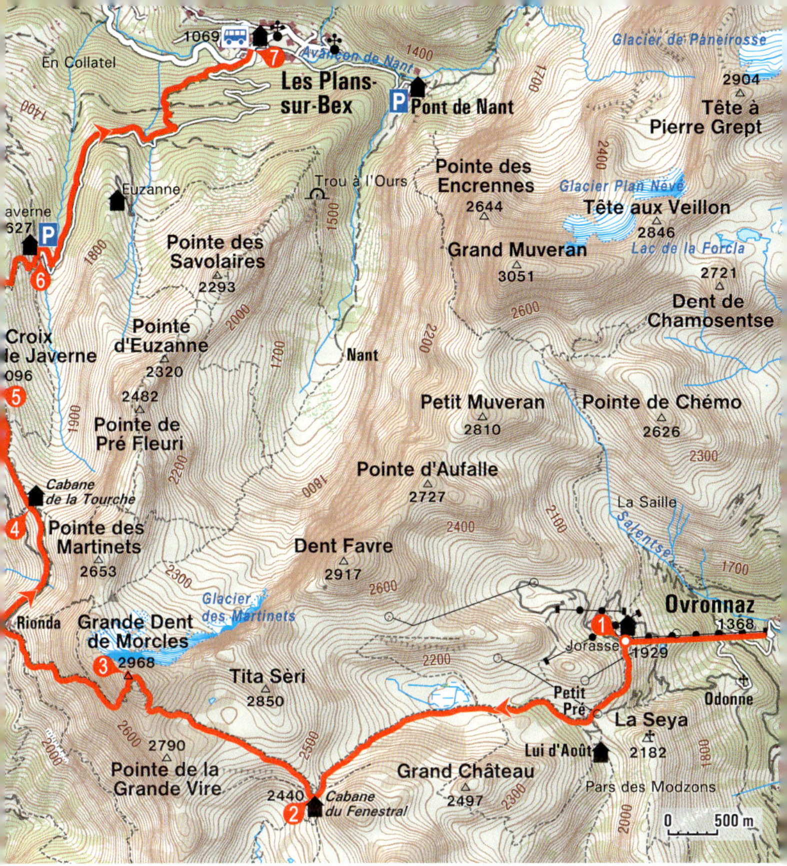

Von der Bergstation **Jorasse** ❶ entsprechend Tour 54 zum **Col de Fenestral** ❷; die gleichnamige Hütte liegt unmittelbar unterhalb des Passes. Hinter der Hütte den blau-weißen Markierungen durch die felsige Landschaft des Grand Cor folgen, bis beim Südgrat des Grande Dent de Morcles, ca. 2820 m, eine Felsstufe zu überwinden ist. Am Fuß der Felsstufe direkt beim Grat zweigt linker Hand ein deutlicher Pfad ab, welcher in die Westflanke des Grande Dent de Morcles zieht – dies wäre die leichtere Variante in die Grand Vire. Nimmt man diesen Weg und lässt den Gipfel des Grande Dent de Morcles aus, liegen die Schwierigkeiten nur bei T4.

Wir überwinden in Kraxelei (I–II) die mit einem gelben Smiley markierte Felsstufe bis zu einer zweiten Kraxelstelle, welche die Überwindung einer

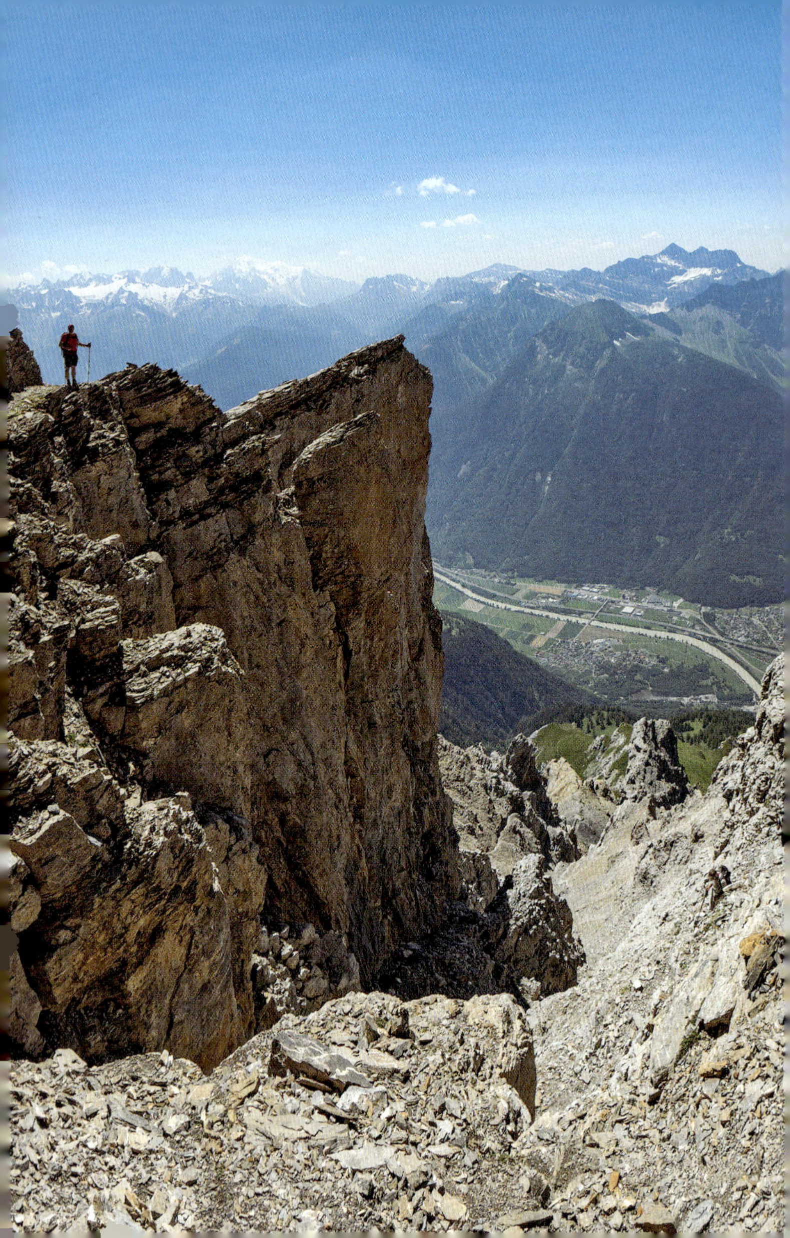

3 m hohen (aber nicht ausgesetzten) Felsstufe erfordert (II). Kurz darauf ist der Gipfel des **Grande Dent de Morcles** ❸ auch schon erreicht.
Gerade mal knapp 70 m und eine Minute vom Gipfel geht es auf dem Wanderweg zurück, bis rechts eine auffällige, enge Rinne abzweigt – das Couloir du Nant Rouge, welches den direkten Einstieg in die **Grand Vire** bildet. Nach der Rinne ist rechts am Fels ein Klemmblock zu überkraxeln (II); das Durchzwängen am Fels und den Fuß auf der anderen Seite zu plazieren erfordert ein wenig Geschick. Nach wenigen Metern auf einem Band entlang der Felswand zweigt der Weg scharf nach links ab und es geht in Serpentinen abwärts, umgeben von einer beeindruckenden Felskulisse. Kurz drauf trifft man auf eine Weggabelung – von links kommt der Weg der leichteren Variante mit Umgehung des Gipfels (blaue Markierung »Fenestral«; der direkte Weg – d.h. unser Abstiegsweg – zum Gipfel ist mit »Dent« markiert).

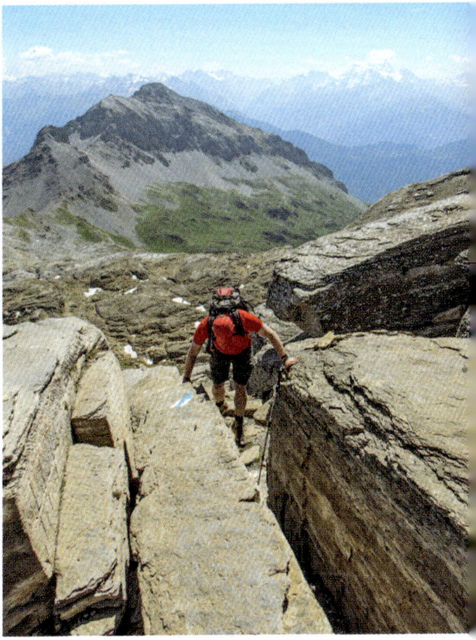

Kletterstelle im Aufstieg zum Grande Dent de Morcles.

Der weitere Abstieg folgt rechts haltend durch die breite Rinne, durch welche sich der Pfad in die Tiefe schraubt. Auf einer Höhe von rund 2620 m verlässt der Weg das Couloir und quert auf Bändern nordwestwärts in die Flanke. Kurz nach einer alten in den Fels gebauten **Militärbaracke** kommt eine Weggabelung: Der obere Weg (rechts) ist mit »Vire« markiert – diese Route, auch »Grand Vire supérieure« genannt, führt auf relativ konstanter Höhe unterhalb des Petite Dent de Morcles bis zum Col des Martinets.
Der linke Weg (»Grand Vire inférieure«), welcher nicht mit einer Farbmarkierung bezeichnet ist, ist der Weg, welcher uns weiter abwärtsführt und schließlich bei P. 2217 auf den rot-weiß-rot markierten Wanderweg der »Tour des Muverans« trifft. Auf diesem über Rionda, 2156 m, zur fantastisch gelegenen **Cabane de la Tourche** ❹. Auf dem Gratweg nordwärts über den Grasgipfel **Croix de Javerne** ❺ hinab bis nach **Javerne** ❻. Auf der gelb markierten Wanderroute folgt man zuerst der Fahrstraße gut 30 Min. und steigt dann links hinab durch den Wald bis nach **Les Plans-sur-Bex** ❼.

Beeindruckende Kulisse: auf der Grand Vire.

↗ 800 m | ↘ 810 m | 13.6 km

56 Weinwanderung zum Rhôneknie

5.00 h

Auf (Erlebnis-)Pfaden durch Wein-, Obst- und Kastaniengärten

Wir wandern durch ein bedeutendes, von einem außerordentlich sonnigen und trockenen Klima begünstigtes Walliser Rebbaugebiet. Auf der Höhe von Beudon ist die Grenze zwischen Kalk und Granit erkennbar. Während in Saillon kalkliebende Rebsorten wie Sylvaner dominieren, gilt Fully mit über 10 ha Anbaufläche als Hauptstadt der Sorte Arvine oder Petite Arvine, der bei der Erneuerung des Walliser Weinbaus eine bedeutende Rolle zugekommen ist. Sie ist anspruchsvoll und gedeiht nur in besten Süd- und Südwestlagen in einer Höhe zwischen 400 und 600 Metern, und sie entwickelt auf Granitgrund einen außergewöhnlichen Charakter. Am schönsten ist die Wanderung im Herbst, wenn es im Rhonetal noch angenehm warm ist und sich Reben und Bäume gelb und rot verfärben.

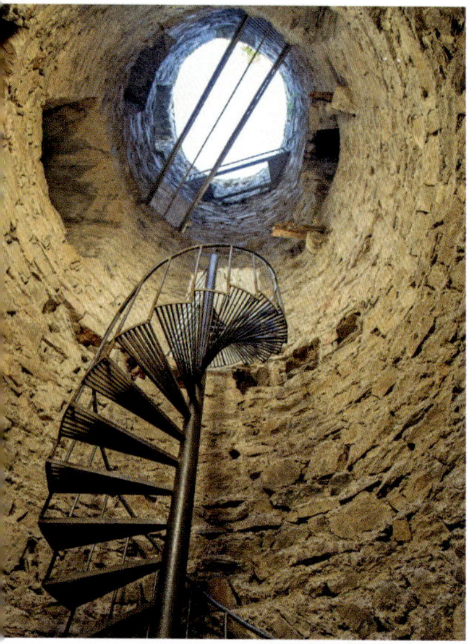

Abenteuerlich: der Weg im und auf den Tour Bayart.

Ausgangspunkt: Saillon, 465 m; Buslinie vom Bahnhof Martigny zum Bahnhof Sion, Haltestelle Collombeyres.
Endpunkt: Branson, 459 m, an der gleichen Buslinie.
Anforderungen: Etwas Kondition und vor allem Trittsicherheit und etwas Schwindelfreiheit im Abstieg von Beudon. Dieser Teil ist rot-weiß markiert, ansonsten gelbe Markierung. Nichts für heiße Sommertage. T3; ohne den Abstecher nach Beudon nur T2.
Einkehr/Unterkunft: Saillon, Mazembroz, Châtaignier, Fully, Branson.
Varianten: 1. Die Wanderung verkürzen: z.B. den Abstecher nach Beudon auslassen (dann insgesamt 3.30 Std.) oder nur bis nach Fully gehen (4.30 Std.).
2. Die Wanderung verlängern: Beudon auslassen, dafür aber von Branson weiter über La Forcla (P. 887 über dem Rhoneknie) zur Bergstation Champex (1124 m, mit Restaurant) der Gondelbahn Dorénaz–Champex (ganzjährig); Bus von Dorénaz, Haltestelle téléphérique, zum Bahnhof Martigny oder Evionnaz (5.45 Std.).
3. Eine ganz kurze Runde: Sentier des Bulbocodes (»Weg der Zeitlosen«) in Branson (1.30 Std.; T1).
Karten: 272T St-Maurice, 282T Martigny; 1305 Dent de Morcles, 1325 Sembrancher.
Anschlusstour: 53, 54 (jeweils Variante).

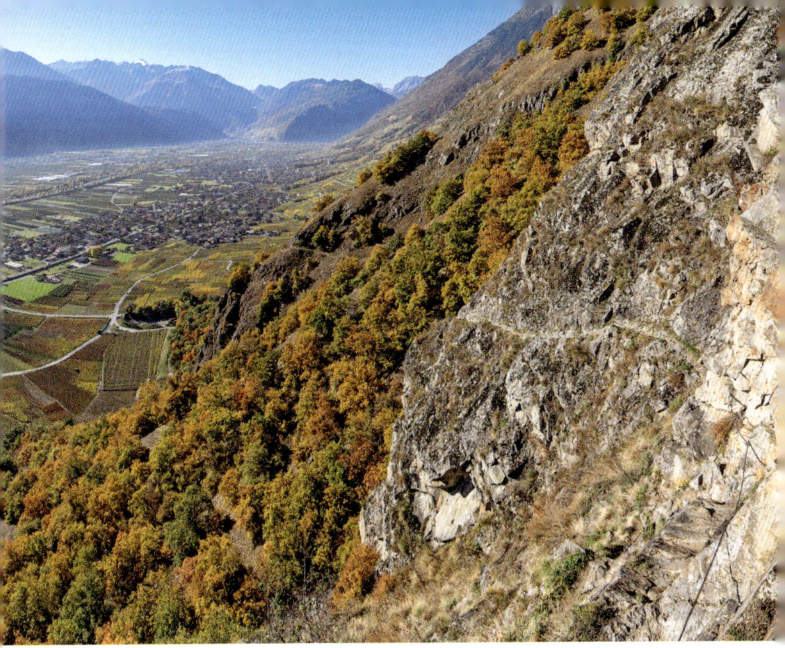

Ausgesetzt: der abgesicherte Weg hinab von Beudon, darunter liegt das herbstliche Rhonetal.

Von der Bushaltestelle in **Saillon** ❶ 100 m auf der Straße südwestwärts, dann rechts den Sentier sous le Scex hoch in die Altstadt. Über die Passage Gustave Courbet und die Rue St-Sulpice zur Kirche. Dahinter führt ein Weg auf den Gratrücken. Über einen steilen kurzen Abstieg entlang eines Geländers in einen Sattel und wieder hinauf zum 19 m hohen **Tour Bayart** ❷ aus dem 13. Jh., welchen man über eine steile Treppe besteigen kann – eine tolle Aussicht ist garantiert.

Wieder zurück in den Sattel und hinab zur Route des Chavannes. Links halten und der Beschilderung Richtung Beudon bzw. Chemin du vignoble folgen. Der Weg führt durch die Flanke eines karg bewachsenen, felsigen

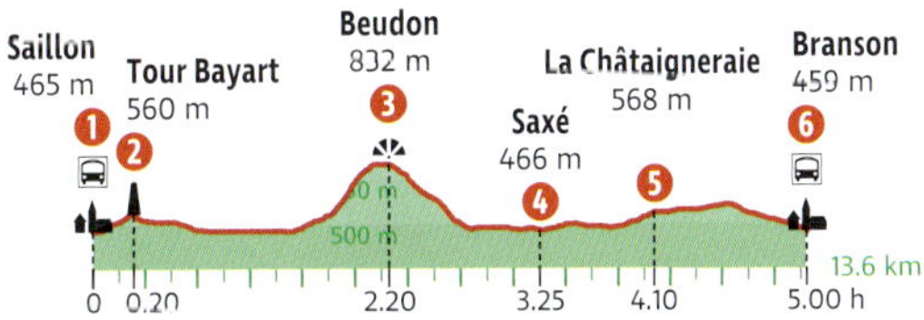

Hügels und hinunter in den Talboden zum **Canal de Gru**. Diesem linksseitig folgen und über die zweite Brücke auf die andere Seite. Nach 200 m zweigt nach rechts der beschilderte Weg nach Beudon ab. Dieser verläuft zuerst auf einem Sträßchen durch die Reben und anschließend auf einem steilen Pfad durch einen lichten Wald bis hoch zum isolierten und aussichtsreichen Rebberg von **Beudon** ❸.
Auf einem Karrenweg leicht absteigend zu einer Haarnadelkurve am Westrand des Rebbergs. Hier nicht dem Karrenweg folgen (!), sondern einige Schritte entlang der Abbruchkante zum Graben des **Torrent de Randonne**, bis der Pfad nach rechts steil (Seilgeländer) in diese Schlucht hinabführt. Der spannende und über längere Strecken mit Ketten gesicherte Steig quert ausgesetzt abschüssige, grasbewachsene Felsplatten (Planches de Mazembroz); nach Verlassen eines Waldabschnittes trifft er wieder auf den gelb markierten **Chemin du vignoble**.
Nun weiter mitten durch Reben nördlich an Mazembroz vorbei nach **Saxé** ❹. Direkt nach der Schule an einem Kanal rechts hoch (Wegmarkierung fehlt), anschließend weiter auf dem Höhenweg mitten durch die Rebberge nach Châtaignier und weiter bis zum großen Gebäude **Musée de Fully** eines ehemaligen Wasserkraftwerks. Kurz dahinter ist der große Parkplatz oberhalb von Fully für die Besucher des Kastanienhains.

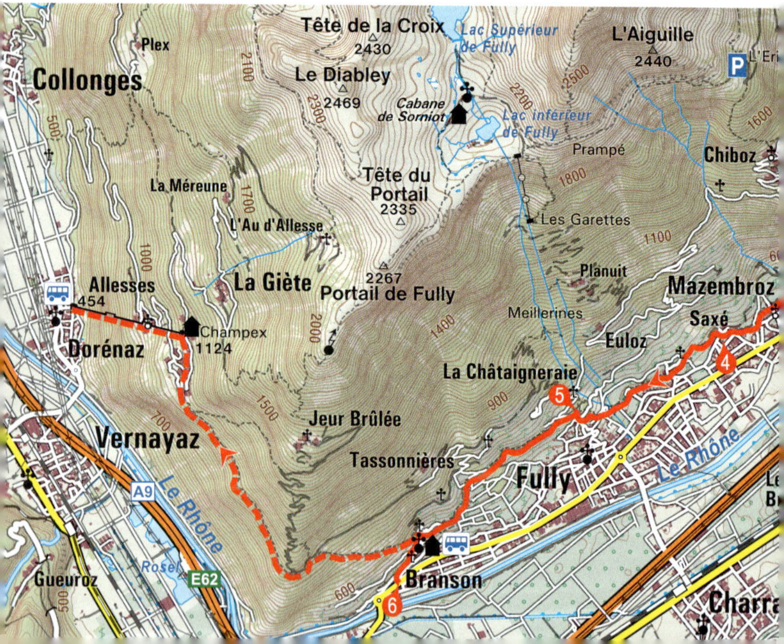

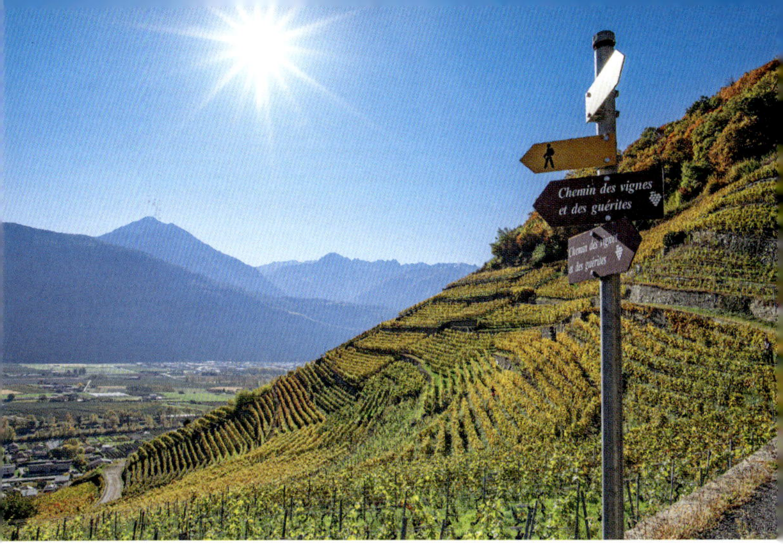

In vino veritas: Das Schild weist den richtigen Weg.

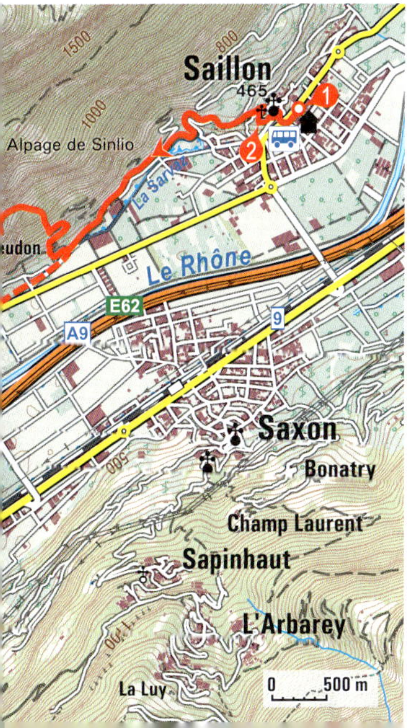

Hier beginnt auch der **Sentier de la Châtaigneraie**, wo man alles über die Edelkastanie erfahren kann. An der Wegkreuzung im Kastanienhain **La Châtaigneraie** 5 zweigt man links ab, und kurz darauf werden die Kastanienbäume wieder von Reben abgelöst. In der Haarnadelkurve beginnt der schön angelegte Erlebnispfad **Le sentier didactique des vignes et des guérites** (»Trauben und Burgen«). Dieser führt zunächst auf konstanter Höhe weiter durch die Reben und teilweise vorbei an Thymian-, Salbei- und Rosmarinsträuchern.

Nach einem kurzen Waldstück steigt man zu der sympathischen Ortschaft **Branson** 6 ab, die ausgeschilderte Bushaltestelle (Bedarfshaltestelle; Taste »Halt auf Verlangen«) befindet sich an der Hauptstraße im Talboden.

↗ 340 m | ↘ 350 m | 8.4 km

57 Durch Weinberge zur Salzmine von Bex

2.30 h

Wandern und staunen am und im Berg

Die Salzminen von Bex bilden ein Riesenlabyrinth von etwa 50 km Länge. Ein kleiner Teil davon ist der Öffentlichkeit zugänglich. Eine Tonbildschau und eine Ausstellung geben den Besuchern einen Einblick in die Geschichte der Salzbergwerke, die Ende des 17. Jahrhunderts begann. Und dann führt die Grubenbahn 1,6 km ins Innere der Mine zu einem kleinen Abenteuer. Übrigens: Rund 10.000 Tonnen Salz werden auch heute noch jährlich gewonnen.

Ausgangspunkt: Bahnhof Le Bévieux, 483 m, an der Bahnlinie Bex–Villars.
Endpunkt: Bahnhof Ollon, 476 m, an der Bahnlinie Aigle–Monthey.
Anforderungen: Leicht und markiert. T1.
Einkehr/Unterkunft: Bei der Salzmine: Auberge de Bouillet, Tel. +41 24 463 27 72. In Crêtel: Le Mazot Antagnes, Tel. +41 77 413 48 83 (nur Unterkunft). Verschiedene in Ollon und Bex.
Karte: 272T St-Maurice; 1284 Monthey, 1285 Les Diablerets.
Hinweis: Warme Kleidung mitnehmen, in der Salzmine hat es immer 17°C.
Tipps: 1. Salzmine von Bex: offen April–Okt., Infos zu Öffnungszeiten und Führungen (Anmeldung erwünscht) unter Tel. +41 24 463 03 30 und www.mines.ch; die Besichtigung dauert ca. 2.30 Std.
2. Château d'Aigle: Museum des Weinbaus und Weins; daneben das Musée international de l'Etiquette; beide April bis Okt., Di–So 10–18 Uhr; www.chateauaigle.ch.
3. Es gibt auch zwei Themenwege zu Salz und Wein: 1. Der Sentier du Sel folgt der historischen »saumoduc«, der Pipeline für die Sole, die von hoch oben in die Ebene hinabgeführt wurde: Start beim Bahnhof Plambuit, 802 m, der Bahnlinie Aigle–Les Diablerets und über Salin, 946 m, Panex und Antagnes nach Le Bouillet; 23 Hinweistafeln; 2.30 Std. 2. Sentier du vignoble: von Ollon nordwärts tüchtig ansteigen, durch Wald nach Verchiez und hinab nach Aigle zu den Reben und zum Schloss; Gehzeit 1.30 Std.

Aufwärmen: Januarsonne auf dem Weg nach Le Crêtel, oben die Dents du Midi.

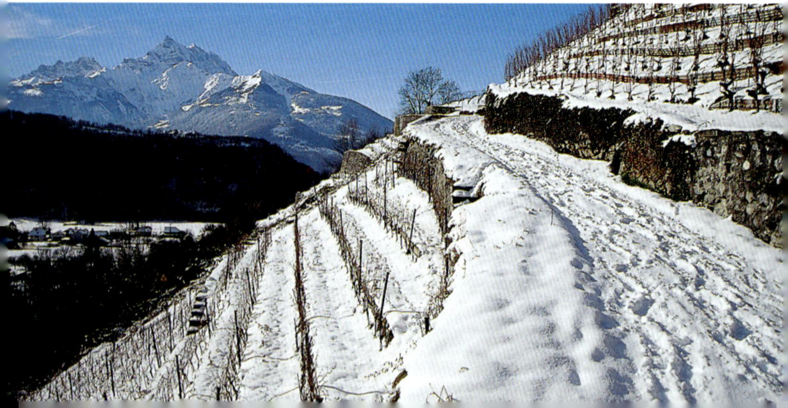

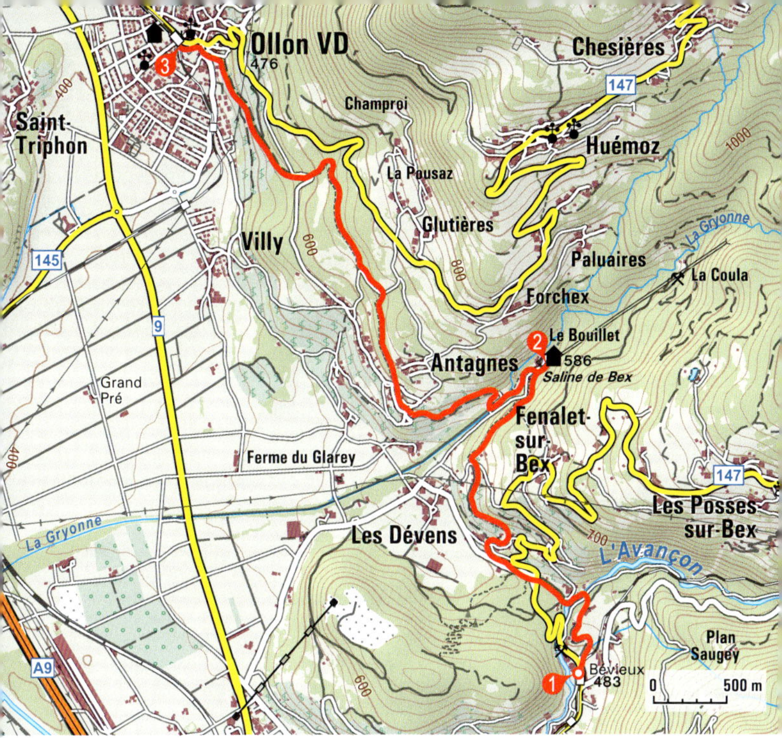

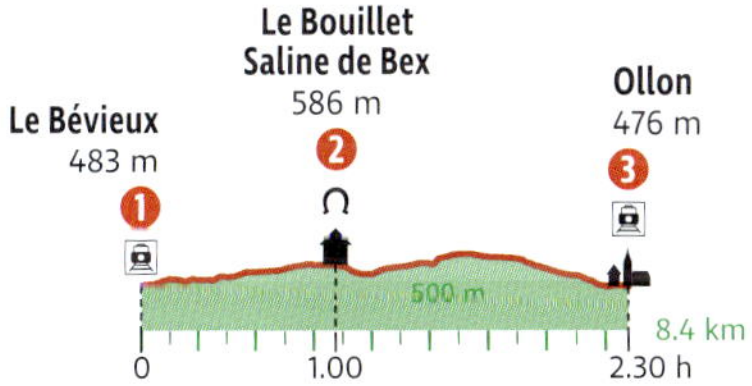

Von der Bahnhaltestelle **Le Bévieux** ❶ nordwärts am heutigen Salinenwerk vorbei und am Avançon entlang nach Le Plantex, von dort flach hinüber (Wegweiser »Mine de sel«) nach La Forêt, 523 m. Nun auf einem unmarkierten Rebenpfad hinauf auf den Höhenweg, der durch Weinberge und Wald in die Gryonne-Schlucht ansteigt, dort in **Le Bouillet** befindet sich die **Saline de Bex** ❷. Nach Besuch des Salzbergwerkes (wenn geöffnet) auf der Zufahrtsstraße und am Weg rechts davon hinab zu einer Brücke (P. 536) und Wiederaufstieg durch Rebberge nach Le Crêtel und Antagnes, 585 m. Auf dem oberen Weg nach Les Plumasses, ca. 650 m, über den Plan Navi in die Arnon-Schlucht, links hinab auf die Straße, kurz auf ihr entlang und durch Rebberge nach **Ollon** ❸ hinab.

↗ 3800 m | ↘ 3800 m | 48.6 km

58 Tour du Massif des Diablerets

4 Tage

Der höchste Waadtländer Gipfel aus unterschiedlichsten Perspektiven

Unvergessliche Bergerlebnisse sind denen gewiss, welche die Herausforderung »Tour du Massif des Diablerets« annehmen. Vorgeschlagen ist hier eine spezielle Variante, welche zwar recht anspruchsvoll ist, aber auch landschaftliche Leckerbissen bietet, allen voran den tollen Blick vom Oldenhorn zum höchsten Punkt des Diablerets-Massivs. In vier gut bemessenen Tagesetappen überquert man mehrere Pässe, trifft auf die unterschiedlichsten geologischen Formationen, wandert durch eine raue Steinwelt und enge Schluchten, über weitläufige Hochalpen, vorbei an stillen Bergseen und von Straßen erschlossenen Weilern. Immer wieder wechselt die Optik, doch dominant im Zentrum thront das »teuflische Massiv«. Mit dabei ist der Diablerets-Bergsturz-Roman »Derborence« von Charles Ferdinand Ramuz. In der Abendsonne am Refuge de Pierredar oder an der Cabane de Prarochet liest man gerne noch ein paar Seiten.

Ausgangs- und Endpunkt: Bahnhof Les Diablerets, 1154 m.
Anforderungen: Viel Trittsicherheit und Ausdauer, für die Via ferrata des Dames Anglaises (K3) Schwindelfreiheit. Durchwegs markiert. Gletscherausrüstung und -erfahrung nicht nötig (außer für einen möglichen Abstecher auf den Sommet des Diablerets, 3210 m), Klettersteigausrüstung hingegen schon. T4.

Einkehr/Unterkunft: Nach der Reihenfolge auf dem Weg: verschiedene Unterkünfte in Diablerets. Refuge de Pierredar, Mitte Juni bis Ende September, Tel. +41 79 127 56 67. Cabane de Prarochet, Ende Juni bis Mitte September, Tel. +41 27 395 27 27. Refuge du Lac Derborence, Mai bis Oktober, Tel. +41 27 346 14 28. Refuge Giacomini, Anfang Mai bis Ende Oktober,

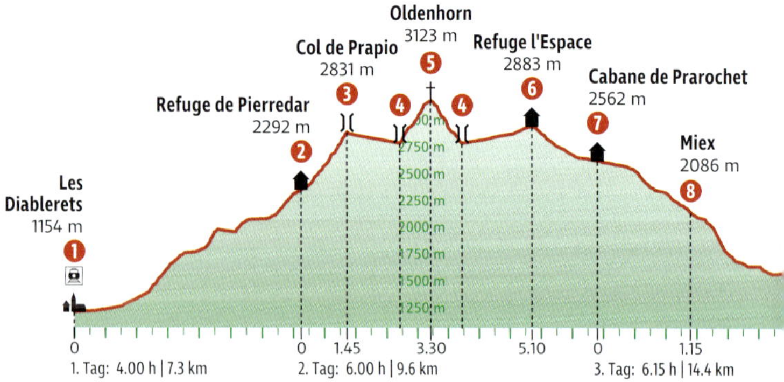

Tel. +41 24 498 22 95. Restaurant Refuge de Solalex, Anfang Mai bis Mitte November, Tel. +41 24 498 27 09. Restaurant La Boille Ô Chaux, Ende Juni bis Mitte Oktober, Tel. +41 24 498 11 87. Restaurant de Refuge de Taveyanne, Anfang Juni bis Anfang Oktober, Tel. +41 24 498 19 47.

Variante: Statt über das Refuge de Pierredar kann man auch in zwei Tagen wie folgt aufsteigen und damit die Via ferrata des Dames Anglaises umgehen: Diablerets – Col du Pillon – Cabane des Diablerets (SAC, Mitte Juni bis Mitte September, Tel. +41 24 492 21 02) – Bergstation Sex Rouge – Cabane de Prarochet 7 (evtl. noch Oldenhorn); noch einfacher und außerdem ein Tag kürzer ist es, wenn man die Seilbahn auf den Sex Rouge nimmt.

Hinweis: Die offizielle Tour du Massif des Diablerets verläuft deutlich anders als die hier beschriebene Version, und zwar mit folgenden Etappen: Les Diablerets – Les Chaux; Les Chaux – Derborence; Derborence – Barrage de Sanetsch; Sanetsch – Gsteig – Col du Pillon – Les Diablerets. Mehr Infos findet man auf www.villars-diablerets.ch.

Karte: 3317T Diablerets.

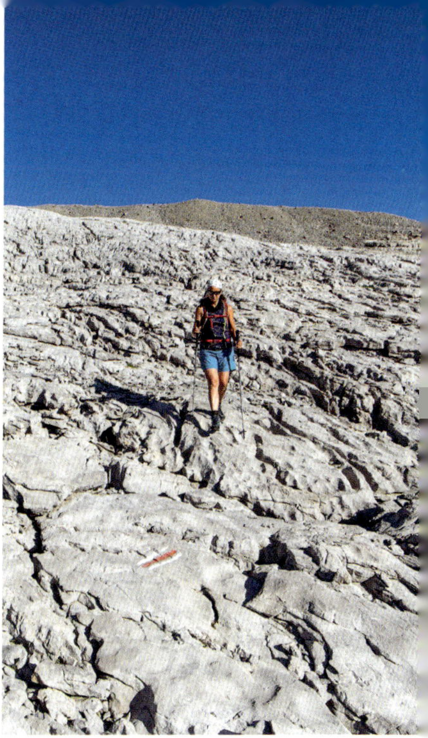

Unweit der Cabane der Prarochet.

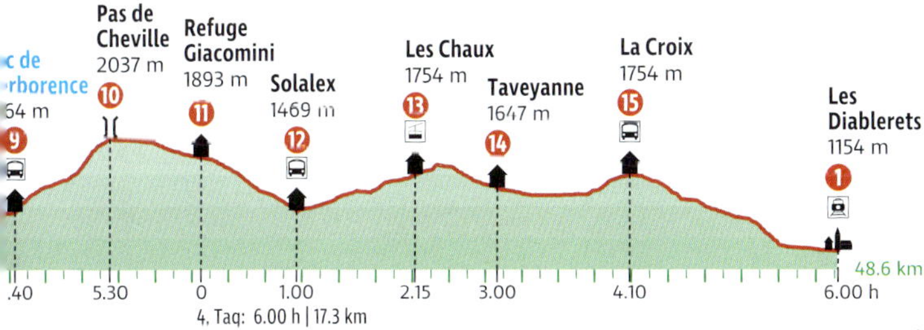

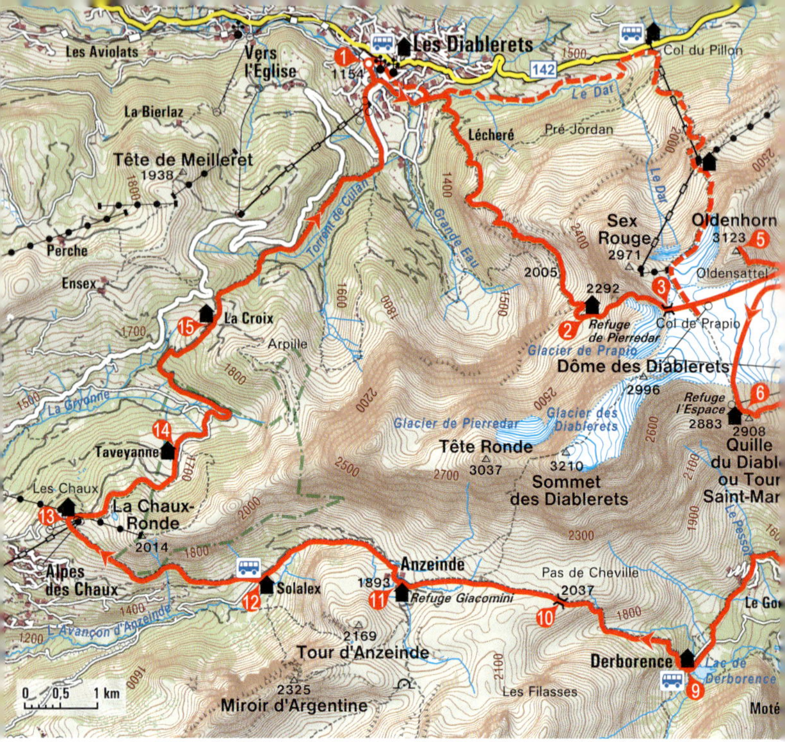

Grün und blau: am Lac de Derborence.

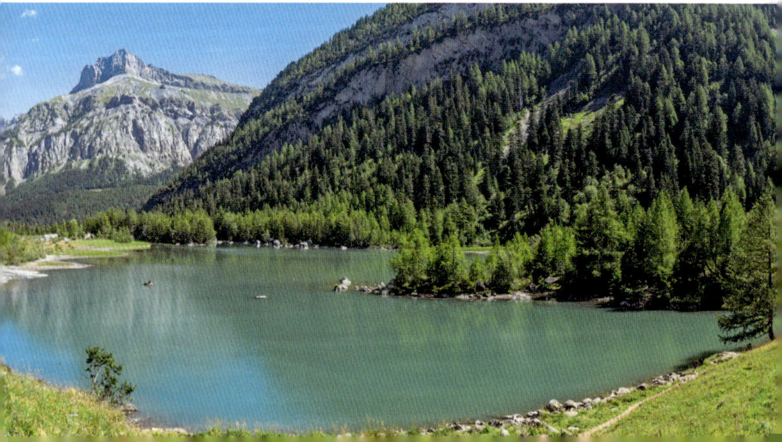

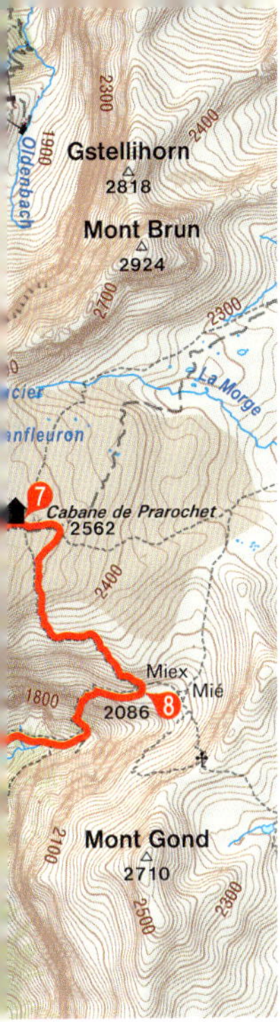

1. Tag: Les Diablerets 1, 1154 m – Le Drudy – Refuge de Pierredar 2, 2292 m
4.00 Std.; Aufstieg 1180 Hm, Abstieg 40 Hm
Route: Vgl. Tour 41.

2. Tag: Refuge de Pierredar 2, 2292 m – Col de Prapio 3, 2831 – Oldenhorn 5, 3123 m – Cabane de Prarochet 7, 2562 m
6.00 Std.; Aufstieg 1050 Hm, Abstieg 790 Hm
Route: Vgl. Touren 42, 43 und 44.

3. Tag: Cabane de Prarochet 7, 2562 m – Lac de Derborence 9, 1464 m – Pas de Cheville 10, 2037 m – Refuge Giacomini 11, 1893 m
6.15 Std.; Aufstieg 880 Hm, Abstieg 1540 Hm
Route: Vgl. Touren 44 und 59.

4. Tag: Refuge Giacomini 11, 1893 m – Les Chaux 13, 1754 m – Taveyanne 14, 1647 m – Les Diablerets, 1154 m
6.00 Std.; Aufstieg 690 Hm, Abstieg 1430 Hm
Route: Abstieg nach **Solalex** 12, 1469 m, Aufstieg zur Bergstation Les Chaux, 1754 m, ostwärts nach Taveyanne und über **La Croix** 15, 1754 m, auf gelb markierter Wanderroute nach Les Diablerets.
Gipfel: Statt direkt nach Taveyanne über den Chaux Ronde, 2013 m; 1 Std. länger; vgl. Tour 38.

Weiß und braun: auf dem Tsanfleuron-Gletscher.

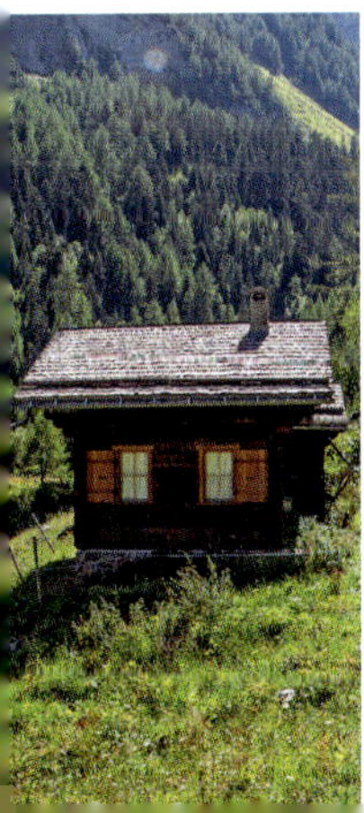

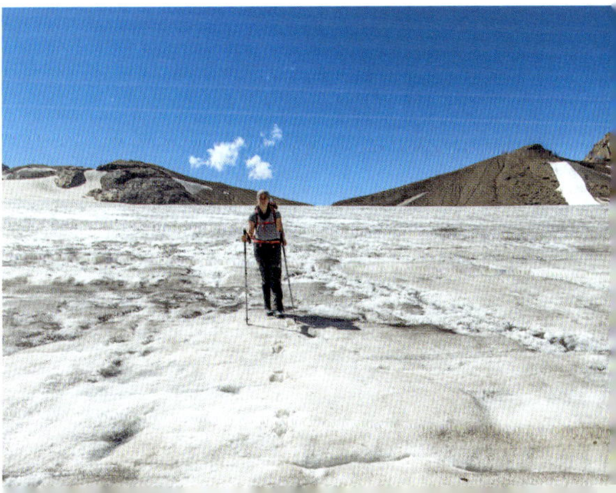

↗ 4200 m | ↘ 4200 m | 54.7 km

59 Tour des Muverans

4 Tage

Viertägige Rundtour um ein wildes Bergmassiv

Der Grand Muveran ist ein imposantes Bergmassiv an der Grenze zwischen Waadt und Wallis und bildet die höchste Erhebung dieser Region. Auf seiner Nordseite trotzt gar der kleine Plan Névé-Gletscher der Klimaerwärmung. Auf der Umrundung sehen wir alles, was das Muveran-Massiv zu bieten hat: Gegen Ende der Runde beim Aufstieg zum Col des Essets die finsteren Nordabstürze des Grand Muveran. Am Pas de Cheville kontrastiert die karge Weite des Überganges mit den schroffen Südwänden des Diablerets-Massivs. Zuvor herrscht auf der ausgesetzten Vire de Bellacrête fast südliches Ambience und ab Rionda können wir die sensationelle Aussicht genießen, bevor wir hinabsteigen ins nordseitige Vallon de Nant mit seinem besonderen Mikroklima und der entsprechend außergewöhnlichen Flora.

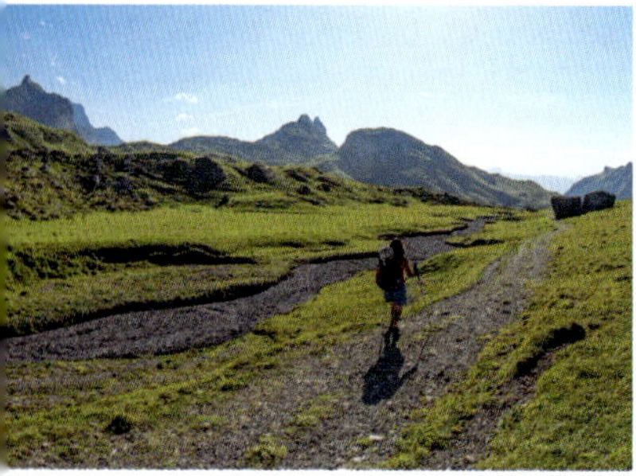

Einsame Weite: beim Pas de Cheville.

Ausgangs- und Endpunkt: Lac de Derborence, 1464 m; Bus über Aven, Village, zum Bahnhof Sion.
Anforderungen: Einige Kondition; verschiedene ausgesetzte Passagen auf guten Pfaden. Wege durchwegs markiert. T3.
Einkehr/Unterkunft: Nach der Reihenfolge auf dem Weg: Refuge du Lac Derborence, Mai bis Oktober, Tel. +41 27 346 14 28. Gite de l'alpage de Dorbon, Mitte Juni bis Anfang Oktober, wegen schlechtem Empfang per E-Mail: dorbon@bluewin.ch. Cabane Rambert, SAC, Mitte Juni bis Ende September, Tel. +41 27 207 11

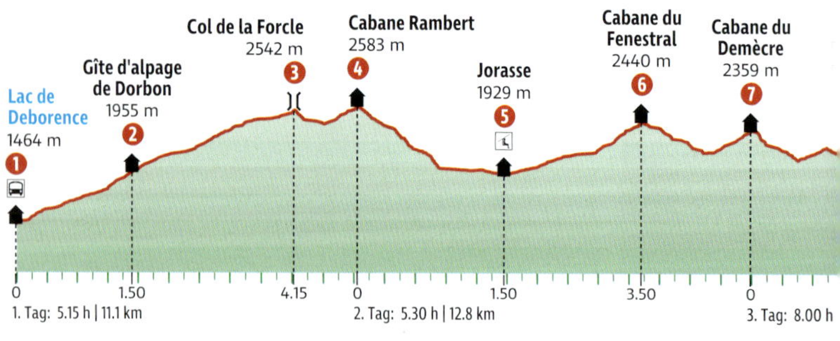

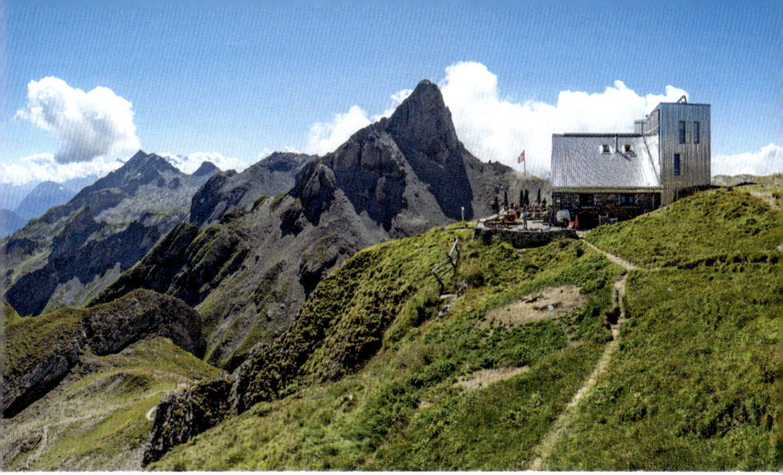

Feine Aussicht garantiert: die Cabane Rambert, links davon der Zahn des Petit Muveran.

22. Cabane du Fenestral, Mitte Juni bis Ende Oktober, Tel. +41 27 746 28 00. Cabane de Sorniot, Anfang Juli bis Ende September, Tel. +41 27 746 24 26. Cabane du Demècre, Mitte Juni bis Ende September, Tel. +41 79 641 40 57. Cabane du Chalet Neuf, Mitte Juni bis Ende September, Selbstversorgerhütte, Tel. +41 27 767 10 29. Cabane de la Tourche, SAC, Mitte Juni bis Mitte Oktober, Tel. +41 24 485 22 18. Auberge de Pont de Nant, ganzjährig, Tel. +41 24 498 14 95. Buvette La Vare, Mitte Juni bis Ende September, Tel. +41 79 843 03 80. Refuge Giacomini, Anfang Mai bis Ende Oktober, Tel. +41 24 498 22 95.

Varianten: Weitere Ein- und Ausstiegsmöglichkeiten:
1. Les Plans-sur-Bex, 1094 m, unterhalb von Pont de Nant ⑪; vgl. Tour 48.
2. Jorasse ⑤, Bergstation des Sesselliftes von Ovronnaz; vgl. Tour 53.

Karte: 272T St-Maurice; 1285 Les Diablerets, 1305 Dents de Morcles.

Tipp: Weitere Infos unter www.tourdes-muverans.ch.

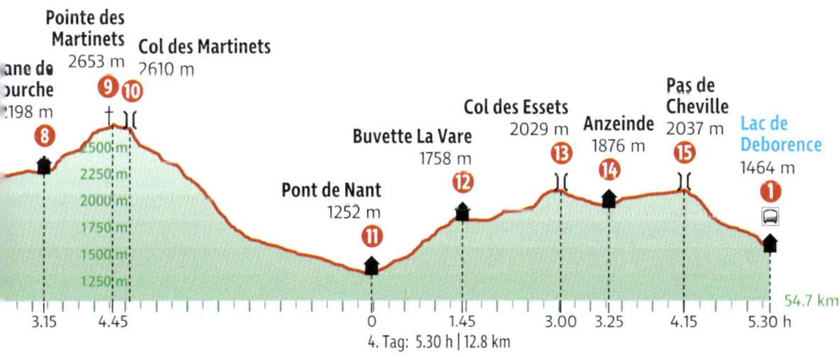

1. Tag: Lac de Derborence ❶, 1464 m – Cabane Rambert ❹, 2583 m
5.15 Std.; Aufstieg 1300 Hm, Abstieg 180 Hm
Route: Von **Derborence ❶** auf markiertem Weg durch das ganze Tal der Derbonne ins Hochtal von La Forcle mit dem kleinen Stausee. Der **Col de la Forcle ❸** befindet sich an der Südwestecke des Hochtals. Kurzer Abstieg und Aufstieg im höheren, nördlichen Tälchen und über den südlichen Begrenzungsrücken zur **Cabane Rambert ❹**.

2. Tag: Cabane Rambert ❹, 2583 m – Cabane du Demècre ❼, 2359 m
5.30 Std.; Aufstieg 980 Hm, Abstieg 1190 Hm
Route: Abstieg auf dem Hüttenweg bis Saille, 1790 m, und Schräganstieg zur Bergstation **Jorasse ❺** (Restaurant). Weiter in südlicher Richtung nach Petit Pré und flach in die riesige Talsenke von Euloi. Südwestwärts hinauf in den **Col de Fenestral**, 2453 m. Ein Stück Richtung Sorniot absteigen (bis P. 2222), dann rechts weg und hinunter zum Lac Supérieur de Fully. An seinem Ufer entlang zum Pfad, der in den **Col du Demècre**, 2359 m, hinaufführt, wo sich die gleichnamige **Cabane ❼** befindet.

3. Tag: Cabane du Demècre ❼, 2359 m – Pont de Nant ⓫, 1252 m
8.00 Std.; Aufstieg 950 Hm, Abstieg 2060 Hm
Route: Abstieg in Richtung Creux de Zéman, an der ersten Weggabelung (P. 2057) rechts und auf den Höhenweg zur Vire de Bellacrête, welcher nach Rionda führt. Horizontal weiter zur **Cabane de la Tourche**. Über den Rücken Richtung Pointe des Martinets und via Vire aux Boeufs in den Col des Perris Blancs, 2543 m. Aufgrund von Steinschlaggefahr wurde die ursprüngliche Route – der direkte Abstieg vom Pass ins Vallon Nant – verlegt und man geht noch über die **Pointe des Martinets ❾** (mit 2653 m der nun höchste Punkt der Tour des Muverans) über den Grat zum **Col des Martinets ❿**. Von dort hinunter in den Talboden des Vallon de Nant, talauswärts nach **Pont de Nant ⓫**.

4. Tag: Pont de Nant ⓫, 1252 m – Lac de Derborence, 1464 m
5.30 Std.; Aufstieg 980 Hm, Abstieg 770 Hm
Route: Von **Pont de Nant ⓫** auf schönem Weg über Le Richard und **La Varre ⓬** zum **Col des Essets ⓭**. Hinunter nach **Anzeinde ⓮** und ostwärts flach hinauf auf den **Pas de Cheville ⓯**. Zuletzt steiler Abstieg nach **Derborence ❶**.

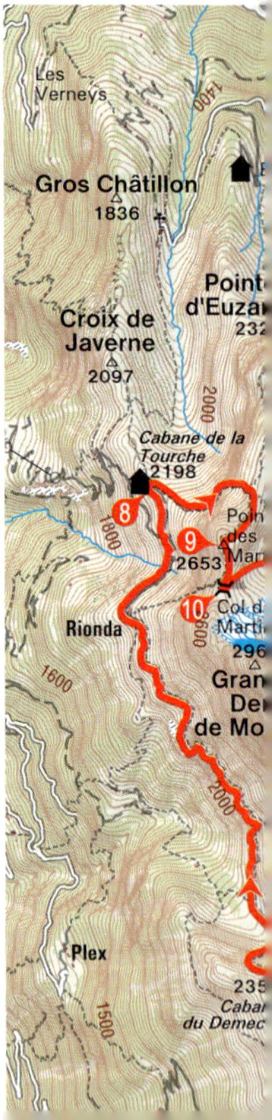

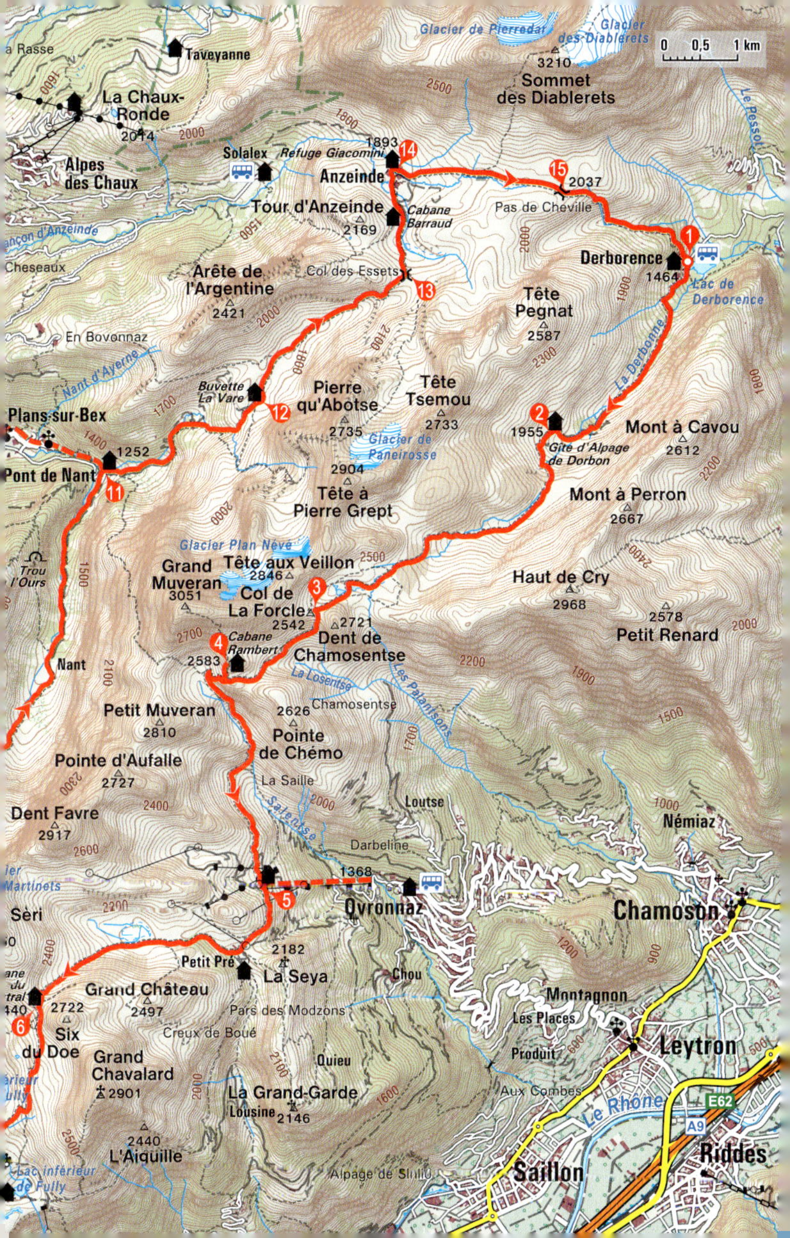

Glacier de Pierredar
Glacier des Diablerets
0 0,5 1 km
3210
Sommet des Diablerets
Taveyanne
La Chaux-Ronde
2014
Alpes des Chaux
Solalex
Refuge Giacomini
1893
Anzeinde
2037
Pas de Cheville
Tour d'Anzeinde
2169
Cabane Barraud
Derborence
1464
Lac de Derborence
Le Pessot
Arête de l'Argentine
2421
Col des Essets
Tête Pegnat
2587
En Bovonnaz
Nant d'Ayerne
La Derbonne
Plans-sur-Bex
Buvette La Vare
Pierre qu'Abotse
2735
Tête Tsemou
2733
Glacier de Paneirosse
1955
Gîte d'Alpage de Dorbon
Mont à Cavou
2612
Pont de Nant
1252
2904
Tête à Pierre Grept
Mont à Perron
2667
Trou l'Ours
Glacier Plan Névé
Grand Muveran
3051
Tête aux Veillon
2846
Col de La Forcle
2542
Haut de Cry
2968
2721
Dent de Chamosentse
2578
Petit Renard
Cabane Rambert
2583
Nant
La Losentse
Les Pantanisons
Petit Muveran
2810
2626
Chamosentse
Pointe de Chémo
Pointe d'Aufalle
2727
La Saille
Dent Favre
2917
Salentse
Loutse
Némiaz
Darbeline
1368
Ovronnaz
Chamoson
Sèri
Petit Pré
2182
La Seya
Chou
Grand Château
2497
2722
Six du Doe
Pars des Modzons
Montagnon
Les Places
Creux de Boué
Leytron
Produit
Grand Chavalard
2901
Quieu
La Grand-Garde
2146
Lousine
Aux Combes
Le Rhône
E62
A9
2440
L'Aiguille
Saillon
Riddes
Lac inférieur de Fully
Alpage de Sludio

↗ 5300 m | ↘ 5300 m | 53.2 km

60 Tour des Muverans spezial

5 Tage

Die schwierige Variante um und auf den Grand Muveran

Mit allem und scharf: Hier sind einige der schwierigen Touren dieses Wanderführers im Muveran-/Morcles-Gebiet so aneinandergehängt, dass daraus eine spannende und anspruchsvolle Umrundungsvariante des Grand-Muveran-Massivs entsteht. Dabei werden mehrere Pässe überschritten und drei herausragende Gipfel besucht, wobei die Besteigung des über 3051 m hohen Grand Muveran den krönenden Abschluss der Tour bildet. Auf dieser Gipfeltour können auch Wanderer hochalpine Luft schnuppern; nach Waadtländer Art gewürzt mit schmalen Bändern in schroffen Wänden, Geröll und brüchigem Fels. Danach wartet dann nur noch das Thermalbad von Ovronnaz als belohnende Entspannung für die vielen geleisteten Höhenmeter.

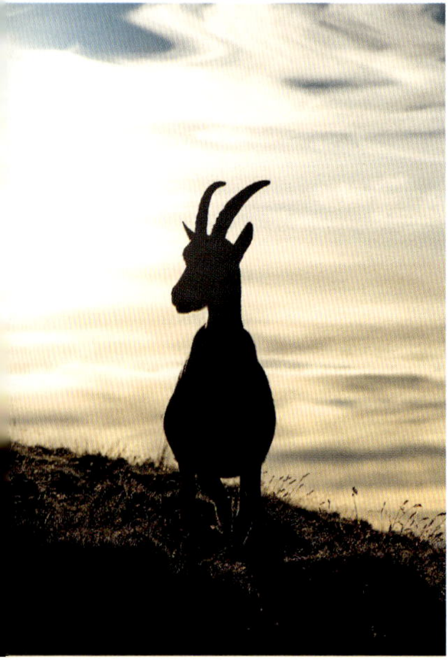

Morgendlicher Besuch bei der Cabane Rambert.

Ausgangs- und Endpunkt: Bergstation Jorasse, Ovronnaz, 1929 m; vgl. Tour 53.
Anforderungen: Deutlich anspruchsvollere Variante der Tour des Muverans; Details zu den Anforderungen siehe jeweilige Routenverweise bei den Etappen. Die Besteigung des Grand Muveran erfordert absolute Trittsicherheit, Schwindelfreiheit und ein wenig Orientierungsvermögen; die Route ist von der Cabane Rambert hervorragend (mit verschiedenen Farben) markiert. Der Lawinenschnee in den Runsen der Grand-Muveran-Westwand sollte bereits weggeschmolzen sein; ggf. bei der Cabane Rambert erkundigen. T5.
Einkehr/Unterkunft: Vgl. Tour 59, sowie Cabane Plan Névé; vgl. Tour 47.
Variante: Die Runde verkürzt sich um einen Tag, wenn man den zweiten Tag in Pont de Nant (8) beendet (5 Std.) und am dritten Tag über die Frête de Saille zur Cabane Rambert (17) (vgl. Tour 52) geht.
Karte: 272T St-Maurice; 1285 Les Diablerets, 1305 Dents de Morcles.

Die letzten Meter zum Col des Chamois.

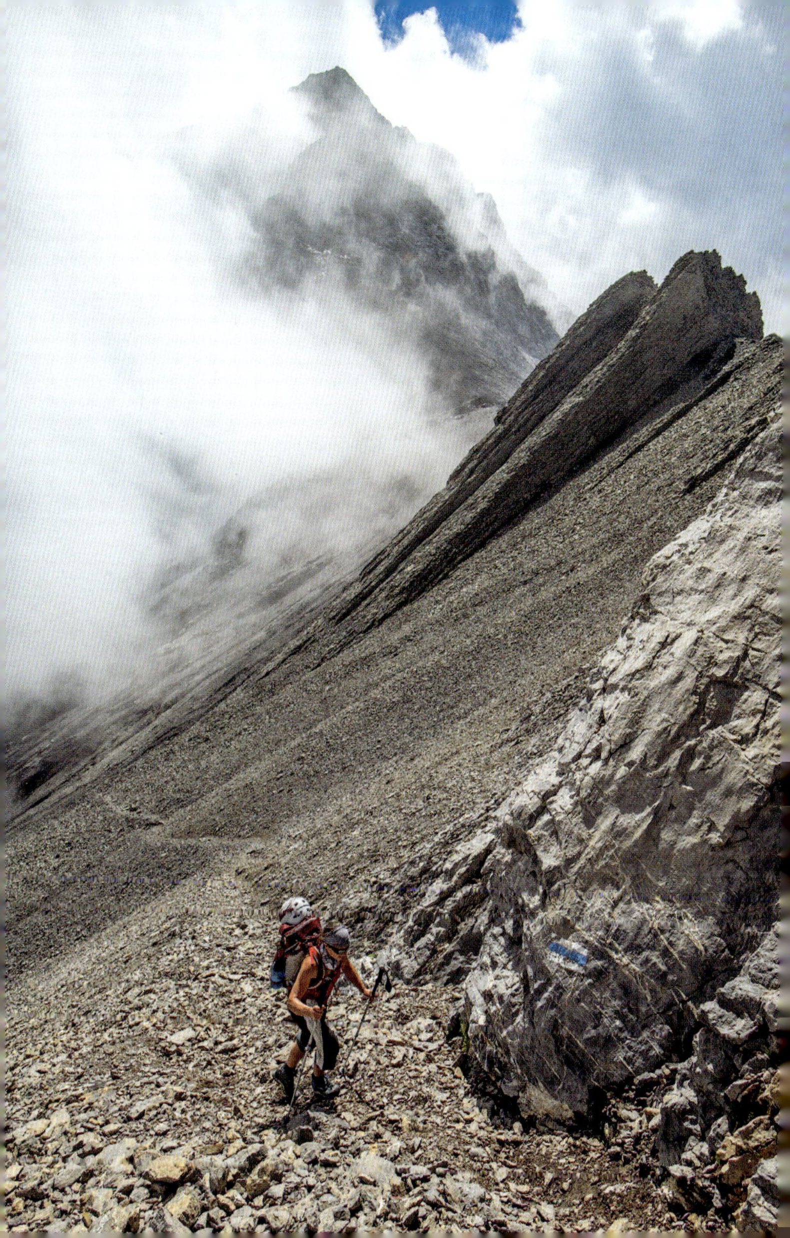

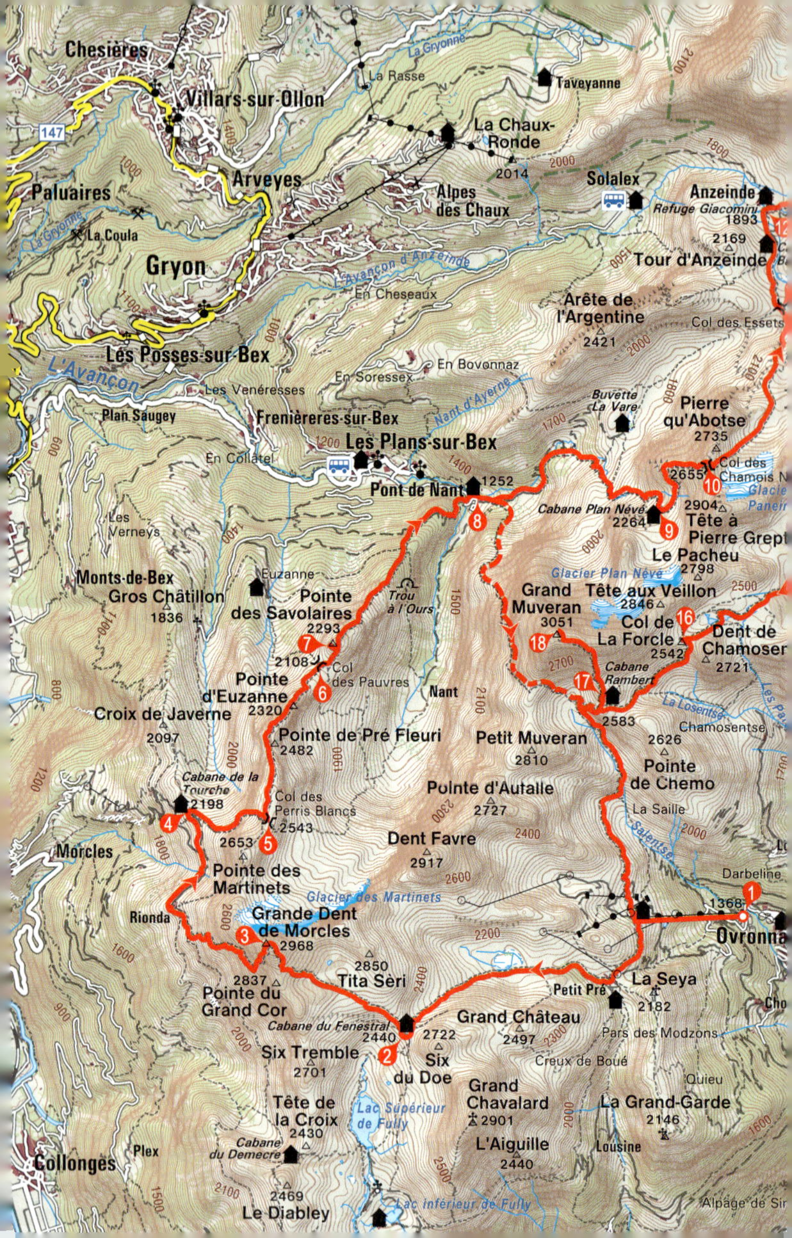
Chesières
Villars-sur-Ollon
La Gryonne
La Rasse
Taveyanne
La Chaux-Ronde
2014
Arveyes
Paluaires
Alpes des Chaux
Solalex
Anzeinde
Refuge Giacomini
1893
La Coula
Gryon
2169
Tour d'Anzeinde
L'Avançon d'Anzeinde
En Cheseaux
Arête de l'Argentine
2421
Col des Essets
Les Posses-sur-Bex
L'Avançon
En Bovonnaz
En Soressex
Les Venéresses
Buvette La Vare
Pierre qu'Abotse
2735
Plan Saugey
Frenièreres-sur-Bex
Nant d'Ayerne
Les Plans-sur-Bex
En Collatel
Col des Chamois
2655
Pont de Nant
1252
Cabane Plan Névé
2264
2904
Tête à Pierre Grept
Les Verneys
Le Pacheu
2798
Glacier Plan Névé
Euzanne
Monts-de-Bex
Gros Châtillon
1836
Pointe des Savolaires
2293
Trou à l'Ours
Grand Muveran
3051
Tête aux Veillon
2846
Col de La Forcle
2542
Dent de Chamoser
2721
2108
Col des Pauvres
Pointe d'Euzanne
2320
Nant
Cabane Rambert
2583
La Losentse
Chamosentse
Croix de Javerne
2097
Pointe de Pré Fleuri
2482
Petit Muveran
2810
2626
Pointe de Chemo
Cabane de la Tourche
2198
Col des Perris Blancs
2543
Pointe d'Aufalle
2727
La Saille
Salentse
2653
Dent Favre
2917
Morcles
Pointe des Martinets
Darbeline
Glacier des Martinets
1368
Ovronna
Rionda
Grande Dent de Morcles
2968
2850
Tita Sèri
2837
Pointe du Grand Cor
Petit Pré
La Seya
2182
Cabane du Fenestral
2440
2722
Grand Château
2497
Pars des Modzons
Six Tremble
2701
Six du Doe
Creux de Boué
Quieu
Tête de la Croix
2430
Lac Supérieur de Fully
Grand Chavalard
2901
La Grand-Garde
2146
Plex
Cabane du Demecre
L'Aiguille
2440
Lousine
Collonges
2469
Le Diabley
Lac inférieur de Fully
Alpage de Sir
147
1 2 3 4 5 6 7 8 9 10 12 16 17 18

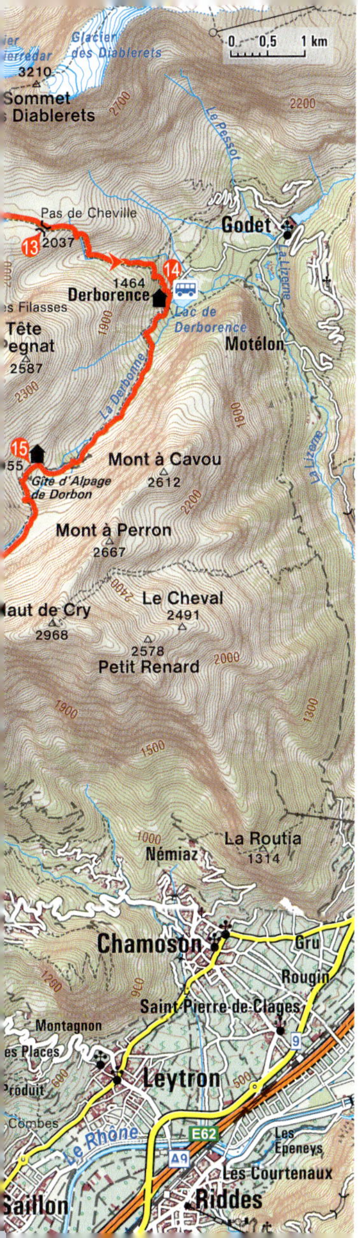

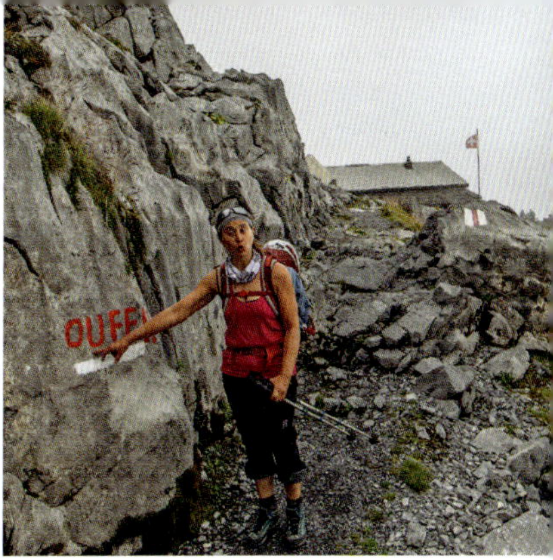

Uff, der lange Aufstieg zur Cabane Plan Névé ist geschafft!

1. Tag: Jorasse 1, 1929 m – Grande Dent de Morcles 3, 2968 m – Cabane de la Tourche 4, 2198 m
6.00 Std.; Aufstieg 1200 Hm, Abstieg 930 Hm
Route: Vgl. Tour 55.

2. Tag: Cabane de la Tourche 4, 2198 m – Col des Perris Blancs 5, 2543 m – Pointe des Savolaires 7 – Cabane Plan Névé 9, 2264 m
8.00 Std.; Aufstieg 1600 Hm, Abstieg 1530 Hm
Route: Vgl. Touren 49 und 51.

3. Tag: Cabane Plan Névé 9, 2264 m – Col des Chamois 10, 2654 m – Lac de Derborence 14, 1451 m
5.00 Std.; Aufstieg 620 Hm, Abstieg 1420 Hm
Route: Vgl. Touren 47 und 59.

4. Tag: Lac de Derborence 14, 1451 m – Cabane Rambert 17, 2583 m
5.15 Std.; Aufstieg 1280 Hm, Abstieg 160 Hm
Route: Vgl. Tour 59, erster Tag.

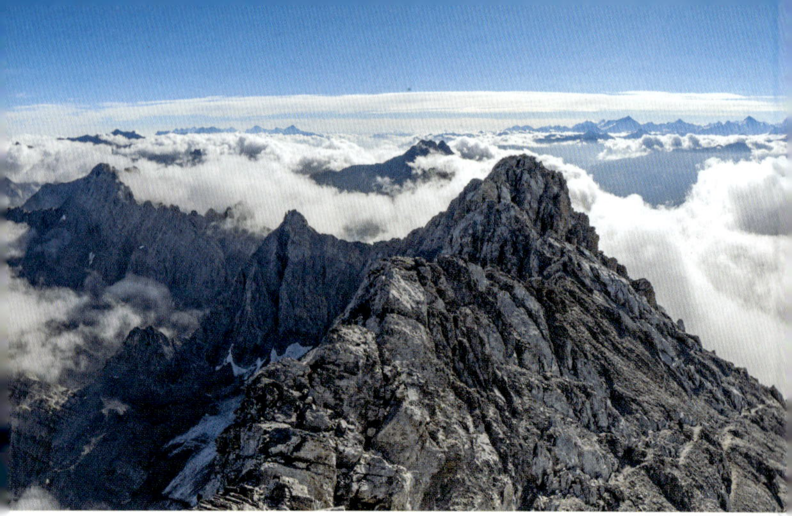

5. Tag: Cabane Rambert ⑰, 2583 m – Grand Muveran ⑱, 3051 m – Bergstation Jorasse ①, 1929 m
6.00 Std.; Aufstieg 600 Hm, Abstieg 1260 Hm
Route: Hinter der **Hütte** ⑰ geht es auf einem Pfad nordwärts zuerst rechts, dann auf der Crête à Moret zur felsigen Südwand des Grand Muveran. Nach gut 15 Min. Aufstieg muss man zum ersten Mal über eine kleine Felsstufe kraxeln. Weiter entlang der **Crête à Moret** trifft man auf einer Höhe von ca. 2740 m (rund 30 Min. bis hier) auf eine Steilstufe, welche aus Klettersicht die Schlüsselstelle der Tour markiert. Man umgeht rechts die untersten Felsen und klettert anschließend nach links durch eine Felsrinne und dann über plattigen Fels aufwärts (IIer-Gelände).

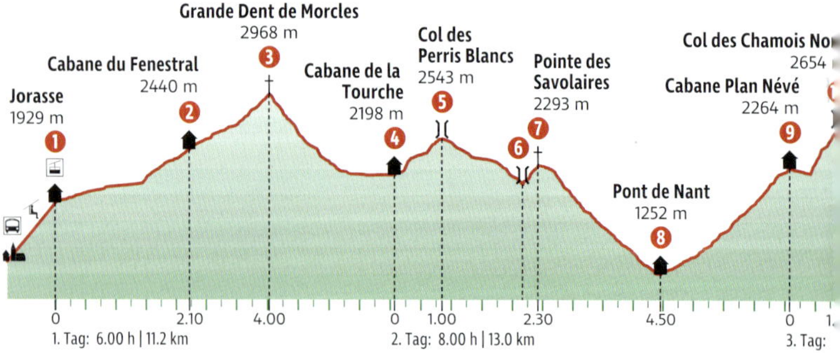

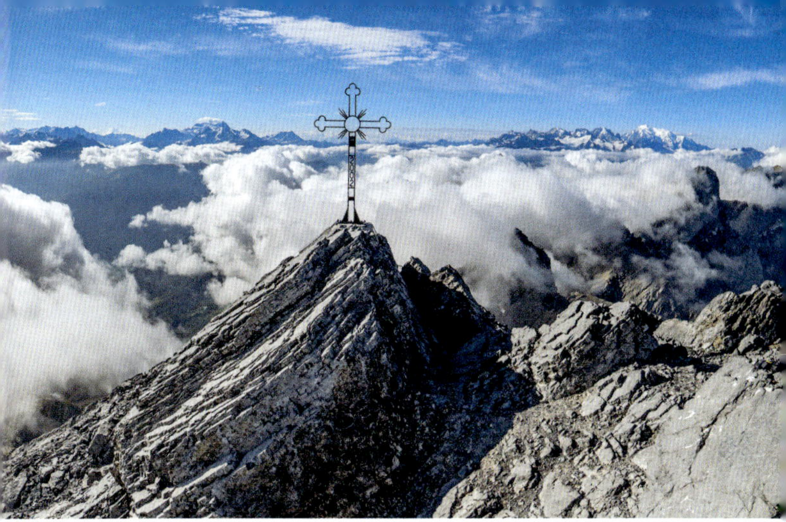

»Über den Wolken / Muss die Freiheit wohl grenzenlos sein« (Reinhard Mey): auf dem Grand Muveran.

Wenn man wieder auf eine Schulter der **Crête à Moret** trifft, beginnt die lange und stets leicht ansteigende Querung der Südwand des Grand Muveran. Teilweise auf sehr schmalen Felsbändern, oftmals mit losem Schutt überzogen, allerdings stets gut markiert mit Steinmännern und Farbtupfern. Oben macht die Route eine Rechtsschlaufe, geht über eine gut gestufte Felsrampe hinauf und kommt schlussendlich durch eine kurze Rinne (IIer-Stelle) direkt am Gipfel des **Grand Muveran** ⓲ heraus.
Auf dem gleichen Weg zurück zur **Cabane Rambert** ⓱ und Abstieg nach **Jorasse** ❶.

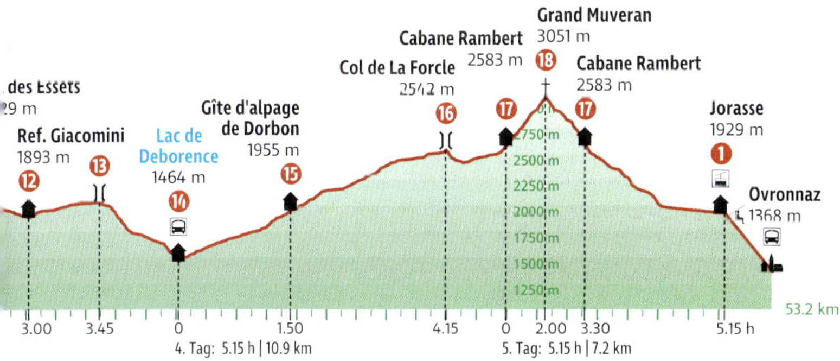

STICHWORTVERZEICHNIS

Umschlagbild: Auf der Krete zwischen den Waadtländer Felstürmen Tour d'Aï und Tour de Mayen mit Letzterem im Hintergrund (Tour 34).

Bild im Innentitel: Ein Schweizer »Bankgeheimnis«: auf dem Dent de Jaman (Tour 27).

Bild auf den Seiten 28/29: Aufstieg zur Frête de Saille (Tour 52), hinten der Genfersee, links in den Wolken die Pointe des Savolaires (Tour 49).

Alle Fotos von Bernd Jung, ausgenommen die Fotos der Seiten 33–37, 87, 166 (Daniel Anker) und 68 (Peter Fröhlich).

Kartografie:
60 Wanderkärtchen im Maßstab 1:50.000 / 1:75.000 / 1:100.000
Geodaten © OpenStreetMap und Mitwirkende
Kartografisches Design: Freytag & Berndt, www.freytagberndt.cz
2 Übersichtskarten im Maßstab 1:500.000 und 1:750.000
© Freytag & Berndt, Wien

2., neu bearbeitete und erweiterte Auflage 2022

ISBN 978-3-7633-4310-2

FSC www.fsc.org MIX Papier aus verantwortungsvollen Quellen FSC® C021956

Wir freuen uns über jeden Korrekturhinweis zu diesem Wanderführer!
Bitte per E-Mail an: leserzuschrift@rother.de

ROTHER BERGVERLAG · Keltenring 17 · D-82041 Oberhaching
Tel. +49 89 608669-0 · www.rother.de